广播影视类“十二五”规划应用型教材

总主编　高晓虹

PRACTICE OF TV DIRECTOR

电视编导实务

主　编　李　林　刘万军
副主编　薛　澈　孙　彬
王旭波　阳　光

中国传媒大学出版社
·北京·

序一

应用型高等教育作为高等教育发展中的一个重要类型，肩负着培养面向生产、建设、服务和管理第一线需要的高素质应用型人才的使命，在加快推进社会主义现代化建设进程中具有不可替代的作用。

近年来，随着我国新型工业化、建设社会主义新农村和创新型国家对高技能人才要求的不断提高，应用型高等教育既面临着极好的发展机遇，也面临着严峻的挑战。现实形势要求应用型高等教育必须体现时代精神和社会发展要求的人才观、质量观和教育观，改革与构建适应经济与社会发展需要的专业方向、专业结构、课程体系、教学内容、教学环节、教学方法以及教学手段，全面提高教学水平，在教学中充分体现“应用”二字，强化学生职业素质与职业能力的培养。

在应用型高等教育中，课程建设与改革是提高教学质量的核心，也是教学改革的重点和难点。根据技术领域和职业岗位（群）的任职要求，参照相关的职业资格标准，改革课程体系和教学内容。建立突出职业能力培养的课程标准，规范课程教学的基本要求，提高课程教学质量，是应用型高等教育深化内涵建设的必然要求。

基于上述应用型高等教育的发展要求，我们组织编写了本套丛书，把工学结合作为应用型高等教育人才培养模式改革的重要切入点，带动专业调整与建设，引导课程设置、教学内容和教学方法改革，并积极推动高等院校与行业、企业合作开发课程，抓好知识目标、能力目标和职业目标等三个关键环节的落实，探索任务驱动、项目导向、理实一体、岗位实践等有利于增强学生职业能力的教学模式。并从适合应用型高等教育需求这个角度，做了以下尝试：

首先在课程设置上，针对专业所在的职业领域，邀请企业的技术骨干、人力资源管理者及行业专家和院校的骨干教师，通过访谈、问卷和研讨，确定职业岗位对技能型人才在知识、技能和职业素质等方面的具体要求，结合日前专业教学的现状，共同分析讨论课程的设置，通过科学合理的课程布局，对课程进行了合理的调整，确立了课程门类及教学内容。

其次在编写思路上，依照电视节目制作的认知规律和行业岗位的要求，构建由浅入深、循序渐进、基于工作过程的写作框架；按照学习的循序渐进性，梳理出相关课程的知识点；在每个学习单元的写作上，由任务驱动导入知识和技能点，再用工作任务、项目实践巩固知识技能，使用精准的知识点和针对性强的项目实践训练，有效地将知识转化为技能；并始终贯彻符合电视节目制作工学结合的教材编写理念；注重知识点、单项技能训练和以项目为实现目标的综合技巧训练相结合，突出两者之间的内在联系，让这些知识和技能在项目实践中有效融会贯通。

再次在编写人员构成上，充分发挥跨地区、跨院校教师之间、院校与企业之间的团队协作，校企合作，校际联合共同开发教材。丛书的作者大都是长期从事专业教学、研究和实践，积累了一定的教学和实践经验的院校教学人员、企业、专业机构资深的工作人员。他们在对教材编写现状、学生岗位能力要求进行充分调研的基础上，吸收第三方社会调查机构的相关评价，制定职业能力培养的课程标准，规范课程教学的基本要求，并根据课程标准和要求进行教材编写，充分体现应用型高等教育的专业性、职业性与岗位性等特点。

最后在教学的积累上，丛书教材以讲义、校本教材或者培训教材等形式已经试用了数年，教学效果良好。同时，教材配有电子教案、课件、课程教学网站、实验素材等，方便随时、随地进行网络化学习的需求。

现在，我们将这套丛书呈现给广大读者，衷心希望教材能在相关课程的教学中发挥积极作用，并得到读者的青睐。我们也真诚希望同行专家和读者予以批评指正，使这套教材在教学实践的检验下，不断得到改进、完善和提高，为中国特色应用型高等教育的课程建设作出微薄贡献。

中国新闻教育学会广播电视专业委员会会长
中国传媒大学电视与新闻学院院长、教授
高晓虹

序二

在担任2006—2010年教育部高等学校高职高专广播影视类专业教学指导委员会主任委员期间，我结识了一批热爱高等教育、献身高等教育的仁人志士，并一起努力推动相关专业建设与改革以及教材建设。

教材是保证高职教学质量的重要载体，一直是教指委的重要工作。我先后组织专门的师资力量编写出版了“影视动画专业”、“影视广告专业”、“主持与播音专业”、“新闻采编与制作专业”系列教材。本计划为广播影视类所有专业都编写一套系列教材，由于时间等方面的原因未能实现，深感遗憾。

今天，收到中国传媒大学出版社寄来“电视节目制作专业”主干课程教材编写印刷清样让我指导。我非常兴奋，兴奋的不是因为我水平高，而是感到当初未完成的事业有人继续。详细阅读了出版社送来的所有印刷清样，我认为这套教材有下列几个特点：

一是编写理念新：以校企合作、工学结合、教学做合一等职业教育理念指导教材建设，保障了人才培养的应用性、技能型。

二是编写体例新：以学习目标、任务导入、基本知识、专业技能、实训项目、考核评价为模块进行每一章节的编写，保障了学生学习的系统性和渐进性。

三是风格新：将理论和实践、理性和感性、简明和生动有机融合，保障了学生学习的积极性和高效性。

“电视节目制作专业”主干课程教材的编写，是深化该专业人才培养模式改革的重要途径和成果，也必将为高等院校相关专业人才培养提供有益的参考。

广播影视职业教育教学指导委员会副主任委员

广播电影电视管理干部学院副院长、教授

王建国

目 录

学习单元一
电视节目与电视编导

学习目标

（一）知识目标

1. 电视节目的概念
2. 电视节目的类型
3. 电视节目的制作流程
4. 电视节目的传播特点
5. 电视编导的岗位职责
6. 电视编导的思维特征
7. 电视编导的综合素质

（二）能力目标

1. 能够正确区分不同类型电视节目
2. 能够掌握各种电视节目的定义和特点
3. 掌握电视节目的制作流程
4. 了解电视节目制作过程中编导的职责
5. 通过实践，逐步培养电视编导的蒙太奇思维和综合素质

任务描述

任务一：新闻资讯类节目解析

对一条资讯类电视新闻节目进行解析：分析节目的主题、解说词的特点、同期声的作用；从镜头画面的数量、长度以及景别的运用分析新闻资讯类节目的整体特征与一般的表现形式。

任务二：新闻专题类节目解析

对一期新闻专题类节目进行解析：分析节目的题材、主题、表现形式及报道的意义；从内容上分析节目的结构编排和对细节的处理；收视人群分析。

通过完成以上工作任务，使学生掌握常见的电视节目内容和形式上的特征，为能够顺利完成后面的工作任务打好基础。

1958年5月1日，中央电视台前身——北京电视台成立，9月2日开始对首都地区正式播出电视节目。经过半个多世纪的风雨历程，中国电视已逐步走上了产业化、国际化、数字化的发展轨道。“十一五”时期广播电视产业的年均增长率约为19%，远远超过同期国内生产总值年均增长11.2%的速度。2010年，全国制作电视节目约278万小时，比2005年全国电视节目制作总量255.39万小时增加22.61万小时。此外，在国家政策、技术进步和人民群众小康社会中日益增长的精神文化需求等多方面因素的推动下，网络电视、IP电视、移动电视等新媒体也相继飞速发展起来，呈现出了“播出平台多、节目制作量大、电视观众多、交易规模大”的时代特征。如何正确认识和运用这些特征和优势，给广大电视观众提供更多更好的精神食粮，是我们电视从业人员，尤其是电视编导义不容辞的责任。了解不同类型电视节目的形态、特点，熟悉节目制作方式和流程并具备相关素质和能力是当好电视编导的关键和前提。

一、关于电视节目

电视节目是电视台以及各种新媒体播出内容的最终组织形式和播出形式，它是电视传播的基本单位。通俗地说是每天电视里播出的不同类型、不同风格、形式多样的内容。

（一）电视节目的分类与特点

参照较为普遍和约定俗成的分类方法，并考虑电视媒体对不同类型节目的编导岗位需要，大致可以将电视节目分为新闻节目、娱乐节目、教育类节目、服务类节目、谈话类节目等类别。

1. 电视新闻节目

电视新闻节目是世界上各国电视台播出节目中最重要的节目，这与电视主要功能之一的传播信息功能是一致的，往往代表了一个电视台的办台方向和宗旨，从人力、物力、财力的投入方面都排在各类节目之首，一些小台（如县级电视台、企业电视台）由于实力的原因可以不制作其他类型的节目，但不能没有自制的新闻节目。

新闻节目的范围很广泛，狭义地说，以新闻材料为基础，加工制作的节目都可以称作新闻节目。其内在特征就是：真实、准确，并具有时效性。一般情况下，新闻节目还可分为如下几种类型。

（1）资讯类新闻节目

案例：中央电视台《新闻联播》

中央电视台《新闻联播》创办于1978年，30多年来，在党中央国务院的领导和关怀指导下，《新闻联播》坚持“扬独家之优势，汇天下之精华”的栏目宗旨，收视率、收视份额始终雄居中央电视台各栏目之首。它不仅保持了权威性和全面性，还紧紧围绕“贴近实际，贴近群众，贴近生活”的原则，内容更具鲜活性、贴近性。节目内容多以国内外大事、新鲜事为主。

中央电视台·新闻联播

知识点：

◎ 资讯类新闻的定义：资讯类新闻也可叫消息类新闻，传递新近发生的信息是其基本特点，例如中央电视台以及各省级卫视的《新闻联播》。基本定位于传播国际、国内大事，传达党和政府的大政方针、服务当地党委和政府中心工作，以时政新闻、经济新闻为主；而地面频道的新闻资讯类节目则大多以社会新闻为主，贴近性和服务性更强。

◎ 资讯类新闻的特点：首先是短小、精练，不宜太长；其次是有极强的时效性，新闻资讯类节目是最讲究时效性的，这也是新闻资讯类节目收视率长盛不衰的制胜法宝；再次是拥有大型直播能力与平台，直播是对时效性和公开性的最直接体现，这种播出方式将新闻资讯类节目与其他类型节目明显区分开来。

（2）评论类新闻节目

案例：中央电视台《焦点访谈》

中央电视台《焦点访谈》创办于1994年，是一个以深度报道为主的电视新闻评论性栏目，深度报道是一种系统反映重大新闻事件和社会问题，深入挖掘和阐明事件的因果关系以揭示其实质和意义，追踪和探索其发展趋向的报道方式。多年来，栏目播出了大量脍炙人口、令人拍手叫绝的敏感焦点节目，成为中国家喻户晓的电视栏目，也是中央电视台收视率最高的栏目之一。

中央电视台·焦点访谈

知识点：

◎ 评论类新闻的定义：评论类新闻是新闻的深度报道，如中央电视台的《焦点访谈》、《新闻调查》、《中国质量报道》都属于这一类节目。节目都是围绕当下的社会热点问题进行评论，只是评论的方式不尽相同，呈现出个性鲜明的评论特点。

◎ 评论类新闻的特点：

一是凤凰卫视《时事开讲》为代表的对话式新闻评论。《时事开讲》作为我国第一档“个人化的新闻评论节目”，采用了两人一问一答的交流方式，评论员是传播信息的主体，主持人扮演的却是“发球者”的角色，因此评论员成为此类节目的核心竞争力。

二是以凤凰卫视《锵锵三人行》为代表的家常式新闻评论。《锵锵三人行》所表现的正是处于私密空间家人、朋友闲聊的场景。在家常式的新闻评论节目中，主持人和嘉宾都是信息的传播主体，主持人身兼“发球者”、“踢球者”两个角色，成为此类节目的核心竞争力。

三是以中央电视台《实话实说》为代表的沙龙式新闻评论。早期由崔永元主持的《实话实说》是以多方观点交锋为主要表现形式的节目。这些节目坚守了“每周一个话题，每题一个热点，每点一次舌战，每战一道火花”的理念。沙龙式的新闻评论节目中，嘉宾是信息的传播主体，主持人扮演的是“裁判员”的角色，主持人的不参与是为了保持辩论双方观点性信息的平衡，同时为现场嘉宾或者场外嘉宾预留第三方立场，最终使节目呈现出尽可能多元化的意见性信息。

相对于资讯类新闻，评论类新闻的时效性没有那么强，这主要是因为画面拍摄的难度较高、节目制作周期相对较长所致。此外，不管是什么类型的评论类新闻，评论的深度是衡量一档节目的关键要素。

（3）杂志类新闻节目

案例：中央电视台《东方时空》

《东方时空》是中央电视台1993年5月1日开播的一档杂志型新闻节目，播出伊始就产生了广泛的社会影响，改变了观众早间不收看电视节目的习惯，被誉为是“开创了中国电视改革的先河”。早期的《东方时空》由4个子栏目组成，分别是《东方之子》、《生活空间》、《焦点时刻》和《音乐电视》，其中《东方之子》是新闻人物报道；《生活空间》是纪实性的短纪录片；《焦点时刻》是对新闻的深度报道或对新闻事件的追踪报道，由于它贴近生活，播出了大量真实、尖锐、鲜活的内容，特别是一些批评报道，回答和聚焦了广大群众最关心的各种热点、难点和疑点问题，并涉及了一些尖锐的社会现象，使观众认识到了什么是对新闻事件的深度报道。

中央电视台・东方时空

知识点：

◎ 杂志类新闻的定义：杂志类新闻又称为新闻杂志节目，是电视新闻深度报道的重要节目形态之一。它借鉴杂志的综合编排方法，利用电视的传播优势和报道、评述手法，按栏目的宗旨，将不同样式和内容的新闻节目板块小栏目串联起来，形成一个完整的节目，在固定栏目和固定时间播出。其中，主持人起着突出的作用。最典型的就是中央电视台的《东方时空》、上海东方卫视与新华社联袂打造的《深度105》栏目。

◎ 杂志类新闻的特点：这种节目形式吸取了专题报道和集纳性动态新闻的优点，同时克服了两者的缺点，显著特点是：杂而有序，中心突出，形式上综合性强，灵活多样。

（4）专题类新闻节目

案例：中央电视台《面对面》

《面对面》是中央电视台的一档长篇人物专访节目，该节目秉持新闻性、权威性、关注度、影响力的诉求，是面对面的交流，心与心的碰撞，用对话记录历史，以人物解读新闻。

进入《面对面》的人物都是重量级的，他们中有新闻事件中的焦点人物，有新闻话题中的权威人物，有时代变革中的风云人物，有备受关注的公众人物。他们因为非凡的影响力进入了《面对面》，而《面对面》让他们更加具有影响力。

《面对面》的宗旨是：为变幻的中国制作一份打开的人物志。以更人文的态度关注社会，以更开放的视角关注中国。

中央电视台·面对面

知识点：

◎ 专题类新闻的定义：要明确专题类新闻节目有必要先弄清楚什么是电视专题节目。电视专题节目是指主题相对统一的电视节目，它与电视综合节目是相对应的，是电视节目中的一种主要类别。电视专题节目在内容上能够对某一主题作较全面、详尽、深入的反映，在形式上可以集电视各种表现手法之大成。专题类电视节目则是在新闻节目的领域里，以专题特色与综合性新闻和资讯类新闻相区别，力求凸显深度；而在专题节目的范畴中又以其新闻性有别于社教类和文艺类等专题节目。要分清楚电视专题节目与专题类新闻节目在节目分类上的关系，前者是属，后者是种；在逻辑关系上，两者是包含与被包含的关系，前者包含后者。

从节目形态上，专题类新闻可以包括专题报道、例如“两会”专题报道，“3.15”专题报道；可以包括专题新闻调查，例如中央电视台的《新闻调查》；也可以包括专题访谈，例如《面对面》、《名人面对面》等。

◎ 专题类新闻的特点：第一是新闻性，这是区别于其他专题节目的主要特点；第二是专题性，它承载着深度报道内容的功能，它是资讯类新闻的延伸和拓展；第三是报道内容的重要性，题材一般都比较重要，所以在选题方面要较为慎重。

（5）现场直播类新闻节目

案例：现场直播——庆祝建国60周年

庆祝中华人民共和国成立60周年大会2009年10月1日上午在北京天安门广场隆重举行，20万军民以盛大的阅兵仪式和群众游行欢庆新中国六十华诞。为了给亿万中国乃至全球观众展现60周年国庆大典的空前盛况，打造出如同在电影院看大片的气势和感觉，中央电视台首次同时动用“飞猫”索道系统[①]、直升机航拍、高清设备等多种先进拍摄转播手段。

现场直播·庆祝建国60周年

知识点：

◎ 现场直播类新闻节目的定义：现场直播类新闻节目是指在播音室或新闻现场，把新闻事实的图像、声音及记者报道、采访等转换为电视信号直接发射的即时播出方式，就新闻事件来说，它既是报道方式也是播出的节目。

◎ 现场直播类新闻节目的特点：

一是能够满足观众对热点新闻事件的关注要求。现场直播的内容一般比较重大，社会关注程度高，收看人数众多，而节目正是满足了观众关注热点新闻事件的需求。现场直播也容易造势，促进了这种社会关注度的升温。2009年中央电视台对“建国60周年国庆大典”进行了现场直播，产生了极大的影响，至今令人记忆犹新。

二是能够满足观众迅速获得信息的需要。现场直播节目与新闻事件的进展同步，在所有的报道形式中传递信息是最快速、最准确的，满足了观众在第一时间获得热点新闻的心理需求。

三是能够满足观众的参与性。这种参与性也可以说是互动性。在所有节目中现场直播是最能体现传收双方互动的形式之一。电视现场直播气氛浓烈，真实感强，最容易引起观众对节目的参与意识。

① “飞猫”索道系统是一种先进的电视摄像装置系统。所谓的猫，就是高空中四条索道上的载体小滑车——陀螺仪平台。这台小滑车承载着摄像机，像一只游弋在空中的精灵记录一切，所拍摄到的画面，由微波信号传送到地面转播车，弥补了摇臂、航拍、曲臂升降车设备在拍摄角度和区域上受到一定限制的不足。

四是对编播人员有较高的素质要求。由于节目的报道过程就是播出过程，报道与播出都是同步进行的，这就要求编播人员要有较高的专业素质和较强的应变能力，一旦出现差错是无法弥补的。整个播出过程环环相扣，所有的编播人员在统一指挥下要配合默契，主持人在现场不可能按部就班地背诵稿件，编导要有及时处理报道中随时可能出现问题的能力，导播需要有前瞻性地及时切换画面，视频和音频技术人员要保证声画能够正常传送。其编播难度与录播节目方式不可同日而语。所以，能否做到现场直播并保证节目质量是衡量一个电视媒体实力强弱的标准。

☞ 延伸阅读

还有一些从不同角度对新闻节目进行分类的方法：

按题材分类可以分为“体育新闻”、“财经新闻”、“娱乐新闻”、“民生新闻”、“法制新闻”等；

按时间可以分为“早间新闻”、“午间新闻”、“晚间新闻”、“整点新闻”等；

按地区可以分为“国际新闻”、“国内新闻”、“省内新闻”、“港台新闻”等；

按播出方式可以分为“口播新闻”、“字幕新闻”、“图片新闻”、“方言新闻”等。

2. 电视娱乐节目

电视娱乐节目是“通过一定的中介形式和大众参与，在相互交流中形成一种娱乐氛围的节目形态”[①]，电视娱乐节目以娱乐性、消遣性和趣味性为特点，是使受众获得愉悦感、满足其审美情趣，使之能够达到一种“放松”、“求乐”心境的电视节目。电视娱乐节目由题材、形式、叙事、视听等多种元素构成娱乐效果。在所有的电视节目中，电视娱乐节目的市场份额和种类是最多的。为了实现“愉悦”观众的目的，娱乐类节目的形式与内容都十分丰富。

从电视节目的“内容”和“形态”两个维度，我们可以把中国电视娱乐类节目分成综艺、真人秀、游戏、益智、电视剧、电影、体育、音乐、戏剧等类型。

（1）综艺类节目

案例：中央电视台1983年春节联欢晚会

1983年春节联欢晚会，是中央电视台第一届春晚，也是中国电视节目的一个里程碑，它开创了电视综艺晚会的新样式，并在当时引起了轰动。春节晚会采用了现场直播以及交

① 朱羽君、殷乐：《减压阀：电视娱乐节目——电视节目形态研究之一》，《现代传播》2001年第1期。

流参与、主持人串联等板块结构的形式设计，充分发挥了电视媒介对不同艺术样式的综合和对时空的架构功能，使广大电视观众耳目一新，成为20世纪80年代到90年代电视审美消费的主要热点。此后每年，中央电视台的春节联欢晚会成为全国人民除夕夜的一道“精神大餐”，在观看歌舞、相声、小品、戏曲、杂技等节目的同时，喜迎新年的到来。

1983年春节联欢晚会

知识点：

◎ 综艺类节目的定义：综艺节目就是综合艺术类电视节目，其节目形态和表现元素都相当丰富。综艺节目是最能体现电视媒介特性的节目形态之一，原因在于其对各种艺术样式的综合处理和电视化手段的介入。电视综艺节目可以把音乐、戏剧、舞蹈、游戏、文学等艺术门类融合在一起，表演、谈话、游艺等表现形式相互串联，艺术性、娱乐性、知识性兼容并蓄，完成了一个新的艺术形式的时空构建。比较有代表性的节目有：中央电视台的春节联欢晚会、《综艺大观》、《曲苑杂坛》，以及湖南卫视的《快乐大本营》、北京卫视的《欢乐总动员》、安徽卫视的《超级大赢家》等栏目，各栏目充分利用了电视手段新颖的表现手法，受到许多观众的喜爱。

◎ 综艺类节目的特点：一是从大众的心理需求出发，符合现代社会的大众口味。观众收看综艺节目的理由是高兴、取乐、放松、转换心情、解除精神紧张，而这些主要是心理上的需求；二是综艺类节目呈现出矩阵组织的结构。如果说音乐是以旋律音符来结构，舞蹈是以形体动作来结构，那么电视综艺节目就是以时空的矩阵来完成的，也即是在这个由电视重新构建的时空中，电视综艺节目是以综合性的手段和内容来丰富观众的感知的；三是电视综艺节目是视觉的狂欢。作为电视吸引观众“眼球”的主打节目类型，综艺节目吸引注意力最直接的方式就是让观众有视觉的狂欢感。

（2）益智类节目

案例：中央电视台《幸运52》

中央电视台《幸运52》是一档打破娱乐类、知识竞赛类节目界限，有机地将游戏与知识普及融为一体，充分调动观众参与热情的益智节目；知识性、游戏性和竞赛性并重，是中央电视台首次以场内外互动方式开设的益智性娱乐节目。

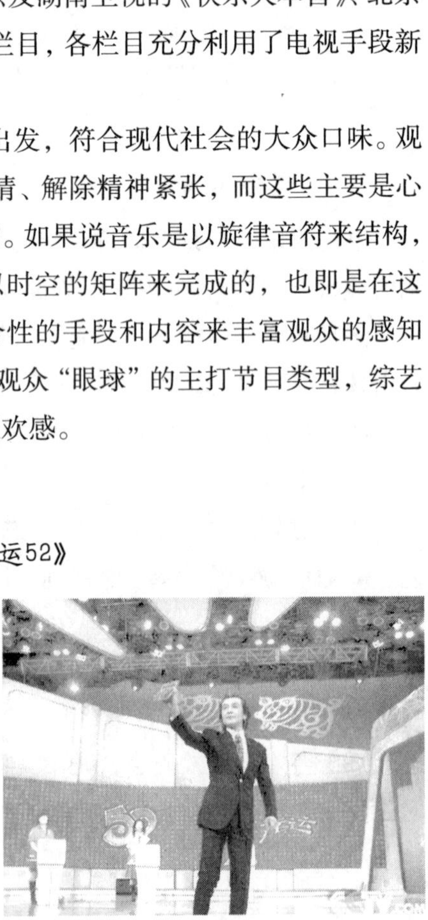

中央电视台·幸运52

知识点：

◎ 益智类节目的定义：益智类电视节目是以

知识为内容的问答竞赛形式节目。此类节目以知识、游戏、奖励为三大元素，主要由知识问答和猜谜、猜字等内容组成，竞猜题目往往与奖金、奖品挂钩，由易到难，由浅入深。节目重在竞猜内容、游戏规则的设定，并通过奖金或奖项（如旅游、高档商品）来提高吸引力，是具有较强的观众参与感的娱乐节目。最早出现的是1981年中央电视台的《北京市中学生智力竞赛》，后来发展成为《12演播室》，以及《三星智力快车》。1998年《幸运52》推出，这是中国最早有广泛影响的益智类电视节目。较之以前的益智类电视节目，《幸运52》加入了娱乐、游戏的成分，同时有非常诱人的奖金刺激，所以更具有娱乐性和竞争性。在2000年中国电视节目榜中，《幸运52》一举夺得“年度电视节目”、“最佳游戏节目”、“最佳游戏节目主持人”三项大奖。随后，各地电视台纷纷推出同类益智类节目，包括河北台的《猜中猜》、广东台的《步步为赢》、重庆台的《齐齐开心》、湖北台的《幸运智多星》、上海台的《财富大考场》、浙江台的《大挑战》、湖南台的《超级英雄》，以及央视二套的另一档益智类节目《开心辞典》等，荧屏刮起了一股“新益智类节目”的旋风。这股旋风到现在好像还没有减弱之势，湖南卫视的《以一敌百》、深圳台的《谁比谁聪明》、辽宁卫视的《到底是谁》、中央台的《金土地》、江苏卫视的《非常了得》等，其节目形式更为新颖，个性化特色更为鲜明。

◎ 益智类节目的特点：因其具有博彩性质，特点一是竞争性，二是刺激性，三是真实性，这些特点在港台此类节目中表现得更为直接和突出。如《天才冲冲冲》、《小气大财神》等。

（3）真人秀节目

案例：湖南卫视《超级女声》

《超级女声》是湖南卫视从2004年开始主办的大众歌手选秀赛节目。此项赛事接受任何喜欢唱歌的女性个人或组合的报名。其颠覆传统的一些规则，使之受到了许多观众的喜爱，是中国颇受欢迎的真人秀节目之一。举办的宗旨是“想唱就唱，以唱为本”（2006年《超级女声》宗旨更改为想唱就唱，唱得响亮。以配合其主题歌《唱得响亮》）。2005年度的《超级女声》在中国内地创造了极高的收视率，电视调查机构央视索福瑞发布的资料显示，超级女声播出时期，湖南卫视收视率在中国大陆地区排名居第二位（总收视率第一位为央视一套）。2008年，由于汶川大地震的影响而停办。

湖南卫视·超级女声

知识点：

◎ 真人秀节目的定义：目前这类节目尚没有统一的定义，多指由普通人（非演员）在规定的情境中，按照预定的游戏规则，为了一个明确的目的，做出自己的行动，同时被记录下来而做成的电视节目，也泛指由制作者制订规则，由普通人参加并录制播出的电视竞技游戏节目。还有人把它定义为“特定虚拟空间中的真实故事，以全方位，真实的近距离拍摄和以人物为核心的戏剧化后期剪辑而做成的节目。代表作除了《超级女声》以外，还有《我型我秀》、《梦想中国》、《加油！好男儿》、《莱卡我型我秀》、《我爱记歌词》、《快乐男声》、《非常6+1》、《绝对挑战》、《中国达人秀》等。2006年，在全国播出的大大小小的选秀节目达百余个。选秀型真人秀节目成为中国电视一种“全民娱乐”、“平民造星”的独特文化现象。

◎ 真人秀节目的特点：真人秀节目以内容和游戏规则差异为标准大致可以分成四种类型：生存挑战型、人际考验型、表演选秀型、身份置换型。各个类型的特点也不尽相同。参见表1-1。

表1-1　电视娱乐真人秀节目类型表

序　号	类　型	特　点	国内节目案例
1	生存挑战型	参与者参加生存考验、冒险挑战	《生存大挑战》(广东卫视)
2	人际考验型	参与者被安排在一段时间内、特定的空间里，展示生活能力和人际关系	《完美假期》(湖南经济电视台)
3	表演选秀型	参与者在舞台或演播室进行表演	《超级女声》(湖南卫视) 《梦想中国》(中央电视台)
4	身份置换型	参与者进入自己陌生的环境里接受考验	《非常6+1》(中央电视台) 《绝对挑战》(中央电视台)

绝大多数真人秀节目具有以下共性：自愿参与者、竞争行为、真实记录、规定情境、目的、规则、艺术加工。应该指出的是上表中的第四种类型“身份置换型”不仅仅限于娱乐真人秀节目，例如湖南卫视的《变形计》、中央电视台的《交换空间》都是身份转换型的节目，但由于其主要功能并非娱乐，所以将之分别归入新闻类和生活服务类节目更为合理些。

电视娱乐节目除了上述几种外，还有婚恋交友、竞技游戏以及电视剧等形式，在这里就不再一一介绍了。

3. 教育类节目

在国际电视业，一般把具有显著教育功能的节目都统称为教育类节目。在新的节目分类体系中所指的教育类节目也是指的大教育概念——“社会教育”(Society and Education)，即把所有教育功能显著的节目都归入此类，而不是仅指狭义的教学节目。

一般情况下，教育类节目可分为四种类型：社会教育节目、少儿与青年节目、国际教育类节目、大型教育节目。这里重点介绍一下社会教育节目。

社会教育节目

社会教育节目受众广泛、种类丰富，它既包括旨在提高观众文化素养的人文、科技等节目，也包括提高受众专业知识和技能的教学节目。此外，由于我国的军事、农业和法制、谈话节目都具有较强的教育功能，因此可以将它们归入社会教育节目的类别中。

社会教育节目是教育类节目中内容和形态最为生动丰富的类型之一，可以分为人文专题节目、法制专题节目、科技专题节目、社教讲座节目等。

◎ 人文专题节目

案例：中央电视台《探索·发现》

《探索·发现》是中国电视史上一个大型人文历史与自然地理类的纪录片栏目。栏目以纪录片手法讲述以中国为主的历史、地理和文化故事，探寻自然界的神奇奥秘，挖掘历史事件背后鲜为人知的细节和人物命运，展示中华文明的博大恢弘，是“中国的地理探索，中国的历史发现，中国的文化大观”。

中央电视台·探索发现

知识点：

人文专题节目的定义：人文专题节目大多是以电视专题节目形态拍摄的，旨在提高受众人文知识素养的专题节目，习惯称该类节目为电视纪录片。纪录片与新闻的选材和叙事方式不同，纪录片选材旨在表现人本主义和人文关怀，不像新闻那样有很强的时效要求；叙事突出艺术手法，主观介入的成分也小于新闻节目。人文专题节目有栏目化节目和非栏目化节目两种形态，栏目化节目如《探索·发现》、《人物志》、《大家》等；非栏目化节目有单个纪录片，如《最后的山神》、《沙与海》、《幼儿园》，也有人文系列专题节目，如《话说长江》、《故宫》等。

人文专题节目的特点：人文专题节目以其深厚的知识含量和精湛的专业制作水准拥有众多高质量的忠实受众。其特点有二：一是有较强的真实性。真实是人文专题节目的生命，要最大限度地反映客观世界的本来面目。真实再现只是一种艺术手法。人文专题节目若不守住真实再现的底线，这一概念本身的合法性就会出现危机；二是有较强的纪实性，纪实手法是人文专题节目创作最基本的手法。

◎ 法制专题节目

案例：中央电视台《今日说法》

《今日说法》是中央电视台1999年1月推出的一档全新的法制栏目，也是中国较早推出的法制专题节目。节目采取以案说法、大众参与、专家评说的节目样式，旨在普法、监督执法和推动立法，为百姓办实事。在1998至1999年度全国法制节目评比中，《今日说法》荣获栏目类一等奖，短片类和系列片类二等奖；在第五届法制节目"金剑奖"评比中，荣获栏目类一等奖，主持人类节目二等奖。

中央电视台·今日说法

知识点：

法制专题节目的定义：主要指各种用专题节目和谈话节目形态制作的法制节目或栏目。近年来，我国电视业一个引人注目的现象就是法制类节目和频道的大量涌现，并取得了不俗的收视表现。目前，我国绝大多数的电视台都开办了法制频道和法制栏目，法制节目已成为中国电视业一个非常重要的节目类型。

法制节目因强调不同的内容而形成了不同风格，如中央台的《今日说法》是一个以普法教育为主要内容的日播法制节目；北京台的《法制进行时》是一档以记录刑事案件侦破过程为主的纪实性节目，其收视率排在北京地区所有栏目收视率的首位；星空卫视的《拍案惊奇30分》将法庭审判非常生动地展现给观众。比较有影响的法制节目还有中央台的《法制在线》、《道德与法》、《经济与法》，山东台的《道德与法制》，河南台的《法制时段》，重庆台的《拍案说法》，安徽台的《周末断案》，广东台的《与法同行》等。

法制专题节目的特点：新闻性强、教育功能明显、故事性引人入胜，有很强的导向性和社会服务功能等。此外，惊险性和人文性并重也是电视法制节目的特点。

◎ 科技专题节目

案例：中央电视台《科技博览》

《科技博览》栏目创办于1997年5月，是在中国政府酝酿、提出"科教兴国"战略的大背景下产生的电视节目。栏目以宣传"科教兴国"战略，倡导科技进步为己任，是国家电视台科技宣传和科普教育的精品栏目。《科技博览》以科技是第一生产力为主旨，倡导科技进步，让人们感同身受地认知社会的进步、国力的强盛，靠的就是科学技术，以激发人们渴求科学知识、热衷科学技术、普及科技知识、提高全民族的文化素质、强化科教意识和科教兴国的观念。《科技博览》除了重大的特别报道之外，日常节目分为科海新知、高新技术、国外科技、身边科学和科学焦点等子栏目。每一个节

中央电视台·科技博览

目力求做到将“知识性、趣味性、可视性”有机地融为一体。2010年7月，栏目从中央一套移至十套，名称也改为《原来如此》，成为一档以实验体验为特征的科普节目。在人们习以为常，熟视无睹的日常生活中发现问题，通过质疑假设、实验求证的调查手段，给予科学探究。

知识点：

科技专题节目的定义：主要指各类普及科技知识的专题节目或栏目，如中央电视台的《科技博览》(现《原来如此》)、《动物世界》，《走近科学》、《科技之光》、《科技人生》、《科技中国》、《科技苑》等。科技专题节目的题材主要来自三个方面：科技资讯、科技人物、科技知识。与其他新闻和娱乐类节目相比，电视科技节目在吸引观众方面难度要大，因为它不仅要说明科学事实的表面现象，还要有严格的科学依据和逻辑。要把一个高深的、充满科学原理和逻辑关系的科学事实拍摄成一个生动活泼、通俗易懂、观众喜闻乐见的电视节目，难度很大。近年来，《走近科学》等科技栏目用讲故事的方法有效地提升了这类节目的收视率。对于科技节目来说，如何在形式和方法上创新，如何形象生动地揭开科学之谜，是电视科技节目面临的新课题。

科技专题节目的特点：一是真实性。科技专题节目必须在理性上保证真实、准确，在感性上保证具体真切，这是科技专题节目的最基本、最起码的要求；二是教育性。能够起到教育人、影响人、改变人的积极作用；三是艺术性。科技专题节目在做到表达准确无误、通俗易懂、形象生动的同时，还要努力把科学性和艺术性结合起来，这就需要编创者具有自然科学和社会科学的双重背景；四是声画结合的协调性。画面在科技专题节目中的作用是巨大的，形象、直观的电视画面让人们看到了许多平时难以看到的科学现象，大大促进了受众的感知和思维，也使人们感受到了科学的内在美。

◎ 社教讲座节目

案例：中央电视台《百家讲坛》

《百家讲坛》是中央电视台2001年7月9日开播的以文化题材为主的讲座式栏目，栏目宗旨为建构时代常识，享受智慧人生，是央视科教频道的品牌栏目。《百家讲坛》一贯坚持“让专家、学者为百姓服务”的栏目宗旨，栏目在专家、学者和百姓之间架起一座桥梁，“一座让专家通向老百姓的桥梁”，从而达到普及优秀中国传统文化的目的。曾经播出的节目《易中天品三国》和《于丹说论语》在社会上产生了极大的反响。

中央电视台·百家讲坛

知识点：

社教讲座节目的定义：是指以授课形式教授知识和技能的电视节目。大致可分成两种类型：第一种类型是课堂讲座节目，其着重点在于讲授知识，不讲究电视表现形式的生动与否，如《会计法讲座》、《大学语文讲座》等；第二种类型的讲座节目可称之为“大众电视讲坛节目”，这是近年来出现的颇受欢迎的一种讲座节目形式，如中央电视台的《百家讲坛》、凤凰卫视的《世纪大讲堂》等。

社教讲座节目的特点：讲述的内容广受关注，讲述者一般都是不同领域的学者，且口才较好；此外，该类节目还充分调动了丰富的电视表现手段，形式生动，可看性较强，雅俗共赏，一改过去电视讲座节目的呆板单调等弊端。

4. 服务类节目

服务类节目是一个庞大的节目类型。广义地讲，节目都是以服务于人民群众为宗旨。狭义地讲，服务类节目是指为人们和社会的日常生活具体需要提供指导帮助和具体服务的一种节目形式。

从对观众的实用服务功能进行划分，服务类节目可以分为以下几种：

（1）生活服务类节目

案例：中央电视台《生活》

1996年7月1日，杂志型电视生活服务类栏目《生活》在中央电视台第二套节目中播出。栏目以维护百姓的尊严和权益、全面提升生活品质为宗旨，通过对具有典型意义的消费陷阱、黑幕、骗局的追踪报道，通过对新近发生的关乎生命健康、公共安全、公众利益的热点、难点、疑点问题的解疑释惑，提供权威、深入、细致的服务。栏目打造了文清、赵琳等优秀节目主持人。

中央电视台·生活

几经改版后的《生活》栏目更加“贴近生活、融入生活、丰富生活、提高生活、咨询生活、引领生活”，用真诚打动观众，用热情感染观众，用经历提醒观众，用智慧帮助观众，真正做到了“新生活、新服务”。

知识点：

◎ 生活服务类节目的定义：生活服务类节目主要是指关注百姓日常生活需求的节目类型。随着生活水平的不断提高，我国生活服务节目的种类和形态越来越丰富，既有综合性生活服务类节目，也有服饰、家装、饮食、旅游、天气预报等专项服务节目；既有专题节目类型，也有资讯和竞赛等节目形态。

综合生活服务节目：主要是综合介绍各类生活服务内容的服务性节目，如《生活》、《为您服务》和《生活全天候》等。

美容、服饰节目：主要是美容化妆与流行服饰类节目，如《时尚装苑》、《美丽俏佳人》、《魅力时装》等。

家居、房产节目：主要是各类介绍家居装饰与房产知识、信息的节目，如《交换空间》、《温馨家居》、《天天房产》等。

饮食、健康节目：主要指介绍烹饪、饮食知识等与饮食有关的节目，如《料理美食王》、《天天饮食》、《全国电视烹饪擂台赛》等。介绍有关医疗保健、心理健康、养生之道内容的节目，如《电视门诊》、《健康之路》、《心理时间》、《百科全说》等。

旅游、汽车节目：主要指各类有关旅游和汽车方面的服务节目，如《世界各地》、《四海漫游》、《旅行家》、《车行天下》、《汽车俱乐部》等。

天气、交通节目：主要指众多的预报天气、空气质量、交通等信息的节目，如《天气预报》、《空气质量预报》、《交通信息》、《出行指南》等。

择业、择偶等节目：主要是指专门针对受众找工作、找朋友或找配偶等需求而制作的节目，如《找工作》、《天生我才》、《电视红娘》、《单身厨房》等。这类择偶节目不包括前述以娱乐为主要目的的交友婚恋节目。

老年、妇女等节目：主要指专门针对老年、妇女、残疾人等特定群体需求而播出的服务性节目，也可以称之为“对象性”服务节目。如《夕阳红》、《半边天》等。

◎ 生活服务类节目的特点：一是新闻性与服务性相结合。《生活》栏目的三个板块都是从近期发生的和消费者生命安全、消费安全相关的新闻中寻找选题，从社会生活各个层面来挖掘选题，通过情景再现等手法，引导观众了解在自己的生命安全和消费安全受到威胁时应该怎么办；二是采用纪实性手法“讲故事”。栏目设置的三个小板块，都是在讲故事，但又绝不是主持人一个人讲，而是以纪实性的手法再现事情的经过，让观众像看电影一样了解事实；三是打造有特色的主持人以提高节目辨识度。一个有特色的主持人无疑是形成品牌栏目的重要保障。主持人是栏目与观众之间的桥梁，是一个节目最为显而易见的标志，是节目品牌的人格化身，因此，主持人往往是观众认知某个栏目的标识。

（2）理财节目

案例：北京电视台《天天理财》

《天天理财》是北京电视台财经节目中心2007年推出的一档全新日播栏目，每周一至周五在BTV-5晚间黄金时段播出。《天天理财》是一档立足于财经、立足于理财的栏目，风格延续了其前身《周末理财》的特点，坚持快乐金融、快乐理财、快乐赚钱的节目方针，力求用轻松幽默的语言讲理财，把金融学的普遍原理用百姓喜闻乐见的形式表现出来，让观众在潜移默化中接受栏目的先进投资观念。在栏目形式上，《天天理财》充分发挥了主持人的自身特点，轻松活泼的语言、深刻睿智的分析，以及随意但却点睛的调侃，将整个节目进行了有机的串联，同时，由演播室引出的理财短片，同样在形式方面进行了创新。

北京电视台·天天理财

知识点：

◎ 理财节目的定义：理财节目是服务类节目中较重要的一类，主要是指专项介绍证券、股市、汇市和家庭理财、收藏、艺术品投资等内容的节目。大致可分成“股市、证券节目”和“理财、收藏节目”两类。“股市、证券节目”主要指各类与股市、汇市、金市以及有价证券等内容有关的节目或栏目，如《天天理财》、《财富中国》、《八方股评》、《股市直播》、《证券时间》等。“理财、收藏节目”主要指除专门的“股市、证券节目”以外，各种介绍家庭理财知识，提供理财服务的节目，既有股市、证券、金市、汇市等方面的内容，也有房产、保险、艺术品收藏等方面的理财知识。如《鉴宝》、《艺术品投资》、《邮市行情》等。

服务类节目的类型还有很多，除了节目的形式、内容有所区别以外，其基本的宗旨是差不多的，就是为广大电视观众服务，节目的特点虽然不见得相同，但节目形式和内容都要丰富多彩，尽可能提高节目的可视性。

5. 电视谈话类节目

案例：中央电视台《新闻会客厅》

《新闻会客厅》是中央电视台一档晚八点半播出的新闻谈话类节目。它关注的是国内外重大新闻事件中的人，有较强的时效性和公众关注度。强调开掘新闻事件中人物内心的切身感受，事件中人性的展示及其经历。节目构成元素以演播室为主阵地，以话语因素为主、图像因素为辅来诠释新闻事件。其表现手法是通过“会见新闻当事人”来展示重大新闻事件中有关人物的内心感受与亲历亲为。“会见”的方式、方法不拘一格。场外连线与各种道具均可灵活运用。节目包含了“关注新闻中的人性，多角度，平民气质”等品质。

中央电视台·新闻会客厅

知识点：

◎ 谈话类节目的定义：电视谈话类节目是以面对面交流的方式，通过电视媒介再现或还原日常谈话状态的一种节目形态，通常由主持人、嘉宾、现场观众在演播现场或特定的环境中围绕预先设置的话题或个案展开平等交流。

电视谈话节目包罗万象，难以从内容来界定其节目种类，可以说所有类别的节目都可以有谈话节目形式，比如《新闻会客厅》与《超级访问》就分别属于电视新闻节目与电视娱乐节目。但不管是什么内容的谈话节目，从编导策划和运作的角度来说都有着共性特点，所以将之作为一个专门的节目类别来介绍是有必要的，而且这里主要指在演播室进行的主持人、嘉宾、观众三方参与的大型谈话节目。比较知名的栏目有中央电视台的《实话实说》、《对话》、《艺术人生》，凤凰卫视的《锵锵三人行》、《一虎一席谈》、《鲁豫有约》，阳光卫视的《杨澜访谈录》，东方卫视的《东方夜谭》和湖南卫视的《越策越开心》等。

◎ 谈话类节目的特点：一是注重纪实性。谈话类节目的纪实性表现为真切的现场感和参与性，现场嘉宾和观众是直接的参与者，他们身临其境，感受真切，整个节目是由嘉宾、观众和主持人共同完成的；二是亲和力。谈话类节目的主持人以个性化、本色、真诚的主持特色，构筑起崭新的平台和桥梁，用于嘉宾和观众平等的交流和沟通，这就是主持人的亲和力；三是形式多元化。随着社会个性化和民主化程度的提高，电视观众需要的不仅仅是单项的、传统的传播形式，更需要多元化、多层次的传播形式。谈话类节目正是顺应了这一趋势，运用多元化的传播理念和表现手法在精彩纷呈的电视节目中逐步占据重要位置。

此外，与其他类型栏目相比较，谈话栏目制作成本低，创造了一个虚拟的交流空间，满足了现代社会人们日常交流不足的缺憾，所以有较广阔的发展前途。但从我国电视谈话节目的发展沿革来看，各类节目的形态从相似性发展到了差异性，有的差异还比较明显。随着时间的推移和新的元素的加入，谈话节目与其他节目类型之间的界限也因为交叉而变得日趋模糊，作为电视编导应当密切注视这种发展变化。

（二）电视节目的制作流程及编导的主要职责

电视节目的类型层出不穷，无论是哪种类型的电视节目，其制作流程都是相近的，从宏观的角度可分为三个大的阶段：构思创作阶段、摄录阶段、编辑混录阶段。作为电视编导，熟悉各阶段的工作要求和清楚自己在各个环节的工作职责是最起码的要求。

1．构思创作阶段

案例：纪录片《脊梁》的构思

纪录片《脊梁》是中国共产党成立85周年纪念之际，向党的生日献礼的影片。影片以中国共产党的发展历史为事件线索，从工业、农业、科技、经济建设等诸多方面展示执政的中国共产党人的关键作用。有人称这部作品是一部史诗，是一首壮歌！表现了中国共产党带领中华民族从危难走向繁荣而成为中华民族伟大脊梁的思想主题。这部史诗般的作品到底是如何构思的呢？

一是还原历史，顺时叙事。用黑白两色的原始照片，去反映未解放的上海的艰难，去记录新中国从无到有，去刻画关系着民族经济、民俗文化、民族研究、大事记载、教育卫生、典型人物介绍的方方面面；在叙事时间上，该片用了顺时叙述法，用两个典型城市的黑白照去突出中国共产党诞生的价值。一个城市是上海，用大量的黑白照片去反映未解放状态下的上海滩中殖民者与中国人民的冰火两重天。另一个城市是北京，用镜头将八国联军的侵略、晚清政府的昏庸无能、丧权辱国的《辛丑条约》一一呈现。

二是精雕细刻，让事件掌握话语权。纪录片从工业、农业、科技、经济建设等诸多方面展示了中国共产党的作用。新中国的百废待兴、抗美援朝、工业恢复建设、新中国的“第一”、大庆油田的建设、两弹一星的研制、水利建设、灾害抵抗、废除农业税、三农建设……该片在事件中准确地指出：成就这些重大事件的中流砥柱是为人民默默奉献乃至献出自己生命的优秀共产党员。从瞿秋白、杨靖宇和听着缔造新中国炮声英勇就义的渣滓洞共产党员，到在28年争取民族独立斗争中献出生命的两千万共产党员；从王进喜、雷锋、焦裕禄等代表了20世纪五六十年代的共产党员到任长霞、李向群、孔繁森、郑培民等新时期的共产党员……正是这些共产党人勇于承担的不屈精神，才能使中国国富民强，“脊梁”的主题，再次凸显！

三是多重对比，历时和共时上的多元素组合。历时上，将腐败无能的清政府统治下的生灵涂炭、连年军阀战争下的民不聊生，与新中国成立后在中国共产党的领导下颁布的《土地改革法》、修龙须沟、治理黄河、农民“耕牛换铁牛”、带领人民进行工业化和现代化探索等等，通过对比，昭示了为什么中国共产党能作为中华民族的脊梁存在。共时上，八国联军的入侵与晚清政府被侵略的对比，书写了新中国成立以前的满目疮痍、民不聊生；新中国成立之初的1949年，我国人均国民生产总值是27美元，而同时期西方发达国家却达到了1000美元；教科文卫，西方发达国家已经规范了很多年，而新中国的重任是全面扫盲……

纪录片·脊梁

《脊梁》的导演从以上三方面进行了构思，将中国共产党的身影从列强欺凌、千疮百孔、满目疮痍、民不聊生、横尸遍野、贫穷落后，到今天的繁荣昌盛、立于世界不败之地的情节中，用淡入的手法逐渐托出。有力地回答了“谁是中华民族的脊梁”，为中国共产党谱写了一首壮歌，为国人奉上了一首史诗！

知识点：

◎ 工作内容

构思创作是对电视节目进行总体设计，也是节目能否成功制作的关键，因为这个阶段涉及整个节目制作理念和意图的具体运作；

从宏观上设计电视节目的走向，并确立题材，制订节目制作计划，包括拍摄项目的具体描述和必要分析，拍摄场地及布景，拍摄提纲，脚本或分镜头本以及摄制预算等，详细的文案是整个拍摄和编辑工作的蓝图；

编导撰写阐述，以便摄制组的全体成员在开拍前明确具体创作意图和艺术技巧；

按照节目要求，勘查现场，确定场景，制订布景、灯光设计方案等。

◎ 编导的职责

节目选题。节目制作遇到的第一个难题就是拍什么？这个拍什么就是选题。好的选题是节目成功的一半。选题在某种程度上决定了一部电视片的价值。因此选择题材成为编导首先要完成的一项重要任务。节目选题完成后通常需要申报并获批准后才能进行下一步工作。

先期采访。编导在节目制作流程中的采访既包括开拍前为熟悉题材进行的先期采访活动，又包括节目中的采访，有时甚至需要出镜采访。在先期采访过程中，编导要了解大量的实际情况和背景材料，获得丰富的感性认识，并逐步发掘主题和寻找立意。还需要熟悉所要表现的人物和事件，搞清事件的来龙去脉以及与周围环境的关系。

构思和编写拍摄提纲。在采访的基础上，编导需要为未来的电视片勾画出一个大致的轮廓，如表现哪些内容，采用怎样的结构方式，大致形成一种什么样的风格等等，或者进一步设计出镜头的处理方式和解说词的大致内容。拍摄计划的制订是非常重要的，与被摄主体的预约可以为双方心理和物质条件提供必要准备，合理的日程安排可以节省大量的人力、物力和财力。拍摄提纲是粗略的还是细致的没有统一规定，编导可以根据自己对题材的把握程度和经验的多少来确定。

2. 摄录阶段

案例一：纪录片《故宫》的前期拍摄

电视纪录片《故宫》2003年10月开机，2005年9月拍摄基本结束，在历时两年的拍摄中，全程使用的是高清数字摄像机HDW-750P和HDW-750CE两种机型，以及高清广角镜头、大倍率长焦镜头、电影镜头、17米升降摇臂等附属器材。拍摄范围包括整个故宫和无锡的外景基地，全组一共拍摄了700多盘高清素材带。此外，为表现故宫岁月变迁、时空交换，在高清电视技术专业人员的积极配合下，充分使用了延时拍摄技术（即逐帧拍摄），还运用轨道、斯坦尼康等多种技术设备和手段，拍摄出了许多富有动态感、历史感的优质图像，为充分展示故宫厚重的历史沧桑、深刻的文化内涵，强化纪录片的艺术魅力，提供了更多的技术支持。

纪录片·故宫

知识点：

◎ 工作内容

为获取原始的图像素材和原始的声音素材进行一系列工作：

在正式拍摄前，摄制组要按照文案或分镜头稿本的要求进行分工，学习相关法律法规和相关制度。

根据文案或分镜头稿本进行现场拍摄和录制，将画面内容与现场音响录制下来。

摄制人员全体协调一致，共同做好现场调度及后勤保障工作。

◎ 编导的职责

与被拍摄方沟通，做好进驻摄制组之前的一切准备工作。

组织召开协调会，提出各方面工作的要求及注意事项。

指挥、协调摄制工作，充分发挥编导的指挥功能。协调摄制组的内外关系，统筹安排拍摄进程，特别是与摄像师沟通好节目创作意图。指挥摄像师或亲自进行场面调度、指导记者或亲自进行现场采访。要及时处理和解决拍摄过程中发生的所有问题，确保拍摄的顺利。

负责收集节目所需的相关图片、影像和文字资料。

3. 编辑混录阶段

（1）工作内容

编辑混录通常也称作节目的“后期”，其内容包括对画面、声音、文字素材的整理；对节目进行粗编，形成大体框架；完善好解说词以后，再结合解说词进行精编，完成镜头组接，特技制作，字幕合成等；剪辑合成音乐、音响，制作成符合设计思想的电视节目。

（2）编导的职责

◎ 对原始素材进行鉴别、整理与取舍。根据素材情况和报道对象的变化调整原来构思中可能出现的偏差，决定最终的剪辑方案。

◎ 画面剪辑。即根据节目内容的要求按顺序将一个个镜头组合在一起，用来表达创作者的思想和意图。如果不熟悉编辑设备，也可指导专门的技术员进行此项工作。

◎ 解说词写作。不同的节目内容节目形式可以选择不同的工作方式，大部分节目先剪辑画面再写作较为精确的解说词，也有少数节目可以先写出解说词再剪辑画面。

◎ 配音和混录合成。一般由专门人员来完成配音和混录合成工作，但编导绝不是旁观者，而是要向播音员和录音师阐述创作的意图，提出创作的要求。

◎ 精编。精编往往是在解说词配音完成之后，结合解说词的内容对画面进行调整，要考虑的因素包括画面的长度、剪辑点、节奏等因素。这是综合处理并形成一个完整节目形态的最后阶段。

◎ 配乐、特技及字幕合成。这几项工作一般都是由专门的技术人员来完成的，但编导要分别做出安排，并提出创作上的具体要求。

◎ 检查修改。对制作好的节目进行全面的检查和修改，包括检查节目的意义表述是否准确；叙事是否符合真实性的原则，是否符合生活逻辑，是否条理清晰、顺畅连贯；结构是否完整匀称，段落之间的联系是否合理自然，各种结构因素的比例是否得当。画面的剪接是否有问题；剪接点的选择是否恰当，有无夹帧等技术失误现象。检查声音质量是否符合技术标准，声音是否连贯、完整，声画同步是否准确等等。

（三）电视节目的传播特点

电视是视听合一的传播，受众能够亲眼见到并亲耳听到如同在自己身边一样的各种活生生的事物。作为电视编导，不仅要了解节目本身的特点，更需要了解电视节目传播的特点。具体来说，电视节目的传播有以下特点：

1. 直观性强

电视节目的传播是通过人们视觉与听觉有机结合被接受的，这种直观性使受众产生的真实感受是其他任何媒介所不能比拟的。它超越了读写障碍，成为一种最大众化的宣传媒介。即便不识字，不懂语言，也基本上可以接受和理解节目所表达的内容与情感。

2. 有较强的冲击力和感染力

电视是唯一能够进行动态演示的感性型媒体，即用声波和光波信号直接刺激人们的感官和心理，冲击力、感染力特别强。图像、文字和声音结合形成的画面可以说是一种双重符号。“它既能够表达信息本身的文字含义，又能够传达动作、节奏、标识等非语言符号的含义，所构造的世界更生动、更形象，更具仿真效果。”[①]同时电视媒介还能够用忠实记录的手段再现讯息的原始形态，特别能够取得受众感知上的认同。

---

① 吴风：《网络传播学：一种形而上的透视》，中国广播电视出版社2004年版。

3. 传播范围广泛

电视首先突破了地域的限制，具有广泛传播特性，观众可以轻松收看国内外的电视节目。它的起源虽然晚于报纸、广播等媒介，但其发展后来居上，已经成为了目前传播范围最广、受众最多的媒体。

4. 有较高的注意率

目前，观看电视节目是人们文化生活的重要组成部分。一档好的电视节目往往能够吸引广大受众的较高注意率，有时甚至可以成为人们街头巷尾议论的热点话题。

除了以上的几点之外，电视节目还具有信息量大、时效性强，且具审美功能等传播特点。一般认为，电视媒介传播的缺点在于成本高、干扰多，信息转瞬即逝，选择性、针对性较差。但随着数字电视技术、网络电视平台的发展，这些传播弱点正在被克服。比如今天的数字电视和网络电视用户，信息保存已不成问题，而且收看电视节目的选择性和互动性已经大大增强。

☞ 延伸阅读

传播学意义上的"传播"分为人际传播、组织传播和大众传播三类，在这个意义上来说，人际传播通过面对面沟通进行，或者通过电话、电报、互联网等媒介进行；组织传播的媒介则是人和一些非大众出版物（如通知、文件等等）；大众传播的媒介是书籍、报刊、广播、电影、电视、网络等等。

二、关于电视编导

电视编导具有双重含义：首先它是电视媒介岗位上的一项工作，是一项技术与艺术紧密结合的工作；其次电视编导又是一种职业，一种随着电视事业的发展而产生的新型职业，也是在电视媒体中最基本的、从业人员数量最多的一种职业。

从职业来说，根据美国传播学者德福勒的定义，大众传播的传播者是职业的传播者，"是一个传播组织(如报社、电台、电视台、杂志社等)整体或个人"。也就是说，这些传播者是受过专门职业教育或者训练的人，而传播是他们的职业。他们向受众传播各种信息，分担着传播中的各种角色。而电视编导正是这样一种经过专业培训的人员，是传播的职业传送者。在我国，电视编导特指掌握了电视节目编导、策划、创作、制作等方面的专业理论、知识与技能，具有较高政治水平、理论修养和艺术鉴赏能力，具备一定文化与科学知识，熟悉党和国家宣传政策与法规，能在广播电影电视系统或其他部门从事电视节目编导等方面工作的应用型人才。

从工作来说，编导是“编辑”和“导演”的合称。在过去的节目制作过程中，两者的区别是很分明的，随着电视事业的发展和电视制作手段的日益完善，二者的职能在电视节目的创作中被结合起来，称为“编导”，他是贯穿电视节目的策划、构思、拍摄、文本写作、编辑合成过程中最核心的人物。

（一）电视编导的思维特征

不同的职业有不同的思维方式。电视编导的思维方式具有形象化、个性化、具体化的特征。这种思维方式又是建立在影视艺术独特的蒙太奇思维的基础之上的。

1．思维的形象化

同样作为记者，思维方式也不相同。电视记者(编导外出采访时，往往也是以记者的身份出现)采访后写稿子和报社记者有很大的不同，报社记者往往是用抽象的逻辑思维语言来进行写作，而编导不是。编导写脚本、写提纲，其特点有点像作家写小说、写剧本，写有形象的作品。编导写的脚本，哪怕最简单的提纲，每一句话，都具有形象、动作、声音这三个特点，要么是勾勒出一幅画面，要么是描绘一个动作(也由画面构成)，要么表达一种声音(也要配合画面)，文字记者那种抽象思维的东西在电视记者这里由一组组形象的画面来表现。这就是人们常常说到的蒙太奇思维。这也是电视编导和文字编辑、电视记者和文字记者思维定式的根本不同之处。

2．思维的个性化

电视节目的创作是一种艺术活动，是一种创造性的劳动，模仿照搬算不上艺术，艺术的价值就在于它的独特和创新。因此，电视编导的思维具有个性化的特征。《东方时空》一问世，就引起了人们的关注，其主要原因就是具有个性化的创意。子栏目《东方之子》通过各行各业知名度很高的杰出人物回答记者的采访，来回顾人生，回顾自己的创业历程，讲述自己成功的秘诀，正像它每期结尾的那句话：“东方之子，浓缩人生精华。”如果说《东方之子》表现的是社会精英，一般人可望而不可即，那么，更吸引老百姓的是《生活空间》。《东方之子》的精英意识和《生活空间》的平民意识是这个栏目编导构思出奇制胜的关键，是“个性化”思维的结果。

1997年，在香港回归倒计时活动中，中央电视台文艺部得知：驾驶越野摩托车飞跃过长城、被誉为“亚洲第一飞人”的柯受良准备在1997年6月1日驾驶汽车飞跃黄河，于是将本是体育部转播的节目拿过来，经过设计，在飞跃场地搞了一台文艺节目，这个想法是独特的，为这次飞跃活动起了推波助澜的作用。当然，这个节目中文艺节目的策划和安排是有许多不尽如人意的地方，整体构思也有问题，但不可否认，这个独特而具有个性化的构思对推动这次飞跃的宣传还是起到了决定性的作用。

3. 思维的具体化

个性化思维固然是产生一个好作品的先决条件，但编导的思维是具体的，具体说就是最后可以变成看得见、摸得着的一个个具体的事件，这就是我们经常说的情节。一些细小的情节又称之为细节，也就是比情节还要小的节目要素。情节和细节是电视作品能否成为佳作的重要因素，处理时，编导一定要做到情节和细节的真实。

（二）电视编导的职业特点

1. 职业敏感性

所谓职业敏感，就是对社会生活中与自己职业相关的事物特别注意，并能及时地发现和把握它们，使其对职业工作产生意义。

作为电视节目的主创者，电视编导必须具有很强的职业敏感性，也就是从职业角度出发，对社会生活善于观察、能够敏锐地发现有价值的题材，抓取鲜活的事件、现象和群众关注的热点、焦点问题，从而有益于自己的创作。

职业敏感性的养成主要包括专业定向注意习惯、比较丰富的生活经验、丰富的文化知识修养三个方面。

2. 知识结构的广博性

由于电视节目的创作会涉及很多方面、很多领域的内容，所以电视编导在某种程度上应该是一个通才，一名好的编导应该有较广的知识面、较高的艺术修养和较强的文字功底，这样才能发挥多方面知识互补互促的艺术通感作用，保证创作能力和水平。

3. 电视业务的综合性

编导是电视节目创作集体中的核心和领军人物，更是专业方面的总设计、总指挥，这就要求他必须具有业务方面的全面性，不但要具备选题、策划、构思、采访拍摄、后期制作等能力，还要了解和熟悉电视创作各个工序的专业特点、相关知识和技能。虽然不一定要样样精通，但具备一些专业鉴赏力是十分有必要的。

4. 宏观与微观

编导是电视栏目或节目的主创者，又是把关人，在很大程度上决定着一个栏目或节目的质量和水平，所以他既要有对栏目或节目的宏观把握意识，又必须要从微观上对栏目或节目审慎、仔细地具体关注和检查。如镜头的使用、解说词与画面的配合、播音的感觉、画面声音的质量，甚至字幕有无错漏等等。

（三）电视编导的综合素质

电视编导的综合素质体现在他的政治修养、艺术修养、专业技能、荧屏意识、想象能力等诸多方面。这些都直接关系到电视节目的质量和品位。概括起来讲，电视编导应具有的素质包括政治思想素质和电视业务素质两个方面。

1. 政治思想素质

电视编导的艺术创作面对的是广大电视观众，要综合发挥电视的信息功能、教育功能、审美功能、娱乐功能，这就要求电视编导了解党和政府的基本方针、路线、政策，坚持正确的舆论导向，为广大观众提供优秀的电视作品。

（1）政治素质。要达到一定的政治思想高度，具有较强的社会责任感和分析能力，使自己的思想意识与主流社会的价值观念和道德标准保持高度一致。

（2）思想素质。要有强烈的事业心与敬业精神，追求真实和为受众服务的信念，以及清正廉洁的工作作风。

2. 电视业务素质

（1）专业知识与技能

具有比较全面的电视专业知识和专业技能，是从事编导工作最基本的条件。具体讲，要具备“选、编、转、分、合、美”六个方面的能力。

“选”即选题策划的能力。选题策划是节目创作的第一个阶段，是为节目创作绘制蓝图的重要环节，如果选题策划不好，后续的拍摄和编辑工作做得再好，同样会影响节目的质量。

“编”即讲故事的能力。随着电视节目创作意识和水平的不断提高，电视节目的故事化已经逐步被电视从业人员所重视，能否讲好一个故事、创作出观众爱看的电视节目，是体现编导水平高低的重要因素之一。

“转”即把文字或故事转化成画面的能力。画面是电视节目的基本元素，无论什么类型的电视节目都离不开画面。前文讲到的电视编导“形象化”的思维方式指的也是这个意思。电视节目的题材往往都来自于事先总结好的文字材料或现实生活中的真实事件，如何把这些文字或事件转化成电视画面，是编导必须具备的能力。

“分”即分镜头的能力。分镜头的能力其实是组织画面语言的能力，作为电视编导，如何把不同景别、不同内容的画面组接在一起，形成新的思想去烘托主题，是其同样要具备的能力。

“合”即结构作品的能力。简单地讲，结构作品就是把若干个情节或细节，按照叙事手法、逻辑关系、节奏快慢等要求，安排其顺序或位置。这是电视编导要掌握的最为重要的能力之一，具体实施时，不仅要从宏观上考虑，还要从微观上把握，宏观主要指大的结构，微观主要指细节的处理。

“美”即审美能力，或称艺术鉴赏能力。电视作品要获得好的传播效果，不能仅仅满足于把内容、信息传播给受众，还要带给受众以美的享受、美的熏陶。因此编导一方面要努力提高自己的艺术鉴赏力，灵活运用艺术原则，另一方面要充分发挥艺术想象，努力使作品内在美和外在美兼具。内在美主要指作品的主题鲜明，具有传播价值；外在美主要指视觉效果富有美感，具体表现在画面和节目的包装等方面。

以上几个方面是作为电视编导必须掌握的能力，本教材也将主要围绕这几个方面进行专业知识的传授和技能的训练。

（2）创新能力

随着时代的发展，广大观众对电视节目的要求越来越高，电视节目的发展日新月异。一方面带来了电视节目的繁荣，另一方面对电视编导提出了新的要求。所以作为电视编导，创新能力是立命之本。具体表现在创新意识、创新思维和创新技能等几个方面，其核心是创新思维。电视节目的竞争实际上就是创新思维的竞争，缺乏创新不仅会失去大批受众，甚至还会被淘汰。电视编导唯有不断创新才能提高竞争实力，才能立于不败之地。

（3）团队精神与组织协调能力

电视节目是一个团队合作、共同努力的成果，作为电视编导，必须具有团队精神，将自己融入团队中并发挥自己的作用。同时电视编导又是节目创作团队中的组织者和主要实施者，在整个创作过程中，要在发挥全体创作人员智慧和能力的基础上，充分发挥其核心作用，编导的组织协调能力如何，决定着这个团队水平的发挥和节目的质量高低。

（4）人际沟通能力

电视节目创作就其本性来讲，属于同社会、同人、同环境打交道的工作。节目的选题、拍摄、采访等各个环节，以及与创作团队其他成员的协作，都离不开沟通和交流，编导只有具备了较强的人际沟通能力，才能够确保电视节目创作工作的圆满完成。

单元学习小结

电视节目丰富多彩，日新月异，对于电视编导来说，从宏观上对电视节目有一个明确的分类概念是必要的。通过对电视节目的分类了解，也可以大致勾勒出中国电视节目发展的脉络。

电视编导要熟悉电视节目制作的流程，以及各环节中编导所担负的责任，有利于电视编导有效地开展节目前期策划、拍摄和后期制作中各环节的工作。

电视编导是电视节目创作集体中的领军人物，更是节目制作过程中各方面的设计师和总指挥，只有通过自身素质的不断提高，才能胜任“编导”这一职责。

☞ 实训项目一

项目名称：对近期中央电视台《新闻联播》播出过的一条事件新闻进行解析

实训方法：实际操作

实训条件：网络、电视、笔记本电脑（学生自备）

项目要求：1. 统计新闻的时间长度和镜头总数量

2. 统计全景、中景、近景和特写画面各自的数量

3. 统计采访同期声运用的数量及其时间长度

4. 分析采访同期声的内容（在本节目中的作用）

5. 分析解说词特点

6. 描述新闻的主题

7. 综述（包含了哪些元素及各元素的功用）

实施步骤：1. 获取新闻节目源

2. 反复观看节目

3. 完成上述要求的各项工作内容

4. 整理相关记录并形成电子文档

成果描述：

设计成课程设计报告并打印，要求内容全面、层次清晰、数据准确、分析透彻。

成果评价：

学生互评、教师点评，将评价等次（分数）记录在册。

☞ 实训项目二

实训项目：对近期某电视台播出过的一期新闻专题节目进行解析

实训方法：实际操作

实训条件：网络、电视、笔记本电脑（学生自备）

项目内容：1. 分析节目题材的特点

2. 具体分析节目表现形式是否符合多元化

3. 分析节目结构方面的优劣

4. 分析节目对细节的处理

5. 分析节目主题以及报道的意义

6. 节目受众分析（适合什么样的人看？并举例说明）

实施步骤：1. 获取节目源

2. 反复观看节目

3. 完成上述要求的各项工作内容

4. 整理相关记录并形成电子文档

成果描述：

设计成课程设计报告并打印，要求内容全面、层次清晰、分析翔实透彻。

成果评价：

学生互评、教师点评，将评价等次（分数）记录在册。

学习单元二
电视节目选题

学习目标

(一)知识目标

1. 电视节目选题的宏观原则
2. 电视新闻节目的选题
3. 社教类电视节目的选题
4. 谈话类电视节目的选题
5. 电视节目选题的来源

(二)能力目标

1. 初步形成捕捉新信息、发现新观念的新闻选题能力
2. 能够掌握电视节目选题的可视性原则
3. 能正确理解人文关怀选题的内涵
4. 能够掌握电视节目故事化的选题原则
5. 能够区分谈话节目选题的不同类型
6. 能够运用各种渠道来获得选题

任务描述

任务:选择电视节目题材

在了解和掌握不同类型电视节目特点的前提下，从本单元开始进入真实工作任务的实施阶段——制作一部有演播室谈话加外拍内容的电视作品。根据工作流程，要完成此项任务的第一步就是选择题材。本项工作任务是建立在学生以3-5人为单位组建摄制组的基础之上。具体工作任务包括:小组成员以不同形式获取题材信息，通过小组汇总、讨论确定以人物和事件为线索的题材各一个。之后在老师的指导下确定一个题材作为制作电视作品的选题。

通过完成以上工作任务，使学生掌握选择电视节目选题的原则和一般方法，同时为能够顺利完成后面的工作任务打好基础。

无论什么类型的电视节目，选题是最基本的，是制作节目的第一关，同时又是很难的一件事。如何选题，说什么，怎么说，是电视编导始终面临的一个难题。编导在某一个栏目组和同行们谈工作，谈得最多的一定是选题的问题。你准备选什么题材，已经选了什么题材，为什么要选这个题材，这个题材好与不好等等。这也是给编导压力最大的问题。选题选得好，节目就成功了一半——这句话是有道理的。

不同类型的节目选题标准是不一样的，但有一些共性的原则必须遵循。

一、电视节目选题的宏观原则

（一）思想性原则

案例：大型纪录片《华尔街》

《华尔街》是中国第一部深刻探讨现代金融体系的电视纪录片，以华尔街金融危机为契机，以证券市场为中心，梳理两百多年来现代金融的来龙去脉，探寻、发现资本市场兴衰与经济起伏的规律，为决策者提供依据，为资本市场的实践者提供镜鉴，为大众提供关于资本市场的启示。同时，也为中国人全面理解华尔街，甚至全面理解现代金融与国家崛起的关系，提供最有益的帮助。这是中央电视台深入华尔街，在历史坐标中，对资本市场的一次庄重表达。节目具备了很强的思想性，以独特的魅力赢得了广大观众的强烈反响。该片通过采访专家和学术性强的解说扩张了影像的承载力。“控制货币是一场伟大的战争，控制货币发行和市场就可以控制财富、资源和全人类”。该片从时代发展的高度，看到金融改革更是一场静悄悄的革命，在这个大变局中，谁有远见就有可能占据先机。因此，《华尔街》从历史和现实中走出来，借鉴性意义很强。

纪录片·华尔街

知识点：

制作电视节目最基本的出发点是要表达一种思想，所以，具备一定的思想性成为所有电视节目首先要遵循的原则。

◎ 思想性原则的必要性

无论是纪实性还是非纪实性节目，都要注意思想性，也就是说要注意节目的导向性。电视节目或多或少都有编导主体意识的渗透，可以直接或间接表达创作者对事物的认识和主张，所以选题的思想性是成就其节目品质和影响力的关键，这也是所有电视节目选题最重要、最基本的原则。

◎ 电视编导的话语权

人与人之间在生理的“音量”方面虽有差异，但差异毕竟不大。但是人们在社会话语表达的“音量”方面，却有着天壤之别：有的人一句话便可使地动山摇；有的人即便是拼命地呐喊也显得悄声无息，这便是传播学中“社会话语权”的概念。因为职业和岗位的关系，电视编导很荣幸具有较多“社会话语”的表达机会，是掌握了一定“社会话语权”的人。但这种权力并不能随意地滥用。电视媒体充当着党和政府的“喉舌”功能，电视节目的主题思想首先是不能违背党和政府的路线、方针和政策，即使娱乐节目也有一个审美品位与格调问题，不能宣传错误的道德观和价值观。一个节目的受众往往是一个庞大的群体，作为电视编导，一定要考虑节目对公众思想、行为的导向作用问题。缺乏这个基本的认识，就难以胜任电视编导的工作，也很难把握好节目的思想性。

（二）时代性原则

案例：大型电视纪录片《再说长江》

20年前，中央电视台播出的25集大型电视系列节目《话说长江》，曾在社会上引起巨大的反响，至今让人记忆犹新。20年过去了，长江发生了巨大的变化。为了全面记录20年来长江流域的发展，反映中国社会和生活的巨大变迁，中央电视台拍摄制作了大型电视纪录片《再说长江》。长江，作为中国的母亲河，作为中华文明的发源地，本身就是一条充满了时代活力的大江。《再说长江》深入长江流域，记录最具时代特征的人物、事件、场景，向观众全景式地展现了一个自然、逼真、富有时代气息的长江形象，以真实的力量震撼观众。《再说长江》通过对长江人文价值的探求，来

纪录片·再说长江

表现长江历史的变迁、文化的传承和社会的发展，凸显浓郁的人文气质，以文化的力量凝聚观众。

知识点：

◎ 时代性原则的必要性

电视节目创作只有汇入时代的主流，才会有广阔的前途，才能锻造出传世之作。所谓“文章合为时而著,歌诗合为事而作”，说的就是艺术与时代的关系。我们今天所处的时代是一个以变革、调整、创新为显著特征的时代：改革开放波澜壮阔，时代为电视节目创作提供了新的题材、新的人物、新的情感和新的精神，呼唤着编导去记录、去表现、去讴歌，反映我们这个时代的历史巨变，描绘我们这个时代的精神图谱，为时代写史、为时代画像、为时代立言。要紧跟时代发展步伐，准确把握时代主题，用富有时代气息的节目形式，创作出更多反映时代主旋律的精品力作。弘扬主旋律，应当贯穿于电视节目创作的全过程。主旋律代表着一种精神，反映着社会主流价值取向。这是电视节目选题的一个重要原则，也是电视节目获得收视率的重要因素之一。

◎ 时代性原则的表现角度

不同类型的电视节目时代性原则的表现角度是不一样的：关注社会现实，关注民生、关注生活应该是纪实类电视节目的一大共性原则；社会现实中重大新闻事件引发的一系列社会热点问题，群众关注度高，影响面大，这类节目应发挥时效性较强的优势，及时对社会现实中一段时期内群众关心、关注甚至忧虑的社会焦点问题进行报道；社会现实中感人至深、内涵深远，有时代气息、人文思想和现实意义的人或事也应该是电视节目的主流，这一类题材在现实生活中最为丰富，而且永远不枯竭。

作为电视编导，应该具有一双发现的眼睛，要有独到的选择和挖掘来表现时代精神，节目要想做得有厚度，节目创意的总体立意不可浅薄，内容要能够反映和代表较大的社会群体，并在一定程度上体现时代发展。

非纪实类电视节目的时代性原则主要表现在把握住时下的社会状况、把握住时代的娱乐审美倾向和把握住时代的文化审美心理。麦奎尔提出，电视节目满足受众的需要主要有四方面：心绪转换、人际关系、自我确认、环境监测，其中，心绪转换指电视节目可以提供消遣、娱乐，这种娱乐能够帮助人们“逃避”现实生活中的压力与负担，使得观众在观看电视节目的时候，期盼着能够带给自己一种心理上的解放，一种情绪上的寄托。非纪实类电视节目的时代性原则还应该反映在配合各种活动、节令等组织各种节目，具有强烈的时代感和时间性上。

（三）公益性原则

案例：大型公益性节目《等着我》

中央电视台综合频道、俄语频道在2010年11月底联合推出的大型公益性节目《等着我》，很好地突出了电视节目的公益性原则。该节目秉承“忠诚、守望、等待、团圆”的理念，为分散在中俄两国的亲人搭建了寻亲团聚的平台，以精心选择的若干个故事为叙述主体，并自然穿插文艺类节目，通过中俄双方寻亲者的直接见面或视频连线，形成了既有事实诉说，又有情感升华的场面。

大型公益性节目·等着我

知识点：

公益一般包括以下元素：环保、助学、扶贫、助老、助孤、助残等。电视节目的公益性体现在整个节目或节目的某个部分具有支持公共行为或彰显出公益精神，本体上具有追求公共利益而不是仅仅追求自身经济利益的特征。公益性节目不是针对一种类型的节目而言，也不是以传播的内容和传播的对象而划分的，而是就所有符合公共利益节目的本质而言的。即某些节目的内容本身看起来与公益事业并不直接相关，但就其服务目的和节目宗旨来说具备公益性，也就是运用了以上的某些公益元素。即使是原本不具有公益特征的电视节目通过公益元素的运用也会具备公益特征。

电视节目的公益性原则表现在面向大众，体现公众整体利益，满足人民群众普遍的公共需求，为社会公益活动和公益事业提供传播服务，以保护公共利益为宗旨而非盈利性质。当然电视节目既是市场经济下物化的精神产品，同时也是市场流通中的文化商品。但电视节目的公益性原则并不意味着经济利益的丧失，可以实现经济效益与社会效益双赢。选取公益性题材来表现社会责任感的方式不仅仅是新闻节目和教育节目的职责，这种选题方式无论是综艺类还是访谈类或是真人秀类，甚至竞技类节目都可以运用。如婚恋交友类节目的“为孤寡老人寻找老伴”、《真情》节目的为无名烈士寻找家属、《鲁豫有约》做身残志坚的残疾人系列访谈、《同一首歌》“母亲水窖”捐助演唱会、抗震救灾特别晚会等等。只要节目中所反映的美好情感满足潜藏在人们心中对道德的呼唤和对真善美的追求，都是电视节目选题公益性原则的体现，这必将大大提升电视媒体的影响力和公信力。

（四）市场性原则

案例：2008年中国国际影视节目展

由国家广播电影电视总局主办，中央电视台、中国国际电视总公司、中国广播电影电视节目交易中心承办的第六届中国国际影视节目展于2008年11月1日在北京展览馆圆满落下帷幕。本届展会汇集了国内外优秀的电视剧、电视电影、纪录片、动画片、电视栏目等，题材涵盖现实生活、革命历史、青春励志、家庭伦理、古代传奇、古典正剧、悬疑动作、生活百科、人文历史、儿童动漫等各个领域，荟萃活跃在电影电视制作领域的各大制作商、发行商和播出机构。据本届《中国国际影视节目展·节目指南》收集资料及现场统计：本届展会参展电视剧1402部，33640集；电影262部；纪录片、专题、栏目2020部；动画片623部，54201集。本届展会交易金额（含意向交易金额）达15.93亿人民币。

节目展现场·北京电视台展区

（资料来源：http://news.xinmin.cn/rollnews/2009/08/05/2338606.html）

知识点：

从上述案例中我们可以看出，电视节目也是商品，也是需要交易的事物。既然如此，那么制作电视节目就应该遵循经济规律来运作。无论是运作重大选题的大型系列节目，还是采制常规的电视栏目，编导在选材时，都应该有成本意识、推广意识和市场意识。

面对一个选题，编导先要有成本意识，要用市场原则来衡量和判断这个题材的可行性，对选题所需要的人员、设备和资金有个基本预算，通过尽可能合理的资源配置优化组合，用尽可能低的成本获得最大的社会效益和经济回报；另外也要对这个题材的宣传和推广有所策划，重视节目的卖点与资本回报方式，为提高节目收视率做一些有针对性的工作；在前期还应该考虑节目的市场运作问题，争取在经济利益上有所收获。

（五）对象性原则

案例：早间电视新闻节目做给谁看

从受众心理学角度分析，早间电视新闻主要满足的是受众认知、好奇和从众等心理需求。一般来说，早间电视新闻的特点是“消息型”新闻栏目，也可以称为“集纳型”新闻栏目，是指消息类电视新闻节目的汇编和划分形式。这就决定了早间新闻实、快、新、短的特点。最具代表性的有央视的《朝闻天下》、凤凰卫视的《凤凰早班车》、美国ABC 的《早安，美国》等。纵观成功的早间新闻栏目，其内容大多具备以下优点：第一，热点最先关注，引领全天生活，是了解全信息的“导读”；第二，服务贯穿始终，吸引流动观众，这一点最能体现的是实用性；第三，拓展选题范围，广泛运用电视手段，记者亲历、现场直播等等突出电视特点。

（资料来源：http://www.cnki.com.cn/Article/CJFDTotal-ZZYL201106074.htm）

知识点：

从上述案例我们可以看出，做什么样的节目？做给什么人看？是电视编导首先要考虑的问题。传播学原理认为，传播对象对传播内容是自愿选择的，传播者不能对传播对象采取任何强制约束行为。遥控器握在观众手中，他们有权选择自己所喜爱的电视节目。因此，在确定每一个选题时，都要研究传播对象。对象的需求，是确定选题最主要的根据。电视节目都有自身的对象定位，选题时一定要考虑节目收视群体的主要构成，不同的受众群体会有不同的收视取向，年龄、性别、区域、文化程度、文化背景、收入水平等方面的差异都会造成受众群体对节目不同的兴趣爱好。如果编导不考虑受众群体的差异而盲目选题，收视效果或许会大相径庭。因此，坚持并强化选题的对象性原则，加强针对性和服务意识，适合观众的口味和观赏习惯，是确定选题的重要依据。

延伸阅读

据中国有关受众收视调查结果显示，受众收视率很高的内容：天气预报、国内新闻。受众收视率高的内容：国际新闻、生活小常识、热点访谈。受众收视率较高的内容：批评揭露性报道、健康指导、本地新闻。受众收视率稍高的内容：体育新闻、奇闻趣事、电视节目预报、社会新闻、消费指导、科学新知、观众之声、新闻分析、流行时尚、经济新闻等等。

二、不同电视节目选题的原则

电视节目选题是电视创作的第一步，这是编导安排具体工作所必需的内容构想。对于某一个栏目或某一期节目的选题，无疑有着牵一发而动全身的作用。实际上，在电视节目的发展过程中，多少年来，电视节目的具体拍摄制作一般也都是从选题策划这一关键环节开始的，所不同的只是大家对选题策划的重视程度及发挥水平有一定的差异而已。

经过认真选题、精心策划之后才慎重推出的节目，如果其预见性、可视性很强，收视效果就好。而匆忙上阵、粗枝大叶拟定的节目选题，不是在制作过程中常常“卡壳”，出现细节上的纰漏，就是因为按照惯用模式运作缺少特色，这样的节目其收视效果也就不会好了。下面是比较典型的几种电视节目选题的原则。

（一）电视新闻节目的选题

1. 选题的新鲜性

案例：上海东方卫视《深度105》之《天下事——迷失的青春》

2010年6月13日，上海东方卫视《深度105》栏目“天下事”板块播出了一期标题为“迷失的青春”的节目。2010年5月4日晚，浙江台州三名90后农民工相约自杀，其中两人身亡，一人抢救生还。针对这一既令人费解，又让人感觉到“新奇”的自杀事件，《深度105》展开了调查。节目从介绍几个孩子自杀的过程、自杀的原因，到出现这种现象的根源，把社会给农民工这一“城市的边缘人”带来的压力进行深刻剖析。

深度105·天下事——迷失的青春

这起自杀事件的本身令人惋惜和痛心，而从制作电视节目的角度看，这个选题无疑给人以“新”的感觉。发生在大学校园里的自杀事件人们已经不再陌生，但是，年轻的农民工自杀的现象还不多见，这一点或许就是《深度105》选择这个题材的原因之一。

知识点：

◎ 新鲜性是受众的心理需求

电视节目是做给观众看的，符合观众的心理需求应该放在第一位。观众对电视新闻节目的需求，其核心也要基本围绕观众对节目“新”的需求上。当今世界各种事物的发展变化之快，恐怕没有什么词语能比“新”字的涵义更能概括得了的，电视新闻节目的选题同样如此。首先新闻本身就是“新近发生的事实报道”，这就规定了“新”的题材性质，具体来说就是在选题上要把时效性强、具有社会前沿性、具有生命力的新闻事件、新闻人物和社会热点问题作为首选，重点关注社会生活中的新事物、新现象、新问题。同时“新鲜性”里面还包括了新的表现形式、新的节目内容、新的艺术风格等内涵，“新”是新闻的核心价值之一。捕捉新信息、发现新观念的新闻选题能力，不仅是一个编导的基本素质，也是一个媒体核心竞争力的重要体现。《焦点访谈》揭露的问题，《新闻调查》调查的问题，《实话实说》讨论的话题之所以都在社会上引起巨大的连锁反应，其选题的新鲜性无疑是节目成功的重要原因。

上述案例我们提到的上海东方卫视《深度105》这个栏目，不论是解读天下大事，还是观点评论、解密旧事，都处处体现出新闻主题的新鲜性。以2010年4月11日至6月13日10周内播出的10期节目为例，“天下事”分别就南平“杀童”事件、青海玉树地震、赵作海案、房地产新政、文强案、张悟本事件、90后农民工自杀等公众关注的全国性焦点事件进行了深度挖掘；“非常道”对楼市、世博会、新《三国》热播、富士康跳楼事件等热点发出了独家观点；“说旧闻”则以现实作为由头，针对“克什米尔公主号”爆炸疑案、太平洋战争、世博与中国、纪念邓丽君、昨日童星、黄光裕案等展开往事调查，揭开历史的迷雾，挖掘历史的现实意义。三个板块从题材和内容的选择上，竭力体现了新闻的重要性和新鲜性。即使是旧闻，也是由于有很强的现实意义而彰显新意。

◎ 新鲜性是编导创新的基础

编导在对新闻节目进行选题时，必定要把“新鲜性”放在首位，但是在信息资讯十分发达的今天，一个新闻节目选题要做到“独家报道”几乎是不可能的事，这就要求电视编导在“新鲜性”原则的基础之上，善于用更新鲜的角度、独特的视角去进行选题，这个选题过程也是一个创新的过程，而创新就是要善于发现事物之间的异同。对于创新而言，就是在有比较、有参照的条件下，既要借鉴总结经验，又要开阔拓展思路，这样就更容易达到“创新”的目的，因为经过类比之后的“优选”，才能更好地走向“捷径”。这就需要编导在选题时广泛进行调查研究，了解现有节目所缺乏的内容、形式和风格，及时掌握受众的收视动态，使节目的选题能从不同的角度融进新的内涵，努力做到节目常做常新，选题“活水”不断。

编导应有这样的选题理念：在选题“求新”的过程中，必须密切关注时代发展的步伐，要多角度地反映出鲜明的时代特征，既不能一味地模仿别人，也不能一味地重复自己，即使是同类的、相关的选题，也要力求做到有特点、有新意。

2. 选题的时效性

案例：中央电视台《焦点访谈》之《维和英烈，今天回家》

焦点访谈·维和英烈，今天回家

2010年1月12日，加勒比岛国海地发生7.3级地震，8名中国维和官员在地震中牺牲。为悼念牺牲的8名英烈，中央电视台《焦点访谈》在短短几天时间里制作出了题为“维和英烈，今天回家”的节目，并于2010年1月19日在央视一套播出。节目以采访牺牲英烈的同事、领导和家属为主，表达了人们对为维护世界和平做出贡献的英烈们的怀念之情，英烈们的感人事迹也深深地打动着电视机前的广大电视观众，崇敬之情油然而生。节目播出当天，牺牲维和人员的灵柩运回北京，第二天，牺牲英烈的遗体告别仪式在北京八宝山举行。这期节目因为制作周期短，被《焦点访谈》栏目组评为2010年第一季度“最佳时效奖”。

知识点：

◎ 时效性的含义

上述案例中，如果节目在运回灵柩和举行遗体告别仪式后的很长一段时间才播出，就失去了最好的时机，给观众的感受也就达不到预期的效果。电视新闻节目就是这样，必须遵循时效性原则，否则就失去了新闻的意义。

电视新闻节目的时效性有双重含义：一为时间，即尽可能缩短报道与所反映的新闻事实之间的时间差，以最快的速度反映事件的发展变化；二为时机，即重视因时因势，增强电视新闻评论的影响力。这两个侧面是辩证统一的，既要注重绝对时间，又要讲究相对时间。

◎ 时效性的意义

新闻节目选题的时效性不仅是编导选题要追求的要素，还是媒体实力的具体体现：缺乏时效性的新闻不仅会失去市场，特别是在重大新闻事件报道的时效上；而且会失去媒体的权威和信誉。2008年汶川地震就是因为有个别重要电视媒体报道的时效性滞后而引起很多观众的不满。所以电视新闻节目要有生命力，就绝不能放弃对时效的追求，特别是那些针对特定时间的新闻节目，赢得时间往往意味着赢得舆论控制的主动权，赢得先声夺人的优势，“马后炮”式的新闻节目会失去其价值。

《焦点访谈》栏目如“及时雨式”的选题不少，以2011年3月份播出的节目为例：《农民盖新房，咋缴营业税》、《医保金是怎样流失的》、《如此洋货》、《关注日本大地震》、《揭秘健美猪》、《外交部长答记者问》、《以人为本改善民生》系列报道等节目反应迅速，及时抓住了这些社会焦点和热点问题进行评论，既传达了党和政府的声音，也传达了人民的心声。

墨子说：“多言何益？唯其言之时也”。所谓“言之时”，正是电视新闻节目选题必须重视的问题。特别是批评报道，不能盲目追求一时的轰动效应，而留下负面效应。避免新闻成为旧闻、成为“马后炮”的办法有两种：一是现场直播，让新闻事实和言论同步，主持人在节目中穿针引线，全体编播人员合理分工、密切配合，及时撰写评论文章，及时在新闻背景和新闻事实播出之后点评；二是录播方式制作新闻节目，消息类新闻采编播时间力争在24小时以内，以保证新闻节目的生命力。

◎ 时效性与节目竞争力

凤凰卫视为什么一直以来都备受观众的青睐，其最大的原因就是对全世界各个地区新闻事件的报道非常迅速。这样的例子不胜枚举，包括美国“9.11”事件、伊拉克战争爆发、汶川大地震等等国内外重大事件，他们都是在第一时间对新闻事件进行报道。新华社著名新闻记者唐师曾说他成功的秘诀就是比别人“快一拍”，哪怕粗糙一点，他也要争取做第一个发稿的新闻记者。凤凰卫视节目制作和播出的理念也是如此：哪怕是节目制作得粗劣一些，也要及时播出，赢得“先机”，争取更多的观众，提高节目的竞争力。

提高节目竞争力的重要因素很大程度上体现在时效性方面。凡是世界上发生了重大事件，如战争、灾害等，有些电视媒体都采用直播方式来争取新闻的时效性，在我们熟悉的电视媒体中，美国的CNN和凤凰卫视都是这样争取节目内容时效性的，很多中国电视观众都是通过凤凰卫视的直播，得到美国世贸大楼遭恐怖袭击的消息的。中央电视台2008年对5.12汶川大地震的直播报道和对北京奥运会的直播报道也是争取节目时效性的范例。当然，选题的时效性绝不限于大的新闻事件，即便是在一座城市里发生的一起小小的交通事故，也可能会有同城的多家电视台竞相报道，都想以最新、最快的新闻来争取收视率。在这个问题上，电视节目编导一定要有选题的时效性意识，应该为你所在的电视台、所在的新闻栏目争得第一时间播出的“先机”。这种竞争是一种良性竞争，受益的是广大电视观众。

3. 选题的典型性

案例：“三个原则”是《焦点访谈》选题的根本方向

《焦点访谈》取舍选题的标准为：是否坚持正确的舆论导向，是否符合宣传的需要，是否符合老百姓的根本利益，是否具有良好的社会效益。根据这个标准，《焦点访谈》确立的选题原则是：“政府重视、群众关心、普遍存在”。《焦点访谈》把这三条称之为“选题三原则”。《焦点访谈》在长期的舆论监督报道中没有出现任何政治偏差，并且受到上下的一致肯定，最重要的原因就是自觉、全面、准确地运用了“选题三原则”。

《焦点访谈》的选题方向，首先表现在积极主动地与中央的中心工作相配合，也就是说当好“耳目”，做好舆情监测，为中央决策提供事实依据。这就需要策划者及时、敏锐、准确地判断社会、经济发展进程中出现的必须加以解决的矛盾，根据中央的政策精神，揭示问题。这就要求新闻从业人员具有吃透政策的深厚功底，同时还要求在选题的策划过程中，必须做到所提出的问题有前瞻性，所选个案具有典型性。

焦点访谈创始人·梁建增

（资料来源：http://www.cctv.com/tvguide/tvcomment/wtjj/dsrshss/9911.shtml）

知识点：

◎ 典型性的定义

据了解，每天大量的观众来信是《焦点访谈》这一名牌栏目独特的选题来源优势，在处理这些信息的时候，编导进行量化的分析处理从而建立了选题“预警”机制，具体做法是：对同一类现象，如果连续三天，每天观众反映的问题超过50条以上，就说明群众关注度高，具有普遍性。于是栏目就会建立专门档案，编导进行监控、调查、分析，确定是否有报道价值，然后从中筛选报道题目。观众的来信成为反映社会普遍问题的一个晴雨表，而“预警”机制则锁定了报道线索的目标范围。在最后确定选题的过程中，分析调查选题所包含的事例是否具有典型性，避免非常极端、不具普遍性的题材是《焦点访谈》选题的一个重要原则。

综上所述，我们可以得出典型性的定义：就是指电视新闻要选取那些具有代表性和时代特征的新闻事件进行报道和评论。我们生存的这个社会每天都有各种各样的矛盾和问题，以及许许多多的国内外大事，电视新闻不可能一一报道，应该把握住那些有代表性的人或事，以个别来反映一般，通过举一反三、由此及彼的方式影响受众。实践表明，电视新闻节目的社会反响如何，社会效果如何，很大程度上取决于是否抓住了典型的新闻事件。典型性也可以理解为开掘性，它强调的是，电视编导在确定一个新闻选题时，要充分认识到这个新闻是否具有丰富的社会内涵，是否体现着事物的某种本质特征，是否包含有价值的、能够进一步开掘的空间。

◎ 典型性的体现

除《焦点访谈》之外，中央电视台《新闻调查》栏目近年来播出的节目也都是反映社会普遍问题的题材，如《留守儿童》、《网瘾之戒》、《土地拍卖悬案》、《七年未完成的拆迁》、《虎照疑云》、《医疗可以免费吗》、《手机网络的色情秘密》、《谁为农民工维权》等。这些选题的典型性体现在两方面：一是这些问题本身就是社会普遍存在的问题，留守儿童问题、青少年网瘾问题、网络色情问题都令人担忧。二是由典型事件引发观众对一些性质相同的社会问题的思考：《土地拍卖悬案》由重庆一起土地拍卖官司引起对商业贿赂问题的警惕；《七年未完成的拆迁》由北京一起房屋拆迁事件引发对“钉子户”问题的思考；《虎照疑云》由一张真假华南虎照片的争议引发人们对社会诚信、社会道德底线问题的反思。这些节目都引起了很大的社会反响，其成功的原因首推新闻选题的典型性。

需要特别指出的是，编导在以新闻典型性原则选题的时候要避免将典型意义人为提升和扩大化。要防止为了追求轰动效应，将个别现象扩大成普遍现象。提炼选题的意义和价值是无可厚非的，但人为提升却严重违背新闻原则，编导在选题时要坚决杜绝这种做法。

4. 选题的可视性

案例：《焦点访谈》之“难圆绿色梦”(1995年播出)

……它大量采用了空镜头和同期声。空镜头就是没有人物的镜头，如风光、物件等，一般在新闻片中很少用到。但这部片子讲的是环保，所以漫天的黄沙、光秃的树桩、爬行的甲虫，以及资料片中当年茂密的林带、累累的果实，都恰到好处地反映了主题，可见空镜头不空。片中还大量采用了同期声，记者尽量少说话，而让当事人自己多说。尽管当事人讲方言(已加字幕弥补)，徐治民甚至有点口齿不清，但他们的话最真实、最有感情。其中徐治民在“树王”前老泪纵横的镜头很长，是全片的高潮，是最动情处。但此时并没加音乐，也没加字幕，更没加解说，而是采用了现场同期声——呼呼作响的风沙声。它是环境恶化的表现，更像是老人的呜咽和抽泣。此时无言胜有言，它比任何解说都精彩。

焦点访谈·难圆绿色梦

（资料来源：http://10000081342.8.sunbo.net/show_hdr.php?dname=5UHRR41&xname=1DCJR41&xpos=6）

知识点：

◎ 可视性是电视媒介的要求

上述案例中，评述者在前半部分对空镜头的运用作了点评，其最终结果强调的还是画面的重要性。电视媒介有其自身的传播特点，声画结合，现场感、立体感和纵深感强是其独特的优势，所以电视新闻节目在选题时必须考虑节目是否能够突出电视媒介的这些特点。比如说能否拍到相关画面，视听语言是否丰富，现场感是否强烈等因素。有了这些因素限制你就会发现，适合平面媒体报道的选题未必适合电视新闻。

◎ 可视性与形象性

电视新闻要增强可视性，就要根据电视新闻的特点，对日常报道的题材加以选择。由于画面是电视作品的“本体语言”，所以一般来说，电视长于报道事件性新闻，易于表现人物、建筑、自然景象等形象鲜明的事物，而难于表现比较抽象的内容，这是因为电视最大的特点是形象性，形象性是电视新闻区别于其他报道形式的重要特征。电视新闻应以形象的典型报道为主。在选题时还应该考虑电视画面长于表现正在发生的事件，而难于表现过去发生的情景。同期声在电视新闻中能够表现现场感，具有“表真”作用，在展示人物的个性特点时，采用人物同期声，有助于表现人物的思想、感情。选题缺乏画面和同期声的表现力，就势必会出现节目的“非电视化现象”。所以在一条电视新闻报道中能否展现电视视听语言的优势，也是编导在选题时要充分考虑的问题。

优秀新闻节目的成功给编导一个启示：如果忽视这些电视媒介特有的声画结合叙事特点，就势必影响节目的可视性，缺乏可视性的节目是不可能感染观众的。选题是一个电视新闻节目的源头活水，选题自身的质量和选题的可操作性决定着节目的质量。新闻节目选题不但要做到观众感兴趣，而且还承担着舆论导向功能，所以新闻节目的选题相对其他类型栏目应该更为严谨一些。

（二）教育类电视节目的选题

如前所述，按照国际电视业惯例，一般把具有显著教育功能的节目都统称为教育类节目。以下分述教育类电视节目中市场份额最大的几种类型节目的选题原则。

1．人文类电视节目的选题

人文类电视节目在电视节目栏目化以前，大多是以纪录片形式拍摄的。上世纪90年代电视节目栏目化以后，这类节目大多呈现为纪录片与电视专题片形式。

人文类电视节目表现的范围似乎是无所不包的，从海底的浮游生物，到天上的白云飞鸟；从日常生活中习以为常的公路、桥梁，到人类尖端科技的纳米、电子、航天技术；从城市里普通人的生活起居，到边远地区少数民族的奇风异俗；从富有中国特色的塞北南国，到大洋彼岸的异国风情……都可以在人文类电视节目找到选题。既然人文类电视节目的选题如此宽泛，是不是可以随意从身边抽取一个人物、一段故事、一个事件作为一个选题呢？确实，人文类电视节目的选题并没有什么绝对的金科玉律和唯一标准。选题标准的差异性是有的，编导根据个人的学识、体验、感觉，他们会有不同的素材选取尺度。我们从以下创作者的话语就会知道他们选题标准的差异。

美国电视理论家认为：“纪录片应当充满强烈的感情色彩，它的目的不在于一般地表现事实和事件，而将焦点定在最能感动人的事例上”。①

纪录片《最后的山神》的编导孙增田说：“我是东北出生长大的，看惯了冰天雪地，茫茫草原，审美感情更多地倾向于雄伟、粗犷的阳刚之美。每到北方，即便是荒山大漠，也能使我眼潮心跳；而南方的小桥流水，则只能欣赏而无法感动。”

中央电视台《东方时空·生活空间》（后更名为《百姓故事》）的选题原则是：“讲述老百姓自己的故事。”

还有一些人文类电视节目选题是来自于编导个人对生活的观察。

纪录片《十五岁的中学生》的编导王小平春节到姐姐家去玩，看见所有的人都在玩，只有姐姐的女儿一个人关在屋子里学习，原来她要准备半年后的中考。于是，一部反映中学生的生活和心理，反映中国当前教育现状的优秀纪录片就这样诞生了。

但是，广泛的选题范围和创作者个性化的选题原则并不等于人文类电视节目的选题

---

① 埃德加·E. 威利斯、卡米尔·德·艾利恩佐著，李瑛译：《电视脚本创作》，中国广播电视出版社1994年版。

无章可依，可以随心所欲。从这类节目的发展过程来看，以下这些方面可以启发编导划分选题策划的范畴。

（1）人文关怀

案例：纪录片《伴》的人文特色

纪录片《伴》记录了湖南乡村刘老太的养猪经历。1997年她买回一头23斤的小猪，第一年就长了800多斤，第二年喂成1300多斤的大猪，远近闻名。慢慢地猪长到了2600多斤，刘老太喜不自禁，但已74岁的她体衰多病，每天40多斤的饲料成了不小的负担，刘老太陷入了困境，复杂的内心冲突由此激烈起来。20多个生活情节有序结构全片，如同一串珍珠散发出人文的光辉。《伴》是作者对被摄对象的一种感悟，在优美的画面形象背后，渗透着无尽的人生悲怆、跋涉者苦涩的人生追求，使全片空灵而沉重。

《伴》通过展示生活流程的不确定性、动态性，把最本质、最自然也最复杂的真实世界呈现出来，有效传达了来自人本身、来自生活和生命本身的情愫，体现了超越世俗的人文关怀。一部人文纪录片就是一部人的生活史，也是其时代的社会史。《伴》是刘老太的生活史，人文贯穿全片，使《伴》在浮躁的时代面前凸显沉重的人性光辉。其深刻的思想性和人文关怀得到了形象的诠释和真实的彰显。

纪录片·伴

（资料来源：http://tieba.baidu.com/f?kz=204581103）

知识点：

在我们今天的世界里，人们不同的生活、生存状态是大多数人所不知的，有很多生活在社会底层的人们，也有我们共同遇到的社会问题，如希望工程、下岗就业、子女教育、医疗住房、环境保护等。关注民生，关注社会边远地区和弱势群体是人文类电视节目选题的主要内容。纵览这类节目的轨迹，凡是让人印象深刻的作品，无不鲜明地彰显出人文关怀的精神和气质，对普通人生活状态、生活情感的关怀。

《东方时空·生活空间》强调栏目的基本定位是对每一个人的尊重，是那种需要平等和真切才能表达的尊重。《沙与海》、《最后的山神》、《龙脊》、《毛毛告状》、《德兴坊》、《舟舟的世界》、《远在北京的家》、《平衡》、《幼儿园》等优秀作品都体现了人文关怀的精神意蕴，闪耀着人性的光辉。与电视新闻片的主题性、针对性、宣传性、目的性很强的内容指向有所不同，这类属电视纪录片的节目直接关注人、人的生存状态，人的性格和命运，人与自然的关系，更直接地说，也就是追求人与人之间的沟通，关注人特别是小人物的生存方式，感受到的是一种对于生活和生命的热爱。

《舟舟的世界》里的弱智者，《远在北京的家》里的保姆，《最后的山神》里的少数民族，都是一些小人物，甚至是弱势群体，但创作者没有居高临下地俯视他们，而是自始至终从关注他们的生活和联系社会大背景出发，感受他们的生命状态和深层的思想感情状态。

纪录片・舟舟的世界

人文类电视节目应该强化体现人文关怀的选题，对人的关注和尊重，对人类生存环境的忧思，这类题材应该成为节目的主体。此外，对于离婚、弃婴、告状、扫黄、吸毒等诸如此类的阴暗面题材也可以适当选择。在平民化的视点里，编导可以表达一种对生活的尊重和真诚表达，平等地与他人进行交流对话的心愿和思想意识，所以选题事实上也是一种思想观念的表述。

（2）人文地理

案例：纪录片《庐山：人文圣山》

庐山是世界文化景观遗产，庐山的人文和自然高度融合，形成了世界上独一无二的景观。纪录片《庐山：人文圣山》历经四季、遍访名家，寻踪探迹、还原真相，旨在以庐山为载体，对民族文化史上几次出现的高峰期进行系统性的梳理；在弘扬传统文化、普及国学的基础上，试图对中华民族之文脉进行一次更为深入且兼具现实价值的探寻，还原庐山真面目。该片调动航空、逐格、三维、真实再现等各种手段对这座世界名山进行了全方位、多视角的展现。

（资料来源：http://jishi.cntv.cn/C20269/videopage/）

人文纪录片・庐山：人文圣山

知识点：

人文地理题材即选择有关一个地区的文化、习俗、风土等方面的特色与地理相结合的题材，是人文类电视节目的一个重要类型。大致可以考虑五个方面的选题。

◎ 从名山大川中展示独特的文化地标

名山大川融入古今自然风光与人文环境变迁，具有浓厚的历史文化色彩。电视纪录片《庐山：人文圣山》除了对庐山这座世

史诗纪录片・黄河

界名山进行了全方位、多视角的展现，还力图超越以往多数聚焦于庐山风景名胜的局限，将庐山还原成中国文化史流变的一个佐证、中国思想史上的一个文化地标。《话说长江》、《再说长江》、《黄河》采取“横切面”的视角，通过长江、黄河的地标来展现博大精深的中华文化。

◎ 从建筑古迹中展现历史变迁

建筑古迹见证历史，有着丰富的地理、历史等科学内涵，它是一种特殊的文化现象，是人类历史文化的活化石。电视专题片《故宫》凝聚着近600年的宫廷变迁和人世沧桑，积淀了几千年的文化，以其厚重的内涵，成为中华民族文化、艺术和社会、历史的里程碑。《圆明园》通过这座清代的皇家园林从绝美豪华到断壁残垣的历史，见证了中国近代的屈辱历史与时代变迁。《江安夕佳山民居》则向人们展示了被誉为“中国民间建筑化石”的夕佳山民居建筑群，从古建筑遗存中展现出川南民居的历史沿革和人文气息。

人文纪录片・江安夕佳山民居

◎ 从名城名镇中剖析蕴含的历史文化内涵

名城名镇是历史的产物，反映了一定的历史属性。六集电视纪录片《苏园六纪》，意在探究苏州这座历史文化名城的文化内蕴、文化精神与美学意境，将叙述的视角凝聚于形成苏州园林的文化，从吴门烟水到内涵丰厚的吴文化，从文化到文人，富有诗意与深情地表现苏园。十集文化专题片《江南》通过对周庄、乌镇、同里等江南水乡的民居、民俗的展现，以大文化的视野，将抒情、叙述、思辨融为一体，全方位、多视点解读中国传统文化里一个包含魅力的意象，使观众在有限的地域中领略无限的空间意蕴和中华文明生机勃勃的创造力。大型专题片《商之都》通过引人入胜的故事，从历史和文化的角度深入解读了郑州从古老商汤亳都到今日商贸之都的城市生命史和中国商业文明史，表现了郑州人民良好的生活状态和积极向上的精神风貌。

文化纪录片・江南

◎ 从地域风情中显现独特的地域文化

地域风情形成独特的地域文化，自然风光、动植物种群、地理形貌、民族习俗、生活状态等都是地域文化的形成元素。在选题时将一个地域的人文、地理结合起来将形成独特的地域文化。大型纪录片《走进西藏》从雪域西藏独特的地域风光、独特的地域风情中阐述独特的地域文化，介绍了西藏藏传佛教中很多鲜为人知的内涵，包括磕长头、天葬、转经筒、挂五彩经幡、藏族的沐浴节、唐卡画、手工银器等藏族文化的精髓。十集电视纪录片《敦煌》旨在记录敦煌地区历史文化的发展脉络，对敦煌一千多年的历史变迁作了生动的展示，有命运多舛的舞女程佛儿、寡妇阿龙、无名的小画匠、商人沙拉、探险者斯坦因、敦煌守护者常书鸿等，使节目在揭示文化内涵的同时，力图从历史变迁中抒写深刻的文化意味。《浙江文化地理》以构成文明核心元素的书法、剑、曲、僧、琴、舟、茶、宅、藏书、青瓷这些千年历史文化中极具代表性的“老物件”为主线，针对史书和民间口口相传的地域风情介绍，采访了大量的专家和民间学者，挖掘出大量尘封在“老物件”里的新鲜记忆和独特的地域文化。

人文纪录片·敦煌

◎ 聚焦人与自然关系的和谐

未来社会是生态文化的社会，生态文化是从人类统治自然的文化过渡到人与自然和谐发展的文化。所以关注这类选题对探索生态价值，传播生态文化，呼吁人与自然和谐统一，具有很强的现实意义和前瞻性眼光。中央电视台的《把绿色留给子孙》分为森林、湿地、沙漠、生物多样性等5集，反映了高黎贡山、大山包、西双版纳等国家级自然保护区在保护湿地和生物多样性等方面的生态文化。新疆电视台的《胡杨》将这种生长在新疆塔里木河流域独一无二的古老树种赋予了新的生命特征，作品通过胡杨冬、春、夏、秋四季在岁月轮回中的镜头语言，将“一岁一枯荣”的生命感悟注入其中，带给观众的是震撼和感悟：这种生长在最恶劣、最残酷的气候环境之中的神奇物种耐寒、耐热、耐碱、耐涝、耐干旱。世界各国都很重视这一类型的节目，在美国有“国家地理频道”、“发现频道”和“历史频道”，德国和法国的“Arte频道”、英国的“4频道”、瑞士的“自然频道”都是人文地理节目频道。随着社会的发展和文明程度的提高，我国这类节目有广阔发展空间也是必然趋势。

把绿色留给子孙·拍摄现场

（3）传奇色彩

案例：纪录片《小平您好》

大型文献纪录片《小平您好》用精彩浓缩的笔墨，回顾了邓小平一生中极富传奇色彩的“三落三起”的坎坷经历，讲述了他在关键的历史转折时刻敢冒风险、力挽狂澜的动人故事。影片使用了大量珍贵历史资料镜头，真实地展现了邓小平的生平事迹、思想韬略、丰功伟绩和人格魅力。影片创作者没有重复以往同类影片创作中惯用的编年史体例，而是以崭新的当代意识、独到的审美发现和情感化、平民化、日常化的创作视角，将邓小平的光辉形象近距离地呈现在观众面前。尤为可贵的是，创作者在历史资料镜头的寻找、挖掘与整理上下足功夫，其中，部分鲜为人知的历史镜头是第一次在影片中披露，体现出了珍贵的文献价值和独特的审美趣味。

纪录片·小平您好

（资料来源：http://www.wxyjs.org.cn/BIG5/186516/186619/11366675.html）

知识点：

观众一般都喜欢看有传奇故事色彩的节目。而传奇人物必定有传奇故事，所以将传奇人物作为人文类电视节目的选题是一条可行之路。不论是历史人物还是现实人物，也不论是伟人、名人还是小人物、普通人，只要有传奇色彩，都可以作为备选题材。

仔细分析一些人文类关于表现人物的成功电视作品就会发现，在题材选择和内容表现上偏向人性世界的深度挖掘，强调表达形式的情节叙事因素，以人物矛盾冲突的故事方式替代自然主义的刻板记录是成功之道。除了上面的案例《小平您好》，大型纪录片《毛泽东》、《周恩来》都是选择历史伟人人生中的某些有传奇色彩的横断面来展现的。例如《毛泽东》的创作人员是在依托于影像资料的基础上通过采访手段使许多瞬间的细节演化成一段段有声有色的情节，或把众多同类资料汇集在一起联系出一种新的理解，人物更具传奇色彩。尼克松在第一次访华时会见毛泽东，出现在影像资料上的毛泽东面部略有浮肿，行动开始迟缓，对此，片中补入对毛泽东身边的护士长吴旭君的采访，吴旭君介绍说当时主席的身体很不好，所有的工作人员都集中在会见大厅不远处的门后头，准备好了所有抢救用的物品，甚至强心剂都抽在了针管里，以

纪录片·毛泽东

防万一。但是，主席以他的顽强使原定15分钟的会见竟持续了65分钟。有了这段讲述的烘托，平常的历史资料变得丰富动人起来，再看影像资料时就有了新的感受——殊不知中美关系正常化的背后还有这么一段传奇故事。

普通人物的传奇故事选题标准又不一样，需要具有“新、奇、特”的故事特点，例如关于一个普通农民居然耗时多年、倾家荡产自己动手做飞机，并且亲自试飞；关于一个家境贫寒的女人，14岁才能上小学，读了两年半后又辍学，今天居然成为了亿万富翁；关于几名警察长途跋涉，千里解救被拐卖少女的过程……这些传奇故事都可以作为选题考虑。国外的系列电视节目《神奇的地球》中那些生活在海岛上夜间掏燕窝的土著人、撒哈拉沙漠上拉骆驼的阿拉伯人，他们固然不是名人和伟人，但他们特殊的生存状态就已经被赋予了传奇色彩。

选择不平凡人物的平凡故事，选择平凡人物的不平凡故事，是这类节目的选题原则之一。

（4）形象趣味

案例：纪录片《幼儿园》

纪录片《幼儿园》的编导张以庆先生及其摄制组用了大量精力去观察、拍摄幼儿园里充满天真童趣的幼儿。编导在结构全片时，有着自己独树一帜的编辑理念，不去表现人们心中概念化、程式化的东西，而是“去拍大家都看不到的东西”。在张以庆先生看来，“艺术的东西重在不是直接表现，而要含蓄、要折射”。于是，呈现在观众眼前的便是一幅幅充满童心、童真、童趣的场景：小班中的一个透过门缝看外面世界的小女孩；不去参加集体排练的孤独的小男孩，他百无聊赖地孤坐在教室里，与外面喧闹的排练场面形成强烈的对比；小班调皮的小男孩趁老师不注意时故意欺负他的同桌，一而再，再而三地戳同桌的小脑袋，而当老师转过身时又若无其事地四周张望；小班的一个永远都是最后一个被接走的小男孩，编导在表现他孤独、企盼的身影时用了不同距离的变焦镜头，几分钟的画面用的是一个长镜头，来表现幼儿焦虑、躁动、不安、企盼的神情和心态，这些充满奇思妙趣的画面既令人莞尔，又引人深思。

纪录片·幼儿园

趣者，先走后取也。纪录片编导首先必须走出办公室，走出小圈圈，走进丰富深广的现实生活中，抓取生活中的有用素材，捕捉创作灵感，开掘真实之源，才能真正获取真实之趣。创作链接环环相扣，缺一不可，才能一气呵成，建构出有真实之趣的精品之作。

（资料来源：http://www.wxyjs.org.cn/BIG5/186516/186619/11366675.html）

知识点：

人文类电视节目并非一定要承载重大的历史和文化使命，它也有娱乐功能，有些创作者做了一些有益的尝试为编导拓展选题空间提供了借鉴，其中突出人物形象趣味性的题材获得了较好的收视效果。

除《幼儿园》以外，《大家庭》、《我的露露》、《敬大爷和他的老主顾》、《舟舟的世界》、《姐姐》等优秀作品的主人公都具有形象趣味性的特点。《大家庭》中周智在家庭中独断专行的个性、《我的露露》中下岗职工老邱充满理想的生活情趣、《敬大爷和他的老主顾》中近90岁的敬大爷整天骑着一辆三轮车走街串巷为人理发的身影、《舟舟的世界》中弱智少年舟舟自我陶醉在交响乐中的神态等都是作品最大的卖点，而在选题时编导能够准确发现并选取这些人物素材是作品成功的基础。

如何在增加作品的趣味性、幽默性和娱乐性等可视元素后又不失人文类电视节目自身的文化品格，这是编导在选题时要认真考虑的一个问题。

2. 法制专题节目的选题

法制节目是目前各电视台收视率较高的电视节目，所占的市场份额也比较大，有不少省市还办有专门的法制频道，节目形式与风格也比较丰富。

法制节目是从电视新闻节目中独立出来的一种节目类型，所以说它具有新闻节目的基本特征，在选题原则上自然也与新闻节目有很多类似的地方。比如新闻节目选题的新鲜性、时效性、典型性、可视性等原则对于法制节目选题都是需要的。但是法制节目又具有它自身的特点，所以在选题上也需要考虑它的个性化原则。其选题内容可分成两类：一类是以纪实报道为主的各种刑事案件，如凶杀、投毒、走私、贩毒、贪污、交通肇事等对社会危害极大的相关案件。这类节目的收视卖点是惊险、离奇、故事性强，一环扣一环，案件扑朔迷离、扣人心弦；另一类是以报道和讨论相结合的与百姓生活密切相关的民事案件，如侵权、遗产继承、合同、离婚、收养、赡养、抚养、劳动争议等案件，这些案件看似平淡，却蕴涵着丰富的法律知识，给人启迪和思考。这类节目的内容是与人们的道德标准判断相联系的，它的卖点与刑事案件不一样，主要在于普及法律知识，增强人们的法律意识，引起观众普遍的情感体验和审美感受。由于这两大类法制节目内容的侧重点不一样，选题原则也有差异。

（1）以纪实报道为主的刑事案件选题

案例：北京电视台《法治进行时·吴若甫被绑架案侦破纪实》

2004年2月3日凌晨一点，著名影视演员吴若甫被绑架。在随后的22小时中，北京民警缜密侦查，全线出击，力破此案，吴若甫被成功解救。而《法治进行时》作为唯一被允许随警采访报道此案件的媒体，精彩记录了这起案件的侦破过程，并与侦查员一起经历了生死考验。节目播出后，有专家评论说，这是近年来公安题材纪录片的经典之作。而作为始终在一线做现场主持的我，通过此案也对现场主持人的角色定位有了更深的体会。

法治进行时·吴若甫被绑架案侦破纪实

法治节目的魅力就在于真实的现场感。这就要求节目必须做到两点：第一，零距离贴近现场；第二，抓住独特细节再现现场感觉。在贴近的过程中，第一个障碍就是危险，当迈出一步就有生命危险时，你敢不敢豁出去？这时，我认为：要想记者做到，主持人必须先做到。正是在我的带领下，我们在离主犯王立华一米的距离上，拍摄到了制服王立华并抢下手雷的惊险一刻（当时只是兴奋，过后才知那是颗压发式手雷，一按就炸）。我们和特警队员一起摸黑翻墙进入犯罪嫌疑人的窝点。在整个行动结束后，记者对我说："徐滔，看到你冲在第一个的身影，我们也充满了勇气。"其实，我也认为这不是主持人必须要做的，只要做到了，就会有特殊的效果。

另外，在随警作战采访的过程中，光有豁出去的勇气，是远远不够的，还要在危险中保持冷静和机敏。在此次行动中，我一直负责调度记者，调度机位。因为这种时候，有的场景一旦漏拍，就无法弥补。而在摄像疲于拍摄的情况下，主持人做这一工作有优势。比如，我及时捕捉并叫摄像拍下了市局领导与王立华的对话，王立华在拖延时间时阴险的笑容，以及当时看似与本案无关的王立华与女朋友会面的过程等等。后来播出的效果证明，正是这些细部刻画，才使得这起案件的报道淋漓尽致，震撼人心。而我也更深刻地认识到：现场主持人绝不是一个简单的解说员，而必须是在现场把握全局的灵魂人物。因为，如果你不把握全局，到时候你就根本不知道最该说什么；如果不在现场把握每一个制作环节，节目就不可能实现层层加分的精品流程；不在现场把握全局，也就不可能随着瞬息万变的现场，进行即兴创作，节目也就不可能有灵气。

（资料来源：http://video.sina.com.cn/2004-07-11/12521582.html）

知识点：

通过徐滔身临其境的讲述，我们可以发现：吴若甫被绑架案侦破首先是具有轰动性，因为吴若甫是明星，是公众人物，案件的发生自然在观众当中能够引起轰动；营救的过程，是一个公安干警和犯罪分子对抗的过程，所以充满了对抗性；主持人和摄像亲临营救现场报道和拍摄营救过程，自然充满了现场感。通过以上分析，以纪实报道为主的刑事案件选题可从轰动性、对抗性、现场感三个方面考虑。

◎ 轰动性案件选题

受某一事件影响的人越多，关注的人越多，新闻价值就越高。有轰动效应的事件应该抢先报道，但是要特别注意不是所有的轰动性事件都适合报道的，要遵守新闻纪律，尤其要在法律规定的范畴内运作。例如未成年人犯罪、需要保护当事人隐私的案件，尽管轰动，但仍不能报道。有些还处在司法审判程序中的贪污受贿案件，必须要向有关部门报批才能报道，否则有可能干扰司法审判程序。

◎ 对抗性案件选题

任何一个典型的案例都有其独特的背景和难以调和的矛盾而呈现出对抗性，对抗性强的案件更适合这类节目选题。这里所说的“对抗性”案件有两方面的含义：一方面是指案件性质的冲突激烈和在案件侦破过程中侦查与反侦查的矛盾冲突激烈，另一方面是指用声画语言将这种对抗性生动地表现出来，符合这些条件的就是好选题。

◎ 现场感强的案件选题

一个事件可能没有曲折离奇的故事，但它有很完整的现场画面，现场感极强，如抓拍犯罪分子作案的画面、警察追捕犯罪嫌疑人的画面、警方提供的资料比较丰富的画面。这种选题符合这类节目纪实性强的特点，使观众有身临其境之感，具有很强的感染力。

（2）报道与讨论相结合的民事案件选题

案例：中央电视台《今日说法·暴雨过后》

2003年8月25日晚，一场瓢泼大雨倾泻而下，突如其来的洪水冲走了从外地来四川雅安打工的杜建华的一对儿女。事发后，杜建华夫妇认为：冲走自己儿女的原因是离家不远的某纸业公司修建了一段长达97米的密封涵洞所致。于是他们将纸业公司告上了法庭。2004年2月5日，中央电视台《今日说法》栏目以“暴雨过后”为题报道了这场“官司”。节目中，除了介绍事件发生的过程和原因之外，还结合《中华人民共和国水法》和《防洪法》等有关法律法规规定，对纸业公司是否违法修建涵洞进行了调查，后半部分是主持人和法律专家在演播室里的讨论，法律专家介绍了相关的法律知识，判断了纸业公司是否有过错的行为。节目最后给出了启示：“如果说每一个行政管理部门能够切实地负起管理职责，而每一个有了错误的行为人都能够纠正自己的违法行为的话，我们相信，下一次暴雨再来临的时候才不会发生这样的悲剧。”

今日说法·暴雨过后

知识点：

◎ 选题的贴近性

这类节目应更多地呈现发生在百姓身边的案例，抑或是与百姓生活息息相关的内容，如婚姻、家庭、就业、升学、住房等领域所存在的矛盾或纠纷，近几年屡屡发生的围绕高科技犯罪、知识产权、著作权、名誉权、精神赔偿等维护公民个人较高层次的权利、权益问题，也应在编导选题的重要范围之内。这些问题恰恰也就体现了法制节目的贴近性——以受众需求为宗旨、服务受众、了解受众社会生活中所面临的众多新的具体的法律问题，把这些问题融入节目中并帮助寻找解决办法。如山东电视台已播出了20余年的《道德与法制》栏目就是以“普及法律知识，维护社会安定，弘扬道德新风，建设精神文明”为宗旨，强调节目在情与法的交融中更贴近实际、贴近观众、贴近生活。

◎ 选题的知识性

选题的知识性实际上就是强调选题中有多少法律知识含量。普法教育的功能是这类法制节目的个性特点，所以必须要有法律知识、法制精神和法制理念贯穿其中，要选择有一定典型意义的案件，观众看了能够举一反三，这样才能达到普法教育的目的。

编导在选题时，一定要思考案件的法律知识点在哪里，在节目中如何突出法律知识点。有时一个案件中可能会涉及多个法律知识点，在这种情况下，如果多个法律知识点都面面俱到的话，就容易重点不清，观众看不明白。一般来说，一个长度在15分钟以内的法制节目最好只突出一个法律点，如果必须有两个法律点，也要分清主次。比如有一个节目就处理得比较好：节目讲述的是一个人在车上遭歹徒伤害，他却向汽运公司索赔的案件。这个案件中就涉及《刑法》、《合同法》、《消费者权益保护法》等多个法律问题。最后编导将节目的法律知识点定在《合同法》上。最终，法院的判决也是以《合同法》为依据的。

◎ 选题的服务性

在社会转型期，人民群众在日常生活中面临着种种矛盾、冲突、纠纷与困难等等，需要得到法律服务，法制节目应该满足这种需求。

中央电视台的《今日说法》专门设立了“说法咨询”板块，板块里又有“律师解答”，定期解答观众提出的典型法律问题，为老百姓开了一条提供法律和道德援助的“绿色通道”，也是电视法制节目社会服务功能的一种体现。

法律问题涉及人们日常生活的方方面面，所以编导应该建立为老百姓排忧解难的社会服务意识。追逐热点是选题的一般思路，但是在法制节目的选题上应该注意热点和冷点的平衡。编导要有自己的价值判断，选题不要一窝蜂地去抢一个热点题材，不要集中对某件社会重大新闻紧咬不放，而要综合考虑题材的服务功能，涉及社会各个角落以及法律各个方面，如民事、经济、行政，乃至法律与道德等边缘性问题。通过选题与策划，以增强节目介入社会生活的广度和力度。

3. 科技专题节目的选题

（1）知识性与趣味性并重的选题

案例：大型电视系列片《撼天记》

李鹰告诉记者，在《撼天记》中，他们总共采访了130多名航天专家，几十名过去从来不允许在公开场合露面的院士级航天专家都在节目中叙述、披露了中国航天几十年来所走过的绝密历程。其中有的老专家和老工程师接受完采访不久后就逝世了，他们留在节目中的音容笑貌也因此成了航天业珍贵的史料。

……

电视系列片·撼天记

航天是风险性极高的事业，过去一直处于高度保密封锁的状态。四十年的中国航天发展过程中，不知发生了多少让航天人悲欢离合的事情，但是却很少有人知情。《撼天记》的目光锁定了这些。它第一次走进了航天人的生活，真实地记录、表现、找寻着航天人的欢笑和痛苦。李鹰告诉记者，这部片子毫不隐讳地披露了中国航天人经历的磨难。其中包括中国第一发导弹发射时的画面、中国发射第一颗“东方红”卫星的秘密、1991年3月22日发射“澳星”时火箭在亿万观众眼前坐地不起的原因，以及设计弹道的高级专家牺牲于失控火箭爆炸硝烟中的悲剧……这一切鲜为人知的历史事实，都鲜活地展现在荧屏，展示在全国乃至全世界观众的眼前。

《撼天记》在创作手法上摈弃了同类题材就事论事、见物不见人的简单叙述，而是将中国航天45年作为主线，在片中加入了人物的命运、故事的悬念，从而使浩繁的历史资料焕发出了鲜活的生命力。在片中，观众还可以看到几代领导人对中国航天的期望和寄语，可以看到中华民族在航天道路上跋涉的艰难脚步，可以看到一幅跨世纪的新中国航天巨幅画卷。

（资料来源：http://www.jiaodong.net/news/system/2003/10/10/000598495.shtml，摘自《北京娱乐信报》对《撼天记》总编导李鹰的采访）

知识点：

长期以来科技专题节目以向观众传播科学知识为宗旨，大多选择科学价值较强的题材和内容，选题较为庄重，知识较为抽象和深奥，频频出现大量专业术语，观众很不容易看懂，导致科技节目一直以来收视率都较低。作为科技专题节目，知识含量固然重要，但是如果将科学知识硬邦邦、过于专业地展示，势必会影响收视效果。解决这一矛盾的最好办法就是加强节目的趣味性，使专业知识通俗化，使内容变得更有观赏性。关于这方面的特点，《撼天记》体现得很突出。编导并没有对航天科技的具体技术进行细致的介绍，而是重点讲述科技人员在探索过程中遇到的难题和解决过程中当事人的个人心理体验，故事性强，人们的收视兴趣被调动起来了。

为了避免科技节目单纯、乏味地介绍科技知识，中央电视台科教频道《探索·发现》和《走近科学》早就在加强节日的趣味性方面做起了文章，例如《探索·发现》播出的系列片《承德避暑山庄》中，没有一味地讲述这个清代帝王宫苑的历史沿革和建筑布局，而是用较大篇幅讲述了慈禧听咸丰遗诏和有关嘉庆皇帝“鐍匣”的传说，使历史的知识性变得生动起来，增强了观众观赏的趣味性。所以在选题时，知识性与趣味性并重是克服长期以来科技专题节目单调乏味的弊端，提高收视率的有效途径。

（2）悬疑与揭秘的选题

案例：中央电视台《走近科学》之《龙官镇漩塘之谜》

这是地球上最壮观的海水运动——洋流，这是最神秘的百慕大三角巨型漩涡。同样是水体的旋转，但是由于未知原因即可自行旋转的水域——漩塘，却是目前为止世界上唯一的一处！是地球自转的原动力？是和百慕大一样难以琢磨的磁异常？是沉在水底的大型怪物？还是传说中的水下宝物在作怪？推动漩塘持续旋转的神秘力量究竟来自哪里？

走近科学·龙官镇漩塘之谜

以上是中央电视台《走近科学》曾经播出过的一期题为“龙官镇漩塘之谜”节目的导视。提出了一连串关于水塘自行旋转的疑问。在随后的节目内容中，在记者的引导下，展示了旋转的水塘，对水塘自行旋转的原因进行一个个猜测并推翻，最后终于揭开了“漩塘之谜”。

（资料来源：http://bbs.szcw.cn/forum.php?mod=viewthread&tid=154685&page=1）

知识点：

生活在大千世界里的人们，天生对悬疑充满了好奇。类似《龙官镇漩塘之谜》这样的节目选题往往会吸引观众的眼球。科技节目的选题范围其实很广，历史、社会、自然现象、人类、动物方面都可以涉及，从这些领域中挑选悬疑与揭秘的题材应该是比较丰富的。

所谓“悬疑语态”最早出现在中央电视台科学教育频道的《走近科学》、《探索·发现》等节目中，近年来《走近科学》以人们日常生活中见到的异常现象为题进行层层揭秘，消除疑团，最后予以科学的解释，使观众在故事情节很强的吸引力下，轻松获取了科普知识。如《她的身上会起火》、《村里的死亡名单》、《喝汽油的人》、《会说话的反光镜》、《香河老人不腐之谜》、《龙官镇漩塘之谜》等。《探索·发现》节目的选题则多以历史、考古以及科学考察题材为主，且多为破解疑案、悬案、难题、追踪历史谜团等，如《秘境追踪》、《七星巨棺》、《喀纳斯猜想·熊谜》、《古墓》、《古颅悬疑》等，显然是为了吸引观众。

这些选题的成功其中有一个极为自然的原因，那就是满足了人们对于科学的好奇心。需要注意的是，悬疑性题材一般与事件的奇特相关，编导不要故弄玄虚甚至装神弄鬼，不要渲染奇异中的迷信色彩，要自觉保持科学品质和文化品位。

（3）健康、文明生活的选题

随着生活水平的不断提高，人们对健康、文明的生活越来越关心。所以科技专题节目选择健康、文明生活内容为题材也是非常受观众欢迎的。以健康为例，如何给公众一个全面、客观的健康概念是非常重要的。完整的科学健康范畴非常广泛，科技节目的健康选题应该是宏观的，例如，饮食与健康，成长发展与健康（包括心理和生理的发展），人身安全（包括家庭暴力和社会暴力）与伤害预防，物质的使用与滥用（包括酒精、香烟、麻醉品、毒品的使用与滥用，以及艾滋病的防治等），环境与健康，体育运动与健康等。因此，在选题时，要以人本主义为出发点，全方位地考虑健康题材，而不是狭义地单指卫生知识。

（四）谈话类电视节目的选题

我国出现严格意义上的谈话类电视节目是从1996年中央电视台的《实话实说》开始的，而且发展很快，现在各个电视媒体基本上都有栏目化的谈话节目。随着电视节目的分众化推进，谈话节目已经出现了面对不同收视群体定位的专业化发展趋势。

谈话类电视节目的选题范围是最广泛的，可以说历史、文化、新闻、时事、观念、道德、经济、名人、百姓话题几乎无所不谈，但不管是什么话题，我们都可以将之归入三大类型之中：因人而选题的人物类谈话节目；因事而选题的事件类谈话节目；因观点而选题的议题型谈话节目。事件类一般是选择新近发生的重大新闻、焦点事件为题；人物类有名人的故事与普通人的不平凡经历两种；议题类一般不针对具体的新闻事件，而是围绕社会转型期有代表性的，广泛存在于人群中的思想、观念、道德、法律等问题展开议论。

1. 谈话节目的选题

（1）事件类谈话节目的选题

事件类谈话节目具有很强的新闻性，所以选题时应强调事件的新鲜性、时效性、典型性等特点，可以作为对新闻的有效补充和思辨拓展，即对某一新闻事件从起因、过程、结果、影响等方面进行采访和讨论，以帮助人们了解新闻事件和公众舆论对这一事件的看法。事件中的当事人、目击者、专家身份的嘉宾都可以作为谈话的主体。中央电视台的《新闻会客室》、凤凰卫视的《锵锵三人行》大部分选题都属于这一类。一些社会热点话题，像杭州富家子弟飙车事件、华南虎照片事件、富士康员工跳楼事件等都曾成为《锵锵三人行》的节目选题。将社会现象进行文化解读是节目的独特切入角度，节目固定嘉宾许子东和梁文道都是对中西文化有所研究的学者，主持人与嘉宾之间的交流尽量从文化背景与典型意义上进行讨论，从而引起受众思想的交流和碰撞，使人们对社会热点事件有更深层次的理解。

（2）人物类谈话节目的选题

人物类谈话节目选题有一种是以政治、经济和演艺界名人为谈话对象，尤以演艺界明星为多，如《艺术人生》、《超级访问》、《咏乐汇》都是以演艺界明星为嘉宾。

咏乐汇·费翔

这种选题主要是满足观众对谈话嘉宾这个人物的兴趣，在谈话中观众关注的是明星的个人经历，以及事业、爱情、家庭等情感故事，选题要力图展示嘉宾的人格魅力和舞台下面真实的一面。这一类选题编导需要考虑明星名人资源有无保障，编导事先对明星个人资料档案的掌握程度至关重要。

人物类谈话节目选题另一种是以普通人为谈话对象，但这些普通人往往有着不平凡的经历和独特的个性，展示给观众的就是他们的这些不平凡的人生故事。《鲁豫有约》以前的选题多是访谈一些文化名人，后经改版由精英化走向了平民化，嘉宾有相当一部分就是普通人物，如《为爱疯狂减肥》、《80后创业新贵》、《我的考研记忆》等选题。节目还邀请过私家侦探、魔术师、北漂一族、未婚妈妈、街舞少年、海啸空难幸存者、残疾人、艾滋病患者、同性恋者等等普通人做嘉宾来讲述自己的不平凡故事。由于《鲁豫有约》节目选题的亲民化十分明显，节目定位更为贴近百姓、贴近生活，因此在众多的谈话节目中独树一帜。湖北卫视《往事》节目定位为“小人物、大命运，人生况味、往事情怀”，选题大多是普通人人生道路上不平凡的故事。以普通人作为访谈对象的选题资源比较丰富，成败与否，关键是编导能不能把节目策划好。

（3）议题型选题

对处于转型期的中国社会来说，社会的各个领域都发生了一系列变化，这些变化给人们的生活带来了诸多不确定性，也必然带来人们思想观念的冲撞。谈话节目本身就是提供一个人们交流的平台，而这种交流也包含着一种观念的冲撞。所以，选择能够引起争议的话题能够引起观众的收视兴趣。

一虎一席谈·贪官该不该杀

从一些成功的选题案例来看，很多节目选题直接用了疑问语态，如《人肉搜索应该被禁止吗》、《新读书无用论有道理吗》、《女人是否应该回家》、《酒后交通肇事致死该当何罪》、《如何对待乡下亲戚》等，节目中争议热烈，“公说公有理，婆说婆有理”，不求有一个权威性的答案，只求通过争议引起人们深入思考。凤凰卫视《一虎一席谈》的定位就是辩论性的谈话节目，其选题几乎全是激烈争辩的话题，如《贪官该不该杀》、《收容制度该不该恢复》、《香港高校能否挑战北大清华》、《公益广告该不该分级》、《面对强暴，你会不会冒死反抗》、《大款征婚动了谁的奶酪》、《繁体字教育该不该恢复》等，话题背后折射着社会的变迁，具有非常丰富的话语空间。

2. 谈话节目选题的注意事项

在了解了不同类型谈话节目的不同范畴之后，编导在具体选题过程中，还要特别注意以下三点：

（1）选题要有深度

与一般新闻节目选题比较，谈话类节目的话题要求更有深度，有“谈”的空间，而对镜头语言则可以放宽要求。谈话节目不如新闻节目的节奏快，一期节目一般就是一个话题，所以只有在挖掘话题的深度上下功夫才能够在长时间里集中观众的注意力。如果编导感觉节目需要拖时间，可能是话题内容不够丰富，谈论的空间不够广阔，或者就是对话题的深度挖掘不够，没有引导嘉宾和观众进入深层次的思考。

（2）选题能够引起观众的主动参与意识

如果现场观众乃至电视机前的观众没有“说”的余地，只有“听”的份，哪怕嘉宾和主持人说得天花乱坠，都不算是一个好选题。我们看到成功的谈话节目观众都是反应热烈，踊跃发言的。

（3）话题能够引起主持人的兴趣

话题一般都是编导选定的，节目流程也是编导设计的，但是由于谈话节目一般不能重复多次录制，所以只要进入录制阶段，编导对于节目的控制就大打折扣，他的策划需要通过主持人在录制现场的引导、控制和“穿针引线”来完成。所以录制前编导必须要与主持人交流对话题的理解，统一认识，最重要的是使主持人也对这个话题产生兴趣，连主持人都没有感觉的话题，他是不可能把现场的气氛调动起来的。不管你的话题选择得有多好，如果失去了这个基本前提，节目很难成功。

三、选题的来源

不论是什么类型的电视节目，为保证节目质量，选题环节都不能“闭门造车”，广为开拓选题来源是保证好的电视节目源源不断的必要途径。一般来说，节目选题有五种来源。

1．来自上级的布置

电视媒体作为党和政府的“喉舌”和宣传工具，是中国电视体制的一大特点。对于电视台来说，当地党政领导部门每年都会指定一些选题要求完成，这一任务自然就落在了栏目乃至编导个人身上。由于这个选题是由上下达的，所以像是“命题作文”，没有挑选的余地，编导需要考虑的是怎么很好地完成选题任务。

以新闻节目为例：会议报道的指令性任务是最多的。由于我国重大的方针、政策、法规、工作部署都是通过各种会议来决定的，所以各种会议新闻是电视新闻媒体报道的重要内容之一。这种报道创新的空间较小，编导要着重考虑的是如何理解上级领导的宣传意图与口径，如何加强节目的可视性。

电视专题片接受的上级任务以配合某一主题活动或宣传本地的历史、文化、经济、旅游等地域特色为多。前者如配合“全民节约，共同行动”大型主题宣传活动的特别节目《我们的选择》，抗震救灾大型募捐活动特别节目《情系玉树 大爱无疆》，为配合“构建和谐社会”推出的大型系列公益节目《和谐拯救危机》等；后者如介绍我国江南民俗文化的系列电视片《江南》，介绍广西旅游的电视文艺片《美在广西》，介绍湖湘文化和人文地理的纪录片《湘江》等。

每年的节日、庆典日、纪念日是电视媒体最繁忙的时刻，这是因为上级一般都会布置一些节目任务以庆祝节日或宣传纪念日。各种节庆日与纪念日虽然每年一次，但总量加起来节目任务并不少。除了“三八妇女节”、“五一劳动节”、“六一儿童节”、“十一国庆节”、“春节”等主要节日外，“国际护士节”、“国际母亲节”、“中国教师节”以及“3.15消费者权益日”、“全国助残日”、“世界环境保护日”、“国际禁毒日”、“世界人口日”等有时也需要完成上级布置的特别节目任务。

2．来自其他媒介

电视节目选题的很大一个来源是其他媒介，如报纸、杂志、广播、网络及其他电视台的同行，其中选题来源最多的媒介是报纸和网络。平面媒介如报纸和杂志报道过的人与事电视媒体依然可以作为选题，这是因为电视与平面媒介的表现形式差异甚大，电视声画结合且直观的表现形式是平面媒介所不具备的，所以即便是观众在平面媒体看过的新闻他们仍然不会拒绝电视媒体同一选题的节目。例如对于5.12汶川大地震一周年后的灾后重建工作，平面媒体先有非常详尽的报道，但《新闻调查·重建汶川》节目依然获得了很高的收视率，电视节目的图像与声音给观众带来的听觉、视觉效果使他们更能感受到灾区人民忍受悲痛、重建家园的坚强意志。电视的这一优势与平面媒体的时效性以及报道深度的优势可以形成互补。

编导在利用其他媒介的选题资源时要注意三个问题：第一是对于选题来源要进行调

查核实，特别是对有些来自网络、小报、杂志的消息要进行真实性程度的鉴别；第二是要对平面媒介上报道过的题材进行视听语言的策划，体现声画结合的传播特点；第三是对于其他电视台的同行的选题需要以新的角度报道，不能简单重复别人的节目。

3．来自生活中的发现

编导应该是一个对社会生活细心观察的人，因为有些题材有可能就来自你对生活的细心观察。例如杨天乙耗时两年拍摄的作品《老头》，就是出自于她对生活的观察和体验。她每天都要出入她在北京的住处，跟她的邻居—— 一群退休的老头渐渐熟悉了，见面打招呼。她细心观察到，这些老头生活很有规律：每天早上从家里出来聚集在路边的大墙底下晒着太阳、聊着天，中午回家吃饭。午后接着又出来，到五点钟左右回家吃饭，然后睡觉。年复一年，他们准时出门，准时回家，就像上班的人一样，他们也会因为搬家、生病，或者死去而离开这个小群体。于是编导萌发了对人生、对生命的感悟，人生谁不会老？正是这些普通老头平淡的生活衬托出人们现实生活的光彩。一部获多个国际奖项的电视作品由此诞生。《远在北京的家》的选题最初来自编导陈晓卿在火车上的一次偶遇。他遇到了几位到外面闯世界的安徽小保姆，对她们的经历产生了兴趣，并想到她们的经历可以折射出市场经济大潮带来的农民工进城打工的普遍社会现象，于是决定把她们的故事拍下来。

与来自上级布置的选题比较，来自生活中发现的选题是典型的主动选题，实际上社会生活中蕴藏着丰富的题材资源，要发现好题材，需要编导养成一种观察社会、观察人的习惯，时刻保持一种挖掘题材的职业敏感性，有一种观察社会的广阔境界和宽厚为怀的人文精神，否则，好题材就是来到你眼前你也会视而不见，会跟你一次次失之交臂。

4．来自受众

现在的电视节目都已经栏目化了，固定的播出时段给观众带来了反馈信息的便利，其中一部分信息为栏目提供着选题线索，编导应该很好地利用这一选题渠道。我们看到很多新闻栏目都在片尾打出“欢迎提供新闻线索”的字幕，或者设热线电话都是想要更广阔地开拓节目的选题来源。《焦点访谈》把观众提供的信息作为节目选题的来源，上文已做过介绍，在此不再赘述。

受众提供选题有多种渠道：来信、来电、电子邮件等，编导要专门对这些信息进行处理，一旦发现了有价值的选题就绝不使之轻易溜走。

5．来自共同策划

有些电视节目的选题是共同策划的结果。以新闻节目的选题为例，需要策划的选题一般包括以下几方面：

（1）可以预知的、有重大社会影响的活动。如召开人大、政协“两会”，纪念新中国成立60周年重大庆典等。

（2）不可预见、有重大社会影响的突发性事件。如我国西南五省市旱灾、日本大地震、利比亚战争等，需要在及时发出第一条消息的基础上进一步跟踪报道。

（3）新闻媒介自己设立的重要问题性报道、活动性报道。如“中国质量万里行”、“每月新闻聚焦”、“远方的家——边疆行”，以及很多社会公益性活动等。

这三类新闻选题有一个共同的特点，就是选题本身的潜在社会影响力及其内容的复杂性决定了报道不能停留在简单、肤浅的层次上，而必须对报道客体进行充分的发掘、展示和分析，以多条稿件信息组合的方式形成选题，使受众从多种角度、多个层面了解事物的全貌和本质。经过策划与组织的报道比之单篇新闻报道，一般具有更丰富的内涵和更广阔的外延。

除了上述的几个渠道之外，社会各界的相关活动和比赛也可以成为我们选题的来源。这种情况的特点是媒体需要通过与有关部门合作共同策划，例如中央电视台《异想天开》栏目举行青少年科技创新活动，有很多节目选题都是依靠与一些少年宫、科技馆和学校的共同策划才确立的。

单元学习小结

本单元讲述了电视节目的题材价值与选题来源。

所有的电视节目选题都有着共性原则，那就是思想性原则、时代性原则、公益性原则、市场性原则和对象性原则，越符合这些条件的节目选题价值就越大。

选好了题材节目就等于成功了一半。不同类型的电视节目还有其个性化的选题标准，熟悉、掌握了这些选题标准可以大大提高选题的成功率。

广为开拓选题来源是保证好的节目源源不断的必要途径，掌握选题来源的一般途径是一名编导必须具备的能力。

☞ 实训项目

项目名称：电视节目选题（范围：典型的人物、新近发生的事件或某种社会现象）

实训方法：查找法、咨询法、实操法

实训条件：网络、报纸、杂志、笔记本电脑（学生自备）

项目要求：1. 每小组分别确定一个人物和一个事件作为备选题材

2. 选题要符合电视节目的宏观原则

3. 人物类选题要具备“故事性、趣味性、可视性”等特点

4. 事件类选题要具备“新鲜性、时效性、典型性”等特点

5. 分析以上两个选题的思想性和可操作性

6. 选择一个思想性和操作性强的题材作为实训项目

实施步骤： 1. 小组成员分别通过网络、报纸等媒介或咨询方法获取题材信息

2. 各小组汇总题材基本信息

3. 联系电视传播的特征，逐一讨论并分析所选题材的特点

4. 优中选优，确定出最有价值的人物类选题和事件类选题各一个

5. 向老师陈述选题理由（是否符合项目要求）

6. 老师指导并最终确定要实施的选题

成果描述：

设计成课程设计报告并打印，内容包括：选题来源、背景分析、选题描述、选题的依据、选题的特点等

成果评价：

小组互评、教师点评，将评价等次（分数）记录在册。

学习单元三
电视节目策划

学习目标

(一)知识目标

1. 电视节目主题立意的思维方法
2. 电视节目表现形式的种类与策划原则
3. 电视节目结构方式的种类
4. 电视节目的段落安排方法
5. 电视节目的开头与结尾设计

(二)能力目标

1. 学会提炼电视节目主题的方法
2. 掌握“切小口,说大事”的主题切入角度
3. 掌握策划电视节目表现形式的能力
4. 掌握电视节目结构设计的步骤和方法
5. 初步掌握电视节目开头和结尾的设计

任务描述

任务:电视节目策划

策划是创作电视节目的第二个环节。根据之前所选题材,从四个方面对要制作的电视节目进行策划:第一,背景描述(社会大背景的描述,所选题材与背景的关系,节目制作的必要性);第二,对节目要表达的主题进行归纳和提炼(要表达一个什么样的主题);第三,对节目的基本表现形式进行策划(以演播室谈话加外拍内容为主要形式);第四,初步设计出节目的基本框架(节目内容的编排,突出节目开头和结尾的设计)。

各小组通过咨询、讨论对以上四个方面进行策划(可模仿和借鉴),形成文案并报经教师指导后修改、完善。

通过完成以上案头工作,使学生熟悉电视节目策划包含的主要内容,掌握电视节目策划的方法,为节目拍摄和制作提供有力的依据。

案例：《再说长江》策划人胡智锋专访（有删减）

访问者：冷 淞

独立纪录片导演

中国传媒大学博士研究生，英国布鲁内尔大学传媒学硕士研究生

被访者：胡智锋

中国传媒大学文科科研处长，博士生导师，教育部“长江学者”特聘教授，大型纪录片《再说长江》策划人

……

冷淞：不少学者甚至提出了“长江中国”、“长江文明”的一些新概念和新认识。您作为中国传媒大学广播电视艺术学领域的学科带头人，同时作为《再说长江》的主创人员之一，如何从电视艺术和电视创作的角度去看待《再说长江》的问世呢？

胡智锋：从立项背景上看，改革开放使中国发生了巨变，这是全世界有目共睹的，长江便是中国这场轰轰烈烈改革的见证之魂。在长江沿途中，我们看到事易时移：社会变迁、大众生活、经济状况、精神风貌等，方方面面都发生了翻天覆地的变化，但不变的是民族国家、历史文化、精神文明中的核心价值体系和人民的自强不息，这是中华之魂。既然题材如此重要，那么面对如此浩瀚的长江，我们给观众看什么？观众能看到什么？看了以后想不想接着看？摄制人员拍什么？为什么拍？怎么拍？这一系列的问题就成为了摆在大家面前的第一道关口。几十次的集体会议里，人们围绕选题、视角、创作方式、人物、情感、故事、细节、悬念，以及集与集前后的关系、内在的逻辑进行了详细的策划和论证。经过无数次讨论与琢磨，全体创作人员很快做了一次定位，并提出了几个目标：一流的创作团队，必须使用最好的设备，最佳的技术，与国际接轨的创作理念，为母亲河——长江做一次全方位的扫描，把长江流域历年来最令人叹服的经济、政治、文化以及人文的变化，做一次全程式、全景式的记录。经过反复论证，剧组最终将这部文献纪录片定名为《再说长江》，与20年前的《话说长江》形成呼应之势。

冷淞：在央视的题材策划会中，以及中广协会纪录片委员会举办的数次针对《再说长江》创作的研讨中，很多专家学者和一线的电视纪录片资深导演普遍对《再说长江》的高创作难度十分关注。毕竟“大长江”的概念包罗万象：城市、农村、大众生活、自然风貌、人文变化、考古科研、工程水利，这些“表象”特征等均需要在一个篇幅相对固定的时间里去展开，同时只能通过电视有限的“方寸之间”去表现这样一幅绚丽多彩的历史画卷，这给所有的策划主创人员提出了一个大难题。

胡智锋：说得没错，《再说长江》的创作也创下了大型文献纪录片创作的“难度”之最。首先，“长江”这个概念里包含了无限诠释的空间，政治、社会、文化、科学等诸多方面的深度揭示。在国际大环境中，由于种种特殊原因，三峡的移民政策、水利工程，以及青藏铁路的施工等都被世界某些国家和地区的舆论所质疑。如何能够有说服力地立足，并有力地回应这些不和谐的声音，这些都是《再说长江》所要回答的问题，也成为摆在主创人员面前的最重要任务。

冷淞：您认为《再说长江》的价值主要体现在哪里呢？

胡智锋：刚刚你谈到《再说长江》和《话说长江》两者的问题，我们也不妨做一对比。首先，20年前的技术背景下，就当时的摄制能力而言，《话说长江》已经达到极致，它的最大贡献是对长江首次做了一个全景式的扫描。其次，《话说长江》在创作上首次推出了纪录片主持人形式，同时推出了具有划时代意义的精神赞歌“长江之歌”。最后，《话说长江》留下了一幅中国80年代最为宝贵的历史画卷。

《再说长江》在《话说长江》的基础上，具备了除主持人之外的所有优势，尤其在音乐方面，邀请了最具影响力的音乐制作人，编配了最前沿、最时尚的一流音乐，并对许多画面细节，通过音乐进行创造性处理。

冷淞：《再说长江》代表了当今电视影像摄制的最高标准，采用的是全程高清拍摄。纪实方面选取的是90年代以来，世纪之交最生动的影像，同时吸纳了关于长江文化、长江历史中最前沿、最全面的学术研究成果。除此表征之外，还有哪些内蕴与主旨您认为是值得强调与关注的？

胡智锋：《再说长江》在文化历史地位的价值定位中，首次提出长江文明是中华文明的摇篮；三峡考古从上游到下游的重大发现；长江自然地理风貌的形成；移民工程、青藏铁路建设等等，其历史意义极为重大。

受到电视新时代环境的影响，《再说长江》中对于新形式、新创作手法的尝试与实践也是全方位的。以摄影为例，《再说长江》可以说是上天入地（航拍、水下摄影）无所不用。录音的杜比系统，数字影视三维动画技术的大量应用，特别是“用未知的内容去诠释熟知”的创作理念的广泛实践，都给《再说长江》罩上了技术先锋的色彩。

关于《再说长江》的主旨，主要是表现“人与自然”“人与社会”“人与人”等三种关系的和谐与发展。本片的结构基本上遵循上游、中游、下游三部分，其中上游以人与自然环境为主，中游以水利与水患为主，下游以经济发展为主。同时设置悬念式的故事化创作方式，也为节目创作增加了难度。

冷淞：我所理解的《再说长江》一方面是宣传片、政治片，因为它反映改革开放的巨大成就，丰功伟业，艰辛不易；同时它又是一部融合各种制作手段之长的艺术片；在市场的指引下，《再说长江》也同样是一部需要获取盈利点的产品。一般来说大型文献纪录片往往侧重于以上三者之一，类似《毛泽东》同时要肩负三者功能于一身的文献纪录片好像还不多。

胡智锋：《再说长江》投资1000余万元，33集的长篇幅，创下了大型文献纪录片之最。那么用什么方法来统一33集的内容和前面提到的政治、宣传、市场三种功能就成了难题。这些表面上看起来无关联的事物，要想办法统一在长江的主线之下，紧密结合，自然流畅。33集的通篇主线是水，水到渠成，由于有了长江之水，才造就了形形色色的政治经济文化。

冷淞：我觉得《再说长江》的定位是标杆之作，是一部非常规产品，毕竟寻常类的电视节目无法容忍一个跨度3年制作周期的产品。换句话说《再说长江》是一部实实在在的兼备“产品”特性的优秀“作品”。您如何看待该片在电视文化与电视艺术领域的意义？

胡智锋：电视文化、电视艺术本身就是一个百花齐放的大花园。高中底、主流、精英、大众都是必不可少的，它需要“超女”、“亮剑”、“世界杯”等大众化消费娱乐的精神产品，也需要《再说长江》一样的精品。它的推出从电视文化的意义上讲是大制作，填补了电视环境近年来缺少精品的现实。因此，《再说长江》大有探索和研发价值。常规类节目在资金周期、人员配置、选题策划本身均受到限制，《再说长江》里都一一得以克服。同时，作为精品的《再说长江》也是多元文化融合的典范，在这里，主流、精英、大众，水乳交融地结合在一起了。

……

从上面的专访，我们不难看出，创作一部好的电视作品，需要考虑的因素有很多方面，如作品的主题、视角、结构、创作方式、创作团队、技术设备、作品长度、制作周期、作品价值、收视环境等等。一部电视作品从选题确定以后，主创人员尤其是编导需要考虑和需要完成的工作确实很繁琐，其中策划阶段的工作作为创作的重要环节尤其不可小视。

一般情况下，电视作品在策划阶段最重要的是要确定好作品的主题、作品的结构以及表现形式等几个方面，这也是编导必须考虑的几个问题。

一、节目主题策划

没有主题或主题不明确的节目要么给人凌乱无序的感觉，使编导思路不清，观众茫然；要么就像资料的罗列，平淡无奇。所以节目需要有明确的主题。编导在选题时应该就已经考虑了节目的主题问题，但有可能只有一个大致的范畴，或者主题还不够明确，甚至在经过调查采访之后主题会有些变化，不论是哪种情况都需要在选定题材后重新考虑节目主题问题，进行认真策划。确定节目主题有以下考虑因素：

（一）主题源于选题角度

案例：《话说长江》与《再说长江》表现的不同主题

同一选题因角度不同而呈现出不同的主题，前文提到的《话说长江》与《再说长江》都是以长江为选题，但《话说长江》的主题在于展现长江的历史与自然景观，而20年后的《再说长江》则是通过长江沿岸人的故事来展现巨大变迁和对于长江生态环境的忧患意识。诚如中央电视台副台长张长明所言：“《话说长江》中更多地是注重了历史和人文景观，在那个巨变刚刚开始的年代是必要的也是重要的；而在《再说长江》中，我们更多关注的是人。也就是说，长江的变化首先是长江两岸人的变化。”①

南京作为长江中下游的重要城市在两部作品中都有专集，《话说长江》着重介绍了南京这座古都的历史遗迹，而《再说长江》则是着重于南京的地域文化特色和民俗景观，譬如列入首批“国家非物质文化遗产”的夫子庙、秦淮灯会、阅江楼、南京大屠杀遇难同胞纪念馆、南京长江三桥、南京新图书馆等。所以，《话说长江》是在历史、文化和自然景观范畴内的展现；《再说长江》则从说长江、看长江扩展到了思考，开阔到了生态、人文、发展等多个领域，并以人为主题线索。

（资料来源：《理论与创作》2008年第4期《城市文化与影像表达》一文，作者：王晖）

纪录片·话说长江

纪录片·再说长江

知识点：

从上述案例我们可以看出，电视节目有了选题不等于有了主题，同样的选题不等于要表现同样的主题。一般情况下，编导在拿到选题以后还需要在分析选题素材的基础上

① 张长明：《再说长江·前言》，《再说长江》一书由上海科学技术文献出版社2006年出版。

确定内容主线，这条主线就是选题角度，而主题的确定往往源于这个选题角度。

主题不是凭空产生的，是建立在节目的素材基础之上的，主题想得再好，没有足够的素材内容来支持，就会成为“无源之水，无本之木”，就会显得空洞无物，十分单薄。这就跟文章一样，只有论点而没有论据的文章是空洞的。即使有素材内容来支持主题，那也需要编导来组织、处理好这些素材，才能使节目主题呼之欲出。

比如确定了一名优秀教师的人物专题片选题，是要表达一个什么主题呢？是一种精神、一种思想，还是一种感情？不论采取什么创作方式，通常我们最终都是想表达出教师如红烛般的品质、春蚕般的精神——奉献和育人。然而正因为教师具有这样一种鲜明的品质，因此他们在作品中经常是以同一张脸谱出现，都是为学生补课，都是在灯下批作业，都是和同学一起劳动，都是带病给学生上课，诸如此类。诚然，以上的事例并非不好或不真实，它确实可以反映出教师一些共有的品质。然而生活中的每一名教师其实是有很大差别的，每一名教师都有不同的相貌、性格、思想、家庭和经历。这些个性化的东西是与他人区别开来的要素，电视节目重要的是刻画人物的个性化方面。人物的所有背景材料都面面俱到，节目会显得杂乱无章，时间和篇幅也不允许。有一部表现教师的作品编导就处理得很好，编导在分析了所有拍摄素材的基础上发掘出一条主线——“心愿”，并围绕这条主线展开素材的组织和处理：节目主人公从小就有做教师的心愿，中学毕业后报考师范类院校，毕业后分配在一所普通中学做了一名英语教师，实现了自己儿时的心愿。踏上工作岗位后她事业上有培养栋梁之才、实现自己人生价值的心愿；在家庭有做贤妻良母的心愿；对父母有尽孝的心愿。种种心愿交织在一起，发生了种种矛盾冲突。一切与“心愿”这条主线无关的内容统统舍弃，即使是忍痛割爱也是必要的。主人公最终是否实现了自己的心愿并不重要，关键是通过“心愿”这条主线真实感人地表达了节目主题。人物形象也从众多的“脸谱”中跳了出来。个性得以彰显，人格得以充实和饱满。

（二）主题立意的准确

案例：《今日说法》原制片人钱蔚谈选题和采访（摘录）

我先讲两个我们操作中的小故事。其中一个故事是，有一天我审了一个编导的片子，这个片子主题做的是医疗事故，这个故事是这么讲的：一个小孩子突生疾病，家人打了120，送到了贵州省宏伟医院，到了这家医院以后发现医院的条件不好，甚至小孩耽误了两个小时，才上了手术台，在这两个小时过程中家长非常着急。上了手术台以后，小孩因为没有得到及时救治流血过多死亡了。在这以后，家长就跟医院展开了旷日持久的医疗事故纷争。医疗事故的审判是很常规的，都是一些常规的环节，双方展开拉锯战，最后终于判医院败诉。节目的最后，我们编导说这个医院非常不负责任，在此之前的一两天我们发现，这个医院已经死了两个人了，这小孩是第三个，他们都是家长在发现孩子生病以后打了120，都是被救护车运到了宏伟医院，都是因为宏伟医院不具备这个治疗条件耽误了治疗，所以死亡了。

我们当时审完这个节目以后，我套用了陈虻的一句话，对编导说：我看完整个节目我认为你现在可以开拍了。陈虻对编导经常用的很尖刻的一句话，你的节目我看完了，我认为你可以开拍了。编导实际上把这个节目的主题全部给糟蹋掉了。固然医疗事故是一个做了很多年还能不断发掘新意的话题，但是编导没有发觉这个选题当中最大的悬念点和最大的主题点根本不在医疗事故上。编导在最后两分钟感慨：三个孩子都同样是打了120，同样打120以后，被同样的救护车送到了同样一家医院，同样因为这家医院没有医疗条件延误了上手术台的时间死亡。这里面有一个非常深刻的问题，为什么碰到急救的时候打120都是这家医院过来，而为什么贵州省所有的120一拨全是这家医院出车，为什么没有治疗条件的医院能获得120的特权。由此我们调整了采访主题，不再做常规的医疗事故报道，而集中在120问题上，顺着120这个问题发掘下去，我们发现全国的120存在太多的问题。有的是高度垄断，有的是承包制，有的根本不具备条件，有的只有定点两家医院。

据此我们调整了方向，重新设置了结构。第一层故事是打120，救护车送到医院，因医院没有床位而死亡，简单概括后进入第二个高度悬念层面：很奇怪前两天有几个孩子因同样的原因死掉，把这个片子最具悬念的地方提出来，然后进入全面的事实调查，揭开谜底：这个地区的120全部由这家医院去接，再调查，这家医院没有条件为什么他们接，这背后有什么，并详细展开这个孩子进驻的过程。片子播出之后，在全国引起非常大的反响，央视包括《新闻调查》、《整点新闻》、《道德关注》都派出记者采访120的问题，因为大家发现了一个新的领域。《今日说法》也对这个做了好几期的报道。这是一个很典型的故事。一个选题，什么是最大的卖点，什么是最具悬念的卖点，什么是最具生命力的卖点，什么是跟脉搏一起跳的卖点，如果你找不准的话一个栏目不可能有崭新的面孔。我们很多编导都知道一个话语，核心就是故事，你如何随着时代脉搏的跳动来开掘你新的卖点，这就是我们所说的选题策划的问题。

（资料来源：http://blog.sina.com.cn/s/blog_68168ab30100njnn.html）

知识点：

通过上述案例我们可以得出这样一个结论：编导对节目主题的立意一定要准确，否则节目效果会大打折扣，在观众中引起强烈反响的可能性也不会太大。那么，要做到主题立意的准确，编导首先要选准素材，分析判断从节目里呈现出来的现象与性质，形成自己对主题的理解，不能牵强，也不能模糊。在叙事过程中可以明确表述主题，也可以含蓄隐含主题给观众留下思考空间，观众是否能够体验或认同取决于主题立意是否准确。

新闻节目的特点是主题鲜明，一般是开门见山地表达主题，这方面显得尤为重要。如果主题立意不准确就有可能造成节日整体失败的后果。例如有一条题为《谁说大灾面前不能说“幸福感”》的新闻报道，内容是一场特大泥石流洪灾过后的抗灾自救，重建家园。节目做得不错，中规中矩，主题立意的愿望也是良好的，也有不少灾后党中央和当地政府的关注、解放军武警官兵的救灾、全国人民无私支援的情节。但是这个节目最大的问题就是主题立意选用了“幸福感”这个词。“幸福感”是一种心理体验，也就是一种内心的感受，节目选用的情节虽然表现了“一方有难八方支援”的人本主义，但这种支援全部都来自外部而不是内心。如果将主题立意改成“温暖”这个词就要准确得多，因为“温暖”是需要送的，需要外部的因素来促成。

有些事件过程比较复杂，需要编导在复杂纷繁的事件中去判断主题，上述案例足以说明。如果主题立意不准确，一个好节目就有可能跟编导失之交臂。

为了提高收视率，现在有些科教节目以故事性和娱乐化的手法吸引观众，但有些节目为了追求悬疑、离奇、惊悚的效果而偏离了科普知识的主题也是需要注意的，这也是近年来备受争议的一种电视现象。

（三）主题立意的切入点

案例：纪录片《同一个梦想》的立意

纪录片《同一个梦想》通过奥运重大事件的发生、发展以及社会经济、政治、文化背景，进行深入探讨，分析其本质特征，形成哲学思考，揭示内涵、提炼本质。如果通俗地分解，也可以用北京奥运会的“绿色奥运、科技奥运、人文奥运”理念来理解。

绿色可以理解为环境保护，也可以理解为和平。例如作品用将近5分钟时间浓墨重彩地描述了1996年男子举重比赛希腊和土耳其选手夺金的故事，但是展现的主题却是理解与和平。

科技则表现在人类“更快、更高、更强”的自我挑战精神。如1992年男子场地自行车追逐赛很好地阐释了科技奥运的主题。英国人研发了最先进的“太空自行车”,从而在这个项目第一次通过追逐获胜,这也是1920年以来英国获得的第一块自行车奥运金牌。同样在1996年奥运会的男子400米跑比赛中，约翰逊穿着116克的世界上最轻的跑鞋夺冠。

人文精神的展现更是片子的出彩之处。1984年奥运会3000米障碍赛中，亨利·马什只获得第4名,但是他的精神却感动了许多人。同样在1996年奥运会上，男子气手枪比赛中，王义夫带病参赛，虽然仅获银牌，却展现了不言放弃的精神。

纪录片《同一个梦想》重视对人物命运的关照和解读，同时也注重展示环境、风土人情、历史文化的变迁。纵观全片，节目更关注公平竞争、挑战自我的不朽精神，立意高远，显示了很好的大局观，并通过这一立意谋篇布局，驾驭和统领全片。

（资料来源：《中国记者》2007年第9期《奥运精神的张扬——从纪录片〈同一个梦想〉看奥运报道的立意和思想性》一文，作者：阿娜、葛凌滢）

知识点：

"切入点"的意思就是指解决某个问题应该最先着手的地方。电视节目能否很快吸引观众的眼球，抓住观众的心，切入点的把握尤为重要。从理论上讲，电视节目策划有一种说法叫作"切小口，说大事"，意思是宏大的主题需要寻找一个小的切入口通过叙事来表现，编导应该掌握这种节目主题立意的方法，这也是文学创作中常用的创作手法。《红楼梦》被誉为"中国封建社会的百科全书"，主题立意很高，但其切入点是通过对贾府由盛到衰的日常生活来体现的，其中贾宝玉和林黛玉的爱情悲剧以及对大观园中"群芳凋零"的描写都是成功烘托主题的"小切口"。这种创作手法正如曹雪芹开卷所说的那样："至若离合悲欢，兴衰际遇，则又追踪蹑迹，不敢稍加穿凿，徒为供人耳目而反失其真传者"。电视节目亦是如此。

以新闻节目为例，切入点的选择应包括三个方面的因素：一是报道内容情节化、故事化，以增强节目的可视性。在新闻资讯类节目中这个作用或许比较微小，但在新闻专题类、评论类节目中的作用则是非常明显的；二是场景中包含人的活动和人的生活细节，真实、生动的细节往往能给观众留下深刻记忆；三是强化视听元素。电视作为一种视听艺术，有丰富的画面和同期声现场是它的独特优势。找准了切入点并包含了视听元素，节目主题的立意才会有深度。这种方式也适合于其他类型节目，比如经常举办的主题文艺晚会，晚会的主题内容一定要与表现形式相吻合。如迎接新年到来的"元旦文艺晚会"，应该选择可以表达"收获"、"钟声"、"迈向辉煌"等主题的节目形式；校庆或厂庆文艺晚会，应选择可以表达"创业"、"腾飞"、"寻梦"等主题的节目形式；纪念"五四"或"七一"的文艺晚会，应选择可以表达"爱国"、"青春"、"红旗颂"等主题的节目形式。只有这样，主题才不会成为没有依托、没有渲染的"空中楼阁"。

（四）主题立意的升华

案例：中央电视台《小崔说事·泥土芬芳》

中央电视台《小崔说事》栏目制作过一期名为《泥土芬芳》的节目。节目请来了三位来自不同地域、不同行业但对土地都有特殊感情的嘉宾，而且他们都把自己的"土"带到了节目现场。第一位嘉宾是退休老人顾立鹏，他花费多年时间亲手制作了"国土地图"，怀揣着强烈的爱国热情，走遍祖国的东西南北，取国土制地图，"原料"既包括辽宁的黑土、云南的红土、甘肃的黄土，也包括北京天坛的土、青藏高原的土、南沙群岛海边的沙土、澳门妈祖庙的土、香港海洋公园的土……将整个中国浓缩在这样一幅由全国各地的泥土组成的特殊地图上。第二位嘉宾是美国哈佛大学博士，在北京开创土人景观研究所的俞孔坚。他曾经揣着一包家乡浙江金华的泥土去了美国读书，成为自己在海外漂泊多年的一种精神寄托，学成回国后，致力于景观设计，最早把景

小崔说事·泥土芬芳

观设计概念引入中国城市生态环境，他将自己的灵感和成就归功于对土地的感情。第三位嘉宾是陕西凤翔民间泥塑艺术家胡新民，泥土在他的手上变成了代表民族特色的艺术品。他创作的泥塑马、泥塑羊、“福寿猪”成为2002年、2003年、2007年中国生肖邮票图案。不仅体现了民间文化的艺术价值，更彰显了民间文化的精神价值——这是一个民族自己的根。这个节目中“土”是关键词，三个嘉宾既有联系，又不是很密切，用一个“土”字把三个人串在一起。无论是主持人崔永元还是三位嘉宾，都始终执着于用“土”打动观众的心，用“土”提高观众的欣赏水准，都把对泥土的眷恋隐含在叙述中。主题由此升华，观众也能体验到对“土”的感受，深层则是对民族文化的一种归属，一种认同。在升华电视节目主题方面，《泥土芬芳》无疑是一个非常成功的范例。

知识点：

上述案例告诉我们，电视节目的主题能否从表面层次升华到更高、更深的层次，是编导在策划节目主题时要考虑的重要因素。作为一名电视编导，不仅有责任和义务向受众提供有价值的电视节目，而且有责任和义务向他们提供健康高尚、积极向上、有导向价值的电视节目。要完成这些任务，节目的主题立意需要升华。那何谓主题升华呢？升华主题就是一个“寻找璞玉并把它雕琢成器”的过程，是对事物由感性认识到理性认识的一个飞跃。编导要从大量的材料中，挖掘出最本质、最有时代性、最有思想意义和现实意义的主题。

升华主题可以从以下几个方面入手：一要透过现象看本质；二要选准角度；三要宏观地观照具体事实。

新闻节目、谈话节目等选题都要求有“深度”，这个“深度”实际上就是要能够透过现象看本质，而不只是停留在肤浅的表面上。从“富士康跳楼事件”可以引发对青年人在市场经济社会中承受压力的能力和心理健康的思考；从“超级女声王贝美容致死事件”可以引发对整容行业整顿以及女性美容观念的思考。即便是一条小消息也可以升华为较高的主题立意，例如一起小的交通事故，可以引出如何加强城市交通管理的主题；街头一个井盖不翼而飞，可以引起社会公德的主题；一位同学课余时间勤工俭学，可以引出贫困大学生的主题……这些事件都具有典型性，都可以找到升华主题的好角度。

中央电视台的《咏乐汇》节目中，主持人作为主人请嘉宾吃饭喝酒品甜点，和观众朋友一起来分享他的故事和人生，谈话内容比较宽泛并有跳跃性。一般来说这类节目主要是愉悦观众，不需要承载厚重的主题。但是，节目中应该有着比较明确的价值观。普通素材可以深刻提炼——姜昆感谢恩师并产生培养新人的志向；郑渊洁的特殊教育方式；唐骏的性格决定命运；刘晓庆的自信和坦然；邓亚萍的执着和永不言弃等等，引导并启迪了大众，画龙点睛，升华了访谈主题，提升了节目的品位。

咏乐汇・姜昆

二、节目表现形式策划

电视节目表现形式与节目内容之间的关系是密不可分的，内容决定形式，形式服务内容，一个好的电视节目是内容和形式的完美统一。在电视节目策划中，编导的审美价值和自身情感往往是通过节目的形式表现出来的，而这种形式又会直接影响受众的收视情绪和效果。因此，恰当的节目形式可以缩短受众和编导之间的距离。

当然，实际上各种具体的电视节目往往是由两种或两种以上的基本节目形式构成的，以单一形式存在的节目并不多。换句话说，就是所有的电视节目样式都可以由多种基本节目形式组合、融合和变异而成。如获中国电视新闻奖现场直播一等奖的《三峡工程导流明渠截流特别报道》，里面就根据内容表达的需要整合多种基本节目形式：大江截流实况（现场直播）、专家访谈（谈话节目）和介绍导流明渠作用（三维动画）。又如大型纪录片《故宫》的节目表现形式包括了纪实内容的拍摄、访谈、建筑空镜和风光空镜拍摄、静物拍摄、史料图片拍摄、真实再现、三维电脑动画等。

表现形式是电视节目诸元素构成中变化最快的一种，如何创新形式甚至成为了各电视媒体的生存法则，所以近年来我国电视节目表现形式的创新非常之热。下面主要通过这种发展变化来分别阐述电视节目内容与形式的关系。

（一）表现形式的限定性

案例：湖南卫视《晚间新闻》栏目

湖南卫视《晚间新闻》是一档由李锐和张丹丹轮流主持的新闻类节目，1998年在全国开了“说新闻”的先河，成为湖南卫视最先叫响的品牌栏目之一。

2008年，《晚间新闻》欲再度创新，在形式上把主持人端坐演播室播报新闻的模式改成在演播厅站立朗诵式串联，由张丹丹、李锐、李兵三名主持人组成“红花绿叶三人组”的表现模式。不过这次形式出新并没有讨好观众，反倒是引来了该栏目忠实观众的大量质疑和批评。其中意见最多的是把新闻节目太流于娱乐化，有网友留言“全国的娱乐节目其实已经有太多刻意的搞笑，《晚间新闻》为什么傻傻地把自己的风格丢掉，而被卷入这种全国泛滥的刻意搞笑？”结果，《晚间新闻》主播张丹丹代表栏目在节目中向观众公开道歉，并表示回归原来的形式。

湖南卫视·“红花绿叶三人组”

知识点：

湖南卫视《晚间新闻》为了出新，以“红花绿叶三人组”的形式来播报新闻，遭到了观众的质疑和批评，这说明，电视节目的表现形式是要讲求一定的原则的，不能轻易地违背原则而任意表现，这也凸显出电视节目表现形式的限定性。

我们通常把一个具体的、固化的节目形态叫作节目模式，模式的外部形态又叫板式。如前所述，电视节目栏目化以后，电视栏目实行了“三固定原则”，其中包括节目的基本形式与风格的相对固定，所以编导选定的节目表现形式需要符合所在栏目的基本样式，而不能“天马行空”地随意选用。这种限定性的作用有两个：一是节目工业化生产的需要，有利于节目的标准化和大规模生产，可以满足栏目的常态播出和流水线生产方式，对于节目形式有某种规范性要求，如叙事方式、主持风格、播报语态、包装标识等。二是有利于观众的辨识和记忆，也有利于节目品牌的塑造和积累。所以有什么样的限定，才会形成什么样的形式，所谓形式创新，其实也就是对限定方式的创新。

对编导来说，栏目基本样式与风格相对固定的限定性与自己的节目表现形式创新之间存在着一定的矛盾，在策划中如何解决这个矛盾是一个难题。要做到这一点，首先要熟悉、理解栏目固有的样式、风格以及特点，因为这是栏目多年形成的个性化特点。必须在遵循栏目限定性的基础上再去进行好的节目表现形式的策划，否则，良好的愿望往往达不到良好的效果。

俗话说：是新酒也要看能否装得进酒瓶——这就是策划节目表现形式时要遵循限定性原则的道理。

（二）表现形式的嫁接融合

案例：中央电视台《绝对挑战》栏目

中央电视台《绝对挑战》是一档关于人才招聘方面的节目，每期跟踪一个企业真实的招聘过程。前期招聘通过短片展示，最后三个人的“决战”在演播室进行。“真实的招聘，真实的结果”是节目的特征，包括保证节目职位的真实，参与者身份的真实，招聘过程的真实，招聘结果的真实。但是招聘人才是一件严肃庄重甚至带有某种紧张气氛的事情，如果仅仅是真实地记录，《绝对挑战》的表现形式就应该是以现场录像或者电视纪录片为主，而这样其收视率又难以得到保证，因为电视节目毕竟是一种方式独特的大众传播形式，要把求职过程电视化，仅仅做到真实显然是不够的。所以《绝对挑战》就是把真实记录与轻松娱乐为主的“真人秀”形式嫁接在一起，使这两种节目形态的优点得到有机融合。如“实力作证”环节，无论是当事人的言行，还是节目制作者对素材的剪辑，都体现出明显的“真人秀”诉求。另外，在整个节目过程中，主持人的某些幽默言行，应聘者、招聘方代表、专家以及主持人之间的交流、辩论，都有明显“秀”的色彩。

中央电视台・绝对挑战

知识点：

“嫁接”一词本属植物学术语，指的是剪截植物的一部分枝或叶，接到另外一株植物上，使二者成为一个新的植株。嫁接后的农作物生长发育和开花结果，能保持原品种性状不变。《绝对挑战》把真实记录与“真人秀”节目形式有机地融合在了一起，这就与“嫁接”原理相似，新的电视节目形式往往也产生于旧有的不同节目形态的嫁接之中。嫁接后的节目形式如果合理并顺畅，那就具有新的活力，同时又保持了原节目的形态性质、风格和特点，能很快被受众接受。

此类节目比较典型的还有美国的法庭节目《我是侦探》，每期节目都讲述一个刑侦故事。该节目突破了单一的专题片式的刑侦故事节目样式，加入了益智节目的成分，以“设问”的方式在片子中间打隔断，如在叙述案情的过程中，插入这样的设问：“从以下哪个物品中可以判断出犯罪嫌疑人？ A. 烟头，B. 剃须刀，C. 啤酒瓶”。然后通过解释把错误答案排除掉，既有悬念感，满足了观众对案情的好奇心理，又有知识性，有效地普及了刑侦知识。节目紧张有趣，并具有可视性。

目前，国内很多电视节目表现形式呈现出嫁接融合之势。例如在新闻节目中加入了剧情片的故事化叙事方法和真实再现表现形式，有的甚至还融合了“真人秀”形式（如湖南卫视的《变形计》）；在谈话节目中加入了新闻表现形式（如湖南卫视的《天天向上》、浙江卫视的《太可乐了》）；在纪录片中加入了剧情片表现形式（如《故宫》、《圆明园》中的真实再现手法）。为了提高收视率，编导在策划节目表现形式的时候应考虑多样性、丰富性，这是电视节目的发展趋势。

（三）表现形式的模仿借鉴

电视节目表现形式近年来之所以发展变化快，模仿和借鉴新的表现形式是一个重要原因。眼界开阔，善于学习人家的长处是电视编导很需要的一种特质。从一些成功的范例来看，表现形式的模仿借鉴是事半功倍的有效途径。

国内电视节目互相之间的模仿借鉴往往有“克隆”、“抄袭”的嫌疑，所以一些节目把模仿借鉴表现形式的目标放在境外电视节目上，但由于中外文化背景、政治体制等方面的差异，全盘照搬的“克隆”节目在中国是行不通的。理想的模仿借鉴方式是吸收、融合境外节目一些好的表现形式，或对之进行一些本土化改造，使之符合中国观众的口味，即便在境外已经不算新形式了，但在国内还是可以给人以耳目一新的感觉。近几年热播的不少电视节目中，或多或少都能找到境外节目某些先进表现形式的元素。其中比较集中在五种类型的节目形式上：谈话节目、益智类节目、相亲交友节目、真人秀节目、家庭情景喜剧。例如：湖南卫视益智类节目《以一敌百》，模仿借鉴荷兰Endmoel公司的节目，将益智类节目形式设计成一名嘉宾与100名现场观众对阵的智力淘汰赛；深圳卫视益智类节目《谁比谁聪明》，模仿借鉴美国FOX公司《你比五年级生聪明吗》节目，形式是让成年人重回小学课堂，让观众重温小学课程，拾起几乎遗忘的知识，勾起童年的美好回忆；江苏卫视相亲节目《非诚勿扰》模仿借鉴英国*Take Me Out*多名女嘉宾挑选一名男嘉宾的节目形式；还有一度引起全国收视高潮的湖南卫视真人秀节目《超级女声》是模仿借鉴了美国FOX电视台《美国偶像》的全民娱乐平民选秀节目形式。

当然，节目表现形式不应仅限于对境外节目的模仿借鉴，编导的视野应该是全方位的，比如有些节目对传统艺术形式的借鉴也很成功：重庆卫视的《拍案说法》和凤凰卫视的《文涛拍案》就是借鉴了我国传统艺术——评书的形式。主持人兼有说书人和节目主持双重身份，形成了独特的表现风格。

美国FOX公司·你比五年级生聪明吗

深圳卫视·谁比谁聪明

美国FOX电视台·美国偶像

湖南卫视·超级女声

西方电视美学家赫拉斯·纽肯默指出："成功的电视配方被广为模仿……能够存在下来的配方一定是广有观众的。"①编导在对境外节目模仿借鉴时应注意：要把电视表现形式和手法的卖点和社会文化心理的卖点区分对待，保留电视表现形式的卖点，改造社会心理的审美文化。

☞ 延伸阅读

近年来欧美最流行的真人秀节目形式：

《老大哥》——12名男女青年共同生活在一个豪华别墅里，摄像机一天24小时记录他们的一举一动。在共同生活的85天里，选手们每周六要选出两个最不受欢迎的人。挺到最后的选手可以得到25000美元的奖金。

《与明星共舞》——美女与明星共同演绎了舞蹈选秀节目。

《挑战恐惧》——让节目参加者吃虫子爬高楼等，考验节目参加者是否恐惧。

① 转引自金元浦：《电视，最大众的大众文化》，《传播学研究》2005年第5期。

《学徒》——16名参赛者，8男8女分成两组接受挑战，每一周分别做一个诸如卖矿泉水，出租房子的项目，输掉的一方中会有一位对团队最没贡献的成员被“炒掉”，最后胜出的一位则可以得到一年的合约，在某个地产公司担任“学徒”。

《终极减肥者》——减肥参赛者被分为两队，减肥总磅数较多的一队胜出。

《男才女貌》——7男7女来玩对对配，随机搭配后将进行一场综合能力的竞赛，包括智力、时尚，甚至舞蹈。比赛中，男女要互相帮助，共渡难关。每天比赛的最后一名将被淘汰，最终的获胜者将赢取25万美元。

《我想吃鱿鱼》——2名参赛者在同一天各自得到一份新工作，如果谁最先被“炒鱿鱼”，那么他就赢得奖金。竞赛规定不能有违法行为、不能请求老板“炒鱿鱼”、不能告诉老板和同事你在参与真人秀。

《把控伤害》——周末把儿童单独留在家中，父母通过已装好的摄像头观察孩子会做什么由此了解自己的孩子。

《地狱厨房》——主角是一位以脾气暴躁著称的名厨。12个厨艺爱好者跟他学厨，主厨会故意用令人难以承受的方式来对待他们，经逐步淘汰后产生获胜者。

《保姆911》——一组保姆竞赛他们照顾孩子方面的技能。

（四）表现形式的参与性

案例：中央电视台《开心辞典》栏目

《开心辞典》是中央电视台财经频道一档集趣味、益智、知识、紧张、惊险、幽默于一身的益智类电视节目。比赛选手需要回答主持人提出的各种问题，全部回答正确就可实现自己的家庭梦想。在回答问题时可采用“降低难度”、“电话求助”和“现场求助”三次求助机会。栏目自2000年7月7日开播以来，深受观众青睐，收视率一度跃居央视二套之首。

分析《开心辞典》成功的因素，除了具有广博的知识性以外，其突出的原因是普遍的参与性起到了关键作用。节目为普通的民众提供了展现自我和交流感情的舞台，同时，网络技术的开发，更是突破了时间的限制，为节目提供了一个全天候的开放平台。《开心辞典》还设置场外观众利用网络和现场选手一起答题的环节，在必要的时候，能够帮助选手实现家庭梦想，这样的节目让观众感觉不仅仅是在看电视，而是直接参与到节目中去，成为构成节目的主体，在参与的过程

中央电视台·开心辞典

中，观众可以感受快乐和激情。

知识点：

目前，在丰富多彩的电视节目中，观众的参与性越来越被媒体和节目制作人所重视。所谓电视节目的参与性，就是普通电视观众参与电视节目的制作、表演，并反馈意见。一般认为，思想性、艺术性、观赏性的强弱是衡量一个电视节目的标准，但随着现代电视的发展，电视节目越来越显现出它的大众文化性质，广大观众对电视节目的参与性日益增强。因此有专家认为“参与性应成为电视节目的一个评价标准”。这是因为大众文化是一个与精英文化、高雅艺术相对应的概念，电视节目不仅传播对象是大众，节目主体是大众，而且电视文化现象必须依托于大众。基于这一理念，电视编导在策划节目时应该加强对表现形式中参与性的设计。

观众参与的形式有间接参与和直接参与两种：

1. 间接参与

间接参与是观众在节目现场之外的参与方式。例如在节目中设置某一话题使观众有主动发表意见的愿望，并提供发表意见的渠道。观众一般的意见参与形式有书信参与、电话参与、网络参与、短信参与等。节目可以采用开设观众信箱、设置热线电话，短信投票，网上报名等形式为观众参与提供方便。如《开心辞典》栏目里设置的“电话求助”、“现场求助”环节，《今日说法》设置的“律师信箱”板块，《我们约会吧》设置的“嘉宾网络报名”程序，《超级女声》设置的“短信投票”流程都是成功的观众间接参与形式。

2. 直接参与

观众直接参与形式一般分为两种：一种是观众进入演播室、节目现场参加节目录制。目前，在很多谈话节目、娱乐节目中，现场观众已经成为节目的重要构成元素。观众在现场是否踊跃参与提问，或表达自己的观点成为节目是否成功的标准之一。另一种是观众成为节目的灵魂和主角，这是观众从一般参与走向深度参与的形式，这种参与多见于娱乐节目和电视媒体组织的活动。节目只是提供了一个平台，平台上的主角都为普通人，以他们的语言、观点或者表演作为节目的最大看点，主持人在此只是作为一根串绳把每个主角结合起来。比如《梦想中国》、《星光大道》、《我型我SHOW》、《非常6+1》等节目形式。曾经轰动全国的《超级女声》把观众参与提升到了一个前所未有的高度，观众不仅参与节目，他们还拥有对选手是否能晋级的取舍权，决定比赛的最后结果。而有些节目的表现形式几乎设计成了观众的“狂欢节：在《我爱记歌词》与《挑战麦克风》等节目中，观众自娱自乐的参与程度成为节目的最关键要素，艺术标准在这里变得已经不重要了。而《智勇大冲关》的节目形式则像是一场普通百姓的趣味运动会，充分说明了“电视本身从某种意义上说就是一个秀场，是制造媒介事件的一个载体”。

参与性成为电视节目的评价标准并不意味着要放弃节目的思想性、艺术性、观赏性等评价标准，相反它们应该是互相融合、互为一体的。电视编导在节目策划时应以思想性为前提，艺术性为基础，观赏性为目标，参与性为手段，四者辩证统一，才是一档有价值的电视节目。反之，一个不具备思想性、艺术性、观赏性的节目是不可能引发观众兴趣的，那所谓的参与性也就成了无水之源，无米之炊。

湖南卫视・智勇大冲关

（五）表现形式的个性化

案例：江苏广播电视总台《南京零距离》栏目

《南京零距离》是江苏省广播电视总台城市频道倾力打造的一档日播类新闻直播栏目，该栏目于2002年1月1日开播，节目面向省会南京，以报道南京、服务南京、宣传南京为宗旨，主要内容由社会新闻、生活资讯、孟非读报、观众热线、现场调查等构成。该栏目一经推出，便受到广大电视观众的热烈欢迎和广泛好评，真正实现了与电视观众“零距离”，被誉为“南京人的电视晚报”。

《南京零距离》是黄金时段的新闻直播节目，同时段的节目，最突出、最典型的便是中央电视台的《新闻联播》。鉴于媒介竞争的影响，江苏广播电视总台显然不可能再打造一个这样集权威、全局、严肃、政治性强的节目与央视叫板。那如何避免与此类严肃的节目冲突，吸引观众视线呢？节目策划人将节目定位在集社会新闻、市民生活服务、新闻调查评论于一体的“新闻杂志类”节目上。加上主持人带有一些“脱口秀”味道的播报与即兴评说，凸显出了《南京零距离》节目形式个性化的特点，这一特点也成为节目成功并受到观众好评的重要原因。

江苏电视台・南京零距离

知识点：

上述案例在节目形式上的成功策划，说明个性化是电视节目的生存之本。无论你是嫁接融合也好、模仿借鉴也好，但最后都要形成表现形式的个性化特征。我们经常可以看到一旦出现了一个形式新颖的电视节目，往往大家会一窝蜂地竞相效仿，导致普遍的节目同质化现象。为此，在追求个性化的同时，如何避免节目同质化是中国电视现在面临的一个问题，同时也是电视编导要高度重视的一个问题。

一个电视节目在表现形式上要全面创新是十分困难的事情，事实上，节目在嫁接融合、模仿借鉴的基础上，只要在表现形式的某一点上有创新就会形成节目的独特个性，例如强调平民化表现方式、注入地域特色、突出节目的专业分众化等。

平民化特征不但可以在内容上以社会生活为主，形态上也可以表现出草根风格，采用观众更乐于接受的方式，如主持人平民化的主持风格、朴素的语言，以大众为主角，争取更多观众的参与。在这一点上，上述案例《南京零距离》就做得非常到位，形成了民生新闻的个性特色。又如节目中采用方言就是注入地域特色的形式之一，因为方言最能突出一个地域的文化特征，不同地域的人有不同文化背景和审美倾向。比如北京电视台《七日七频道》就抓住北京人的京味儿做文章，节目很受北京观众欢迎。

编导还要注意根据不同的内容灵活采取不同的表现形式。以生活服务类电视节目为例：如果是新产品介绍等知识类的，采取访谈型并配合适当解说性画面的形式比较合适，如“什么是健康洗衣机”等等；如果是生活中的一些小窍门及手工制作等，则采取现身说法给人印象深刻；如果是一些本身并不复杂，一语可以道破，却可以让人受益匪浅的生活技巧，不妨考虑采用表演形式，这样可以增加可视性，使人印象深刻，如“如何使洗衣机洗衣不缠绕”、“巧用厨房小家电”等。总之，形式尽管是为内容服务的，但电视节目表现形式丰富多样是观众所期望的。

三、电视节目结构设计

结构，是所有电视节目都必须要考虑并实施的一个重要问题。电视节目的结构有两层含义：一是整体布局，对整体形式的把握，通过对节目内容的编排，使作品层次分明，结构完整；二是内部的构造，就是节目中各个局部的构成和转换的把握，使作品上下贯通，过渡自然。电视节目的结构注重从整体出发，调动一切可以调动的元素，从画面到解说，从音乐到音响，从字幕到特技，只有全盘考虑了各方面的关系，才能把握整体效果。

案例一：纪录片《最后的山神》结构分析

《最后的山神》是中央电视台著名编导孙增田创作的一部反映鄂伦春人从山林狩猎生活到山下定居生活过程中人们心态变化和思想冲突的电视纪录片，此片荣获第30届“亚广联”电视大奖。

在画面的处理中，《最后的山神》没有满足于把事情说清楚这个层面，不管是整体把握，还是单个镜头处理，都达到了表意抒情的高度。作者将主人公孟金福在树上雕刻山神等画面作为整体结构的兴趣点，这些画面本身具有很强的感染力，反复出现，增添了它的象征性和审美意味。在其他镜头的处理上，作者也是匠心独运，如孟金福砍山神时，镜头将斧头作为前景，外形和运动速度都被夸张，斧头、猎人和山林同在一个画面，而又处在不同层次，表现出强烈的感染力。又如表现孟金福在山林中处处为家的情景时，画面主体是一堆篝火，但作者把冰雪放在前景，将远处跳动的火苗、升腾的热流和远方林间落日浓缩在一个画面中，冰与火、寒冷与热情既对立又统一，反映出鄂伦春人千百年来与自然抗争，又相互依靠和谐相处的关系，还使人感受到了北国森林冰雪世界的抒情氛围。

电视纪录片·最后的山神

音乐是电视片结构中的重要因素，但随着纪实性要求的提高，编导们对音乐的使用愈来愈慎重。《最后的山神》在音乐选择和运用上也是很到位的。全篇只在孟金福以山林为家、小野鸭落户新家、片尾孟金福雪地骑马远去等几处恰到好处地使用了音乐。片尾一段，选用的是陶埙演奏的乐曲，利用埙的特殊音质，如缕缕轻风在空气中抖动，舒缓而悠远。

《最后的山神》的解说词也很朴实简洁，恰到好处。全篇解说词惜墨如金，但每一处都不失为点睛之笔。在叙述新老两代人对山林不同态度时，解说词写道：同样居住在山林中，山林对他们都不尽相同，孟金福的山林是有神灵的，而郭宝林的山林就是山林。当孟金福带着儿子拜山神时，儿子东张西望，逗身边的狗玩，解说词写道："儿子理解不了父亲在山神面前那颗震颤的心和飘进密林深处的祈祷，他看到的仅仅是一棵树。"

案例二：《东方之子·实验物理学家丁肇中(上)》

解　说：前不久，诺贝尔物理学奖获得者丁肇中教授参加了东南大学百年校庆。丁肇中的出现受到东南大学师生的热烈欢迎。1974年，丁肇中因发现J粒子大大推动了物理学的发展，从而获得1976年诺贝尔物理学奖。(一般开头，都是用解说词介绍背景。因为，只有解说词才能概括中心思想，只有解说词才有开头的感觉。而用同期声只能创造节奏，可能在纪录片中会有例外。中国的电视节目习惯由解说词开头。)

记　者：您获得诺贝尔奖，对您来讲已经是20多年前的事情了。但是对于我们来讲，还是很想跟您交流那个时候的事。就是在您做那个寻找粒子实验之前，其实别人并不是很看好，所有人都反对。当时主要的反对意见是什么？（记者很有经验，以矛盾入手，以挑衅入手，以激荡入手，以"藐视权威"入手，以不恭入手。）

丁肇中：两个，第一个原因是，当时所有的物理现象可以用三种最基本的粒子，叫作考克，来解释几乎所有的现象。所以人们就认为不需要第四种，没有这个必要。第二，我设计的那个实验灵敏度比较高。就是说，比方说北京下雨的时候每一秒钟有10亿个雨点，中间有一个是黄的，你要把那个找到，所以很困难。因此，所有学理论的人都说这个实验没有必要，因为我们的理论可以解释一切现象；做实验的人说，世界上没有人能做出这样困难的实验，所以很多人反对。（回答必须好，否则没人看，丁肇中教授做到了。）

记　者：那这些争议也好，不赞许也好，对您没有任何影响吗？（记者要会接话，否则就像傻瓜。）

丁肇中：没有影响。通常我认为是对的话，我就做了。（个性的张扬！）

记　者：会想一想别人这样讲是不是有他的道理吗？

丁肇中：我不听。（个性再次彰显）

……

记　者：您的信息来自于哪儿呢？

丁肇中：来自于一些思考吧。我做过很多的实验，几乎每一个实验都有很多人反对，因为科学的进展不是少数服从多数，是多数服从少数。就是几个人，别人的观念打破了，以后科学才有进展，这和投票选举是两回事情。

解　说：丁肇中1936年生于美国，父母都是大学教授，童年时由于战乱，他无法接受系统的教育。1962年丁肇中获得物理学博士学位，1969年任美国麻省理工学院物理系教授，到1976年获得诺贝尔物理学奖时，他刚刚40岁。（这就是夹叙夹议。一会儿采访，一会儿解说。两种元素互换。）

记　者：我们知道您在1976年获得诺贝尔物理学奖的时候，其实是两个人一起获得的。发现这个粒子，您是在先的，而当时您非常慎重，所以没有马上公布出来。就在这个期间，恰恰第二个人就发现了。您有没有想过，如果自己没有那么慎重的话，可能是自己一个人拿这个奖？（选择的提问很绝。）

丁肇中：有可能啊。不过最好还是慎重一点比较好。（此时谈话的节奏变了，快了。）

记　者：那两个人分享总不如一个人拿。（提问的节奏也变了。）

丁肇中：无所谓，都是一样。（回答很短。）

记　者：一点都不遗憾吗？（短兵相接。）

丁肇中：没有，一点都不遗憾。我女儿可能有遗憾。（节外生枝，说出家庭矛盾来。）

记　者：她怎么说的？（抓住事先并不知情的细节追问。）

丁肇中：你应该早发表。

……

记　者：在八九年的时候有一个记者问您，说您已经拿了诺贝尔奖，应该算是功成名就。为什么还这么积极奋进、进取？您当时说十年之后，我再把答案给你们。现在十多年也过去了，您现在有什么答案吗？

丁肇中：我可以给你一个答案。我在美国麻省理工学院教书，因为我很年轻的时候就在那做教授。所以假设我现在退休的话，我的薪水正好比现在的薪水高一倍，可是一退休就不能领导实验了。

记　者：为什么要继续做实验？

丁肇中：是因为兴趣。

解　说：对物理的兴趣最终使丁肇中成为世界著名的实验物理学家，后来，丁肇中组织的十多个国家和地区的科学家进行空间探测反物质的试验。1998年6月2日，丁肇中领导的小组研制的阿尔法磁谱仪搭载美国发现号航天飞机成功升入太空，从而揭开人类第一次进入太空、探索宇宙之谜的序幕。（结尾当然要用解说词，可以揭示和深化节目的主题。）

（资料来源：《电视节目结构方法》，中国广播电视出版社2004年版，作者：童宁）

知识点：

《最后的山神》在结构上是颇费了一番心血的，对画面、音乐、解说词的综合运用都恰到好处，值得我们学习。

《东方之子——实验物理学家丁肇中（上）》以记者访谈、同期声为主，为了调整节奏，间或穿插解说。为了调节气氛，也配以一些画面。看似简单，也没有太复杂的结构，但节目同样精彩。

那么，到底如何考虑电视节目结构呢？首先我们要了解一些原则和要求。

（一）电视节目结构的原则和要求

1. 确定结构的原则

（1）要服从主题表现的需要

主题是电视节目的灵魂，电视节目的一切要为表现主题服务，这是一条基本的原则。因此，如何安排层次，怎样划分段落，怎样开头，怎样结尾，如何过渡，如何照应等等都要从表现主题着眼。

（2）要考虑节目类型的特点要求

节目类型不同，结构安排就有所不同。

（3）要反映客观事物的发展规律和内在联系

电视节目是人们对客观世界认识的反映，虽然带有作者主观认识，但是也不能违背事物的发展规律和内在联系。结构设计也是如此，或者以时间延续顺序，或者以在社会实践中的行之有效的解决问题的步骤安排顺序等等。

总之，一定要符合客观事物的发展规律和内部联系这一基本原则。

2. 确定结构的具体要求

（1）电视节目结构的完整性

案例：电视片《方荣翔》

电视片《方荣翔》表现的是一个献身京剧艺术、献身舞台的艺术家的故事。它的总体结构主线是方荣翔老先生对艺术的献身精神，但在具体的叙述中，我们看到的只是一个个片段的小故事。直到最后方老先生倒在舞台上没再起来，把生命的最后一搏留在了舞台上，我们才发现原来看到的一个个小故事后面明显地存在着一个人物的总体命运的大故事。

电视片・方荣翔

知识点：

《方荣翔》把一个个看起来毫无关系的生活片段和一个个琐碎的小故事，利用“方荣翔的总体命运和老先生对艺术的献身精神”这条主线有机地串联在一起，形成一个相互关联的整体。电视节目的结构应该均匀饱满，头尾圆合，不能使人感到凌乱短缺，逻辑混乱，虎头蛇尾。一个电视节目整体结构都有开头、主要内容和结尾，这些部分要合理组织排列，形成结构的完整性。

电视节目很少有完整的故事情节作为故事框架，经常是把一些不完整的片段甚至零碎的材料组织在一起，而且视觉材料不像文字材料容易产生连贯的感觉，有的时候即使有一条比较清晰的思想脉络，也不容易建立完整的整体感，这就是需要有一个清晰、合理的结构形态，从而形成一部具有完整性的电视作品。

（2）电视节目结构的流畅性

案例：纪录片《命运》

纪录片《命运》讲的是几个不同人物的“命运”，发生在各个人物身上故事的时间、地域和主题都不尽相同，作品将不同的内容分成不同的部分，部分与部分之间基本上互无联系。创作者在结构本片时，将人物作了精心的挑选，按人物划分了几个板块，为了做到结构的完整性和流畅性，常常是在上一个人物的内容即将结束时，或从对他的访问

电视纪录片・命运

中，或从与他有关系的事件中引出下一个人物来，这样就使整部片子看下来比较流畅。这种结构形式就是典型的板块式结构，也称作套层结构。套层结构既保持了板块的相对独立性，又加强了板块之间的联系，使整部片子分成若干个板块后仍然能保持较为完美的整体性和流畅感。类似结构具有代表性的电视作品还有《西藏的诱惑》、《祖屋》等。

知识点：

上述案例告诉我们：电视节目的结构要顺理成章，段落与段落之间、故事与故事之间的过渡要做到自然流畅，绝不能牵强地拼凑，哪怕只是一部几分钟的短片。

作家孙犁说过：作品的结构不单是形式的问题，也是内容的问题。因为一部作品中事件本身就具备一个进行的规律，一个存在的规律，写出这个规律使它鲜明，便是作品的基本结构。这事物本身的条理性，也是电视节目编导安排结构的依据。电视节目结构方式的主观性比较强，专题片就是专门的题目，有一个主题，有时候这个主题规定你要表达一种思想，不是你想弄什么就弄什么。所以有一些编导经常会要求自己选题，因为自己选的题他自己会感兴趣、好表现、能够感悟出来。规定动作是很难完成的，上面给你题目，有的时候你甚至没感觉，有好多经验丰富的编导说过这样的话，自己做的时候摸不到门，做完节目才感觉到是怎么回事，自己明白了，可是节目却已经播出去了。结构方式主观性较强，靠蒙太奇把画面和段落连接在一起，可以不受时间、空间的限制自由地跳动。同样的材料可以有不同的组织安排方法，但是无论什么样的组织安排，都不应该是为形式而形式，而是要考虑到事实所提供的逻辑基础，使结构形态如行云流水，自然而不做作，朴实而不生硬。

（3）电视节目结构的新颖性

案例：大型文献纪录片《旗帜》

2011年6月19至28日，由中共中央宣传部、中央文献研究室、中央党史研究室、国家发改委、国家广电总局和中央电视台联合摄制的大型文献纪录片《旗帜》在中央电视台播出。

《旗帜》全面记述了中国共产党90年走过的风雨历程，展现了几代中国共产党人团结带领全国各族人民取得革命、建设、改革伟大胜利的壮美画卷。《旗帜》一经播出，就取得了较高的收视率，赢得了社会各界的高度评价，在广大观众中引起强烈反响。

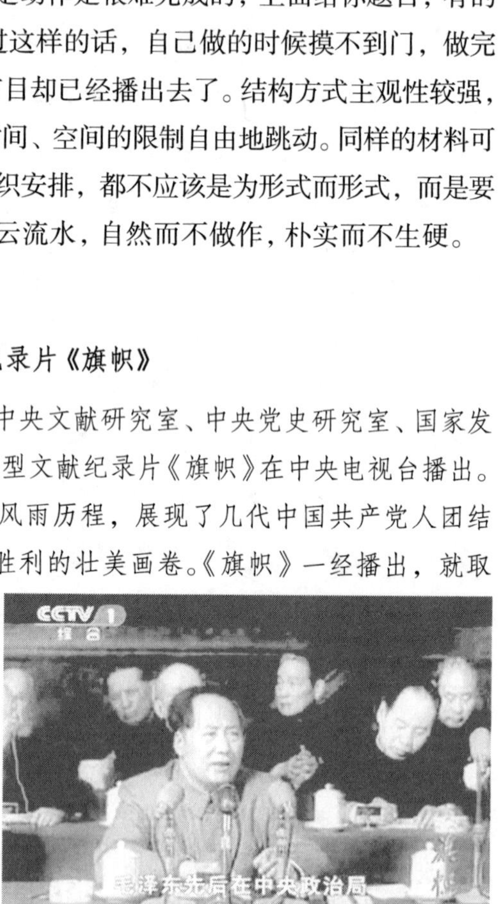

文献纪录片·旗帜

在艺术表现上，《旗帜》开辟了以电视手段，尤其是影像资料与技术形式相结合的结构方式，采用主流话语与细节相结合的手法反映历史原生态，还原历史的真实，将学术性与通俗性、系统性与细节性完美结合，在创作上取得了突出的成绩。

观众在观看过程中普遍感受到,《旗帜》结构新颖独特，画面生动形象，做到了画中有音，画中有话，耐人寻味，启人思考，催人奋进。

知识点：

受影像资料等各方面的影响，文献纪录片的结构往往不容易从老套中脱离出来，但《旗帜》开辟了全新的结构方式，使在电视屏幕上呈现过多次的资料画面和历史故事富有了新意，赢得了观众的眼球。

电视节目的结构要富有变化，不能用老的框框套套。生活是丰富多彩的，创作也应该是变化无穷的。一部好的电视作品从内容到形式，都应该有自己的特点、自己的个性，这样才能准确表现事物的特殊本质，让每一个独特的事物都有自己的独特之处。如果使结构形式形成了一种固定的套路，做出的作品就是千篇一律，就会很乏味，有的时候甚至会因此而影响对思想意义的理解。当然，对一些好的形式，初学者去模仿和借鉴是可以的，有时甚至是很必要的。

（4）电视节目结构的条理性

案例：电视专题片《雕塑家刘焕章》

电视节目的创作都会涉及层次的安排，层次是指表现内容的先后次序，每个层次表达一定的意思，不同层次根据一定的顺序组织在一起，就会形成一个完整的结构形态。常用的方法可以用时序来安排层次,也可以以空间变换来安排层次,还可以运用认识的发展顺序来安排层次，如电视专题片《雕塑家刘焕章》，它分为这样几个层次：第一个层次是介绍刘焕章的居住和生活环境；第二个层次是介绍他的家庭，他的妻子及女儿；第三个层次反映他的创作，如到生活中观察、体验等等；第四个层次通过其作品反映他的艺术生涯和遭遇；第五个层次是将刘焕章的创作过程与作品相互交叉展示。尽管层次较多、错综复杂，但经过创作者的合理安排，使作品叙事清晰而有条理，也让结构浑然天成。从而深化了主题，歌颂了一代雕塑家刘焕章顽强拼搏的精神。

电视专题片・雕塑家刘焕章

知识点：

电视节目的结构要精巧、严密、公正、条理清晰、层次分明，不能颠三倒四、破绽百出。要注重思维逻辑的严谨，对电视节目内容的发展趋向有明确的认识，这样才能使详略不同的材料在结构当中被放在适当的位置上，做到组织严密、无懈可击。但是在电视节目当中，结构的严谨首先要让位于自然，严谨往往严肃有余、活泼不足。过分强调严谨，过分有板有眼，有时候会使人感到呆板、做作，人为的痕迹过多。有一些题材像争论性的题材、风光题材，需要精密、完整的结构，或者表现优美的形式特征。但是对许多以反映人、社会、生活为主的题材，真实、自然往往比严谨更为重要。因为真实的生活不可能那么有条不紊、工工整整、条理化，过分严谨有时候会失去真实，这也是电视节目的大忌。

（5）电视节目结构的统一性

案例：电视纪录片《幼儿园》

前文我们已经提到过纪录片《幼儿园》，作品的形成就是创作者张以庆对5000多分钟素材选取的过程，是对片子进行结构的过程，也是他表达自己思想，与外界沟通的过程。《幼儿园》的片长近70分钟，如果不充分考虑片子的结构形式，5000多分钟的“幼儿园碎片”是很难粘贴在一起的，业内人士评价，片子整体感非常好，看似杂乱，却在不经意的结构中，延伸着主题，它穿越了社会层面、文化层面，直抵生命层面。《幼儿园》用客观形象的画面语言说明抽象的逻辑思维，依据画面语言阐释创作者的主观观点。全面采用画面语言，没有一句解说词更是一次大胆的尝试，对儿童的采访，虚化的外景，童声合唱的歌曲《茉莉花》，这些表现手段不仅丰富了表达形式，更在形式上结构了整部片子，整个内容用这些形式贯穿链接，将生活的碎片有机地结合在一起，达到了形式结构的和谐统一，清晰地表达出创作者的思想。

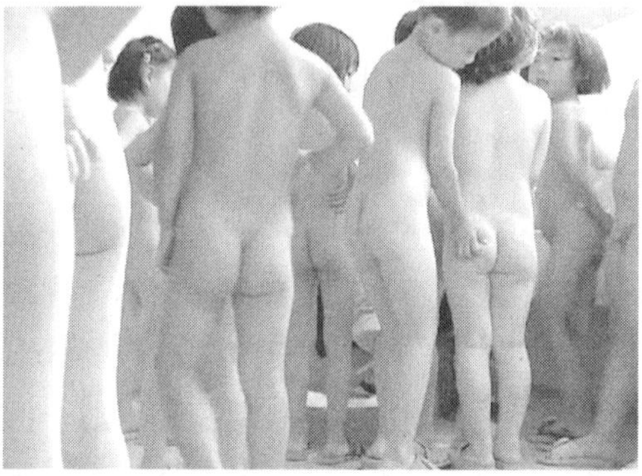
电视纪录片·幼儿园

知识点：

电视节目的结构形式要和谐统一，浑然一体，全片贯通。节目中的结构因素要搭配合理，不能有前后割裂，格调、风格不一样的感觉。

在以上说到的几个方面中，完整、自然、新颖是最重要的，要用观众愿意接受的形式把自己的思想表达出来。过分强调表达形式，使片子不像电视节目，或者过分不注重形式，使人感到混乱、无序，都不能取得好的效果。

（二）电视节目结构的步骤

要安排好电视节目的结构，首先要做好以下几个方面的工作：

1. 理顺思路

要使创作思维具有条理性、逻辑性、周密性。只有思路清晰，才能使作品顺畅完整。有了思路，有了结构，你的节目就好做了。有人纸上谈兵，说很悬的话，编导自己不明白，别人更不明白，这就不行。哪怕很简单的思路，哪怕是很幼稚的想法都有助于电视节目结构的安排，作为编导，必须了解这些。

2．确定框架

什么叫确定框架？首先要对整个电视节目的布局有一个总体设想，比如这部作品应该采取一种什么样的叙述方式，是顺叙倒叙还是插叙，大约分成几个段落，每个段落的内容是什么，这几个段落以怎样的层次发展，哪一部分最重要的材料应该成为高潮，高潮放在哪里合适等等，大致的布局可以勾勒出作品未来的轮廓。

3．结构层次

层次又叫意义段或结构段。结构层次就是安排先说什么，后说什么，这是结构方式的具体体现，是设计结构的一个重要环节，是表现主旨的一个重要手段。常见的方法有以下几种：

（1）纵式结构

即层次安排的顺序反映出电视节目的思想内容沿着某一条线索向纵深发展。这种结构还可以分为几个小类：

◎ 按时间的推移来安排层次。这种安排层次的方法容易掌握，只要时间顺序不乱，效果一般比较好。

◎ 按事物的发展演变过程安排层次。如某些专题经验报告、反映阶段变化的总结等等。这种结构形式能够清晰地反映出事物发展的演变脉络。

◎ 按事理的层递关系安排层次。这种层递关系包括主从、因果、种属等等。日常工作中的请示、报告、命令等文件经常会用到这种方法。以层递关系安排电视节目，其内容呈螺旋式层层深入，由表及里，说理透，说服力强。

（2）横式结构

即横向铺排电视节目的内容，或按事物的组成部分展开，或按事物的性质关系展开。具体包括两种形式：

◎ 条款式安排。这种结构多用于规范性文种，如条例、规章、制度、规定等。电视节目结构的条款式安排是把同类问题归纳在一起，独立成章，而同一类中又分若干条、若干项，条与条之间、项与项之间相对独立。

◎ 块块式安排。常用于工作总结、专题报告、会议纪要、决议等。应用于结构电视节目中的特点是把一个完整思想分成几部分来表达，每一部分又分别从不同的角度来反映电视节目整体思想的某一个侧面，几部分加在一起等于电视节目思想的全部外延。但是块与块的安排不是可以随意地放前摆后，而是具有相对的独立性，层与层之间还是有着某些主从、层递等关系的。

（3）纵横结合式结构

其特点是组织材料时，既考虑其时间、发展演变和事理层递等因素，又考虑其内在联系，按问题的不同性质组织材料，形成纵横交叉、经纬结合的结构形式。当然，有的横中有纵，需横当横，需纵当纵，开合自如。这种安排结构的方式比较灵活，适应性强，能够不拘一格。篇幅比较长的电视节目，往往会运用这种形式安排结构。

安排层次的形式不止上述三种，而且这三种形式也不是孤立的，应该在结构设计原则指导下灵活运用，努力创新。

4. 安排段落

段落，又叫自然段，是行文中自然形成的最小表意单位，是电视节目在表达思想内容时，由于转折、强调等情况造成的视觉欣赏上的停顿，用“黑场”、“白场”、“渐隐渐显”等特技来划分。

层次和段落是两个不同的概念，二者既有联系又有区别。层次着眼于思想内容的划分，是电视节目中的基本单位；而段落着眼于视觉表达的需要。

电视节目段落划分时要注意：

（1）采用统一、完整的段落

最好在段落的开始显示出段落的主题思想，给人以鲜明、突出的印象。

（2）保持段落之间的内在联系

多数情况下，一个电视节目中含有两个或两个以上的段落，并且每个段落说明一层意思。所以，既要注意段落的单一性和完整性，还要注意上下段落衔接紧密、自然。

（3）节目每一段落的长短要适当

划分电视节目段落，要考虑每段内容的分量和需要，既要避免过长，又不能太短，但也不能强求长短一致。

（4）合理安排段落中内容的次序

段落里的内容也有一个先写什么后写什么的问题，特别是电视节目的段落比较长时，则更要注意段落内部结构的逻辑性。

（5）划分段落要符合节目类型的特点

有些电视节目全片就一句话，例如一些广告节目，那么其段落与“章”、“层”、“句”就天然合一了。所以，电视节目段落的划分，还应该具体问题具体分析。

（三）结构的方式

电视节目的种类很多，如新闻片、文艺片、纪录片、专题片、风光片、现场录制节目等。不管是什么片种，编导在拍摄前都必须要考虑节目的结构方案，不同节目种类适合于不同的结构方式。

1．电视新闻节目的结构方式

不同类型的电视新闻节目会呈现出不同的结构方式，以下介绍几种具有典型意义的电视新闻节目的结构方式。

（1）提要式结构

提要式结构就是把新闻中最重要的事实概括到主持人或记者的导语中，当然还可以用字幕或图标加以辅助，然后将想要播出的内容加以组织，也就是先列提要，紧跟着描述详情。每一条消息短小精悍，整个节目的信息量大。资讯类新闻节目一般都会采取这种结构方式，对每条新闻内容都不需进行评论。

（2）问答式结构

这是一种非常简单的结构方式，采取一问一答的方式完成新闻报道，有现场感强、易操作的优点，常见于新闻访谈和新闻调查节目。编导的策划重点就是设计问题，设计问题时要注意三点：一是报道内容要忠于原意，不要出现跑题的现象；二是要注意提问的连贯性和层次性，提问也要循序渐进，不要跳动过大；三是要善于分解问题，不要使用长篇大论而丢失了一问一答形式的特点。

（3）板块式结构

这种结构是在同一个主题下，以板块的形式将不同角度的内容、不同形式的节目编排在一起，板块之间既相互独立，又有内在联系。有内容丰富多彩、结构灵活自由、形式多样活泼的特点。因为这种结构直接借鉴了报刊、杂志、广播等媒体板块划分的有效形式，所以凡是由板块（也称子栏目）式结构构成的节目都称为杂志型节目，是一种很常见的电视节目形式，例如中央电视台的《东方时空》、东方卫视的《深度105》等。无锡电视台《新闻全方位》的板块设置也是比较有特点的。节目第一板块是轻松活泼的《秀说天下事》，其次是贴近性强的社会新闻《第一看点》，再次是服务性突出的《看点服务车》，然后是新闻评论板块《看点视点》，最后进入时政新闻板块《无锡新闻》。节目之中还穿插了“城市影像”作为过渡，形成了信息量大、互动性强的节目特点。

不但杂志型新闻节目采用的是板块式结构，其他类型的节目也有不少采用了这种结构方式。例如中央电视台的生活服务栏目《健康之路》设置了4个板块，即“健康视点”、“医林传真”、“养生之道”、“祝你健康”。中央电视台的体育栏目《足球之夜》下设“经典赛事”、“足坛人物”、“中超联赛”，以及“英超”、“意甲”、“德甲”、“法甲”、“西甲”、“亚洲足球”等板块。湖南卫视的体育文化栏目《我的2008》设置的板块是“奥运经典”、“奥运连线”、“奥运情结”、“奥运经济”、“未来之星”、“明星访谈”、“民间体育行”。四川电视台科教频道的生活服务类栏目《生活杂志》是每天推出一个节目板块，周一的“打拼日记”是创业者的打拼故事；周二的“生活辞典”是饮食、服装、娱乐、休闲等方面的消费指导；周三的“车行天下”是汽车市场消费、保养与驾驶等知识；周四的“都市丽人”是女性服饰、美容、健身方面的资讯与服务；周五的“一起出发”是四川人文、历史、文化的宣传推介。如此广泛的内容和丰富的形式能糅合在一个栏目里，可见板块式结构的适应性之广，张合力之强。

（4）四段式结构

四段式结构是电视新闻评论节目常见的结构方式，即“提要”+“引导式主持”+“主体事实”+“评论式主持”。《焦点访谈》就是这种结构的典型代表。虽然这种结构模式比较传统，但由于它的层次性强、述评结合特点比较适合于电视新闻评论节目，所以现在仍然是中国电视新闻评论节目的主要结构模式。

2. 电视专题片的结构方式

电视专题片常见的结构方式主要有四种：时间结构、空间结构、时空交错结构、散点式结构。

（1）时间结构

时间结构是最常见的一种结构方式，又称为纵向结构、线状结构。即以时间为轴线，按事物进程的自然顺序组织、安排材料。这种结构的特点是：结构单纯、脉络清晰、符合现实生活的逻辑和顺序，具有较强的叙事性，容易让观众接受。在采用了时间结构方式的历史事件专题片中，有时还在片中记录下日期的进展，以强调时间的进程，帮助观众清晰事件的发生和发展的脉络。例如历史文献专题片《文夕大火》就是采用了尊重事件发生逻辑顺序的时间结构方式，作品严格按照事件发生的“火前”、“火中”、“火后”的逻辑顺序来结构内容，清晰地叙述了抗日战争时期古城长沙被一场旷世大火洗劫的惨痛历史。

（2）空间结构

空间结构又称横向结构、点状结构。依据空间变化来排列、搭配各个部分的内容，其特点是把一个完整的思想分成几部分来表达，每一部分又分别从不同的角度来反映电视节目整体思想的某一个侧面，几部分加在一起等于电视节目思想的全部外延。各部分具有相对的独立性，但是其空间坐标是有序的，各部分的安排不可以随意地前后调换，层与层之间同样有着主从或层递等关系。如《再说长江》通过这种结构，从长江源头开始，分若干部分展示了长江的自然、历史和人文景观。除第一集的概述和最后一集的总结之外，其他各集都是以长江所流经的地域为顺序展开的。沿长江上、中、下游流向就是其空间坐标，由此提炼出统领全片的三大主题。即：上游——自然与人，中游——水利水患，下游——开放发展。作为一种人为的结构安排，反映了20年间长江流域沧海桑田的变化、考古新发现、文化新面貌、经济新发展、人物新命运、环境新局面、江河新景观等，共同创造了人文与地理交融的新“长江文化”。

（3）时空交错结构

时空交错结构又称为纵横交错结构、复合结构。这种结构方式以时间的推移为纵线，以空间的变化为横线，把不同时间、不同地点发生的事紧凑地交织在一起。其特点是组织材料时，既要考虑其时间、发展演变和事理层递等因素，又要考虑其内在联系，按问题的不同性质组织材料，形成纵横交叉、经纬结合的结构形式。

时空交错结构比较适合于篇幅较长、头绪较多的电视节目，《故宫》便是采取了这种结构方式。从各集内容可分析这种结构方式的特点。

第 一 集：肇建紫禁城	第 二 集：盛世的屋脊
第 三 集：指点江山	第 四 集：礼治天下
第 五 集：皇帝的家	第 六 集：故宫的玉
第 七 集：故宫的陶瓷	第 八 集：故宫的书画
第 九 集：宫廷西洋风	第 十 集：从皇宫到博物院
第十一集：国宝大流迁	第十二集：新的历程

从上面每集的标题可以看出，《故宫》各集内容没有完全依照自然的时间顺序来表现，每一集都有一个不同的主题，分别从12个方面多角度、多侧面、多层次地讲述故宫的故事。但值得注意的是，从《故宫》的整体结构来看，虽然自然的时间顺序是无序的，但从每一集创作者展示的空间来看，时间顺序又是有序的。如第一集“肇建紫禁城”，从明皇帝朱棣想迁都北京，遭到大臣们反对，再到朱棣强硬的态度，江浙一带的富庶商人开始往北京迁徙，最后定都北京，开始修建故宫，历时百年……这一集不仅独立成篇，而且在本集范围内又具有时间结构，按事物进程的自然顺序组织材料，逻辑性强。可见时空交错结构综合了时间结构与空间结构的优点，既打造了故宫最有价值的横断面，又高度浓缩了跨度长达600多年的故宫历史沿革。

（4）散点式结构

散点式结构方式是指无视拍摄素材的客观时间、空间顺序，以及它们所承载的叙事功能，彻底打乱了摄像机镜头客观记录的一切，而依据创作者的主观逻辑阐述作者观念的电视专题片结构方式。称为政论片的电视作品一般都是采取这种结构方式，如《河殇》、《世纪行》、《东方之光》、《大国崛起》等。

散点式结构的专题片需要特别注意的问题是：这种方式结构的专题片主要功能是表达观点，注重解说词的写作，解说词观点的新颖、内容的深邃、声音的磁性是成功与否的关键。但是电视节目的首要意义在于“看”，忽视画面将失去电视节目的特性。所以，当编导在为抽象的解说词写作冥思苦想之际，千万不可忽略了画面形象语言的运用，不能将画面仅仅当作解说词内容的图解。

一些表现旅游、民俗风情的电视节目也有采用这种结构形式的。主持人或记者以体验采访的形式游历旅游点，以他们的主观视觉为线索，看到哪儿拍到哪儿，引导观众置身于他们的视点去观察景点与生活，使人感到真实亲切。

3. 电视纪录片的结构方式

(1)绘圆法

绘圆法的结构方式就是将数学中“绘圆”的道理运用于纪录片的结构设计中，圆心与半径的确立是掌握绘圆法的关键。一部纪录片的“圆心”，就是这部作品的主题或者中心，“半径”则是片中被摄主体所要登场的主要活动区域和相关人物。绘圆法的基本要求就是需要对作品的“圆心”与“半径”进行确定，即首先确定作品的主题，然后对与主题最密切相关的场景或人物进行内容选择与编排，即所谓的“半径”，这样，素材的取舍就有了一个标准，凡是不符合这个标准的一律舍弃。根据作品内容和篇幅的需要，其“半径”可大可小，灵活运用。

案例一：电视纪录片《远在北京的家》

纪录片《远在北京的家》便是采用了绘圆法的结构方式。作品讲述了三个来自安徽农村的女孩到北京做保姆打工的故事，“圆心”就是三个打工妹为了改变自己的生活而奋斗，“半径”中的场景选择是她们安徽无为的老家和她们在北京打工的狭小空间，人物选择是她们的家人和雇用她们的家庭。一切与这三个打工妹为了改变自己的生活与命运而奋斗的主题无紧密关联的内容全部被删减。虽然作品的时间跨度长达十年，但这种结构方式使主题很明确，脉络很清晰。

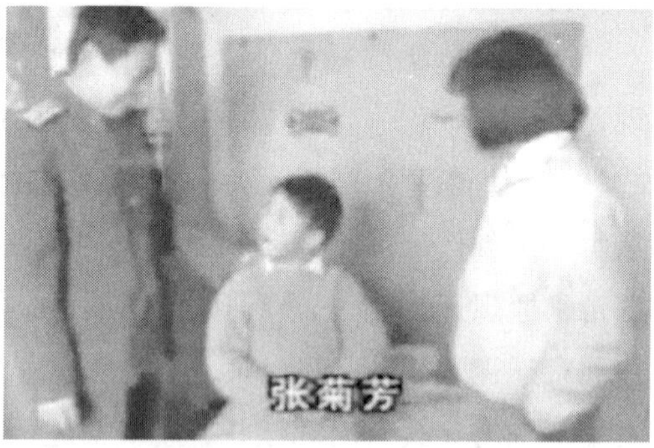

电视纪录片・远在北京的家

案例二：美国纪录片《篮球梦》

美国纪录片《篮球梦》也是一部典型的以绘圆法来结构的作品，它的圆心便是两个美国黑人少年想成为NBA职业球员的梦想，而半径就是围绕着他们的梦想能否实现的家庭、学校、训练场以及赛场。在此，一切与两个少年的篮球梦无紧密关联的内容全部删减。诸如：黑人少年之一爱吉的父亲离家出走一事只在片中的解说词中点了一下，至于他为什么出走

美国纪录片・篮球梦

以及出走后的情况如何片中一概没有提及，因为作品的编导认为这些与爱吉的篮球梦无直接关系，所以应在舍弃的范畴之列。

绘圆法结构比较简便、易于掌握，无论对于编导还是电视观众而言，都比较利于迅速切入片子的核心问题，明晰它的结构脉络，顺理成章地传达或解读作品的内涵。绘圆法尤其适合在被摄主体出场人数众多、场景较为广阔的题材中使用。

（2）设定中心线法

设定中心线法就是在众多的被摄对象和拍摄素材中，依据作者的创作意图理出一条明晰的线路，使创作者和电视观众都能对此一目了然。通过一条条或自然、或人为的中心线，将一个个繁杂庞大的内容串联起来，构成一部线条清晰、完整的作品。

案例：电视纪录片《望长城》

《望长城》被誉为中国纪录片历史上里程碑式的作品，它开创了中国纪录片纪实语言的先河。其实它的成功还有一个不容易被普通观众察觉的地方，那就是它的结构方法。整个作品是讲长城的故事，但仔细观察会发现，长城只是片中的一条中心线而已，只是一个自然形成的方位坐标，利用这个坐标，主要是叙述今天仍然生活在长城内外的普通人，记录他们的生存状态。尽管当年生活在长城边的祖先留下了这样一群生息繁衍的子孙，但时过境迁，长城昔日的辉煌早已湮没在历史的黄沙中，长城内外的人们已经发生了很大的变化。可喜的是大家成为了一个团结的多民族大家庭，可悲的是人们的生存环境早已今非昔比。环境的恶化，水资源的匮乏和贫穷威胁着人们的生活。所以《望长城》看似一个历史性的题材，但努力找寻那些跟长城一起被遗忘的记忆，试图唤起人们对逝去文化的追忆以及对自身的反思是作品深刻的主题，通过这个主题，观众可以强烈地感受到对人的终极关怀。值得注意的是，《望长城》除了选定长城这一条中心线之外，还人为制造了另一条中心线，就是起用主持人，带领观众走长城，边走边看。两条中心线互为关联，相互参照。

纪录片·望长城

纪录片大多以记录和反映人生为宗旨，而无论是黄河、长江、长城还是金字塔、密西西比河，都仅仅是为了反映人生百态而选择的一个由头、一个话题、一条供叙述之用的中心线。由于这条中心线的作用，“沿线”的风土人情、民间习俗、人文景观才稍微容易被纪录片制作人拍摄利用，被电视观众稍微轻松地认同。正像《望长城》总编导刘效礼说的那样：长城要拍，但更重要的是要拍长城两边的人。长城本体，只不过是一堵奇长的墙，象征着中国人的脊梁。因此，要舍得把笔墨泼在长城两边的人的身上。简而言之，借长城说国人。

设置中心线法的合理运用，可以使一个繁杂庞大的主题变得清晰透明，还可以使后期编辑思路清晰。这也是一种简便易用的结构方法，所以在电视屏幕上，设定中心线的方法是一种出现频率很高的结构方式。

（3）阶梯式递进法

阶梯式递进法实际上就是悬念法，在节目中设置一个或几个悬念，利用观众想知道结果的心理，随着故事情节的深入发展逐步解开悬念，类似于引导观众上台阶。可以按先后顺序设置几个悬念引导观众"上台阶"，而在每级台阶上需要设置一个悬念，使观众在上台阶的过程中解开一个个"谜"一般的悬念，当台阶全部上完即谜底全部揭开之时，全片结束。这种结构电视纪录片的方式，如同邀请观众与编导共同参加采访，调查片中所记录的事件发展或者人物的命运，直至彻底完成整个过程。观众被这些台阶引入更高层次，逐渐向纵深探究。一些科学揭秘、历史之谜、公安破案的纪录片适合于阶梯式递进法结构方式。例如中央电视台《走近科学》、《探索发现》中的很多节目都是采用这种结构。

好奇心是人们共同的心理。中国的章回小说、传统评书或者相声都是用"卖关子"、"抖包袱"等方法来吸引读者。这种结构方式特别要注意除了内容能吸引观众外，在何处设置悬念，在何处"打住"，"欲知后事如何，且听下回分解"，都需要经过仔细推敲。策划关键点是如何使观众密切关注事件的发展和人物的命运，直至彻底完成整个过程。

（4）平行式结构法

平行式结构法也称为复线式结构法，就是把相关联的两条线索的内容组织在一个作品中，两条线平行发展，并通过呼应或冲突的方式，表现出主题思想意义。

平行式结构法类似于文学创作中的"话分两头"，两条平行线之间一定要找到某种内在联系，不能毫不相干，最好还要有可比因素，能够通过比较升华出一定的思想意义。

案例一：电视纪录片《老镜子》

纪录片《老镜子》采用了平行式结构法。主人公是江西革命老区的一位90岁的老太太，名叫迟煜华，她与一位红军战士结婚才三天，丈夫只留下一面镜子作为定情物就参加长征去了，她天天对着这面镜子思念丈夫，但一直没有等到丈夫回来（实际上早牺牲了）。作品叙事运用了迟煜华老人对丈夫的思念和县山歌剧团排练《老镜子》的戏这两条具有平行关系的线索，这两条平行线一条是老人的情感故事，一条是老人的事迹如何感动了他人的故事，两条线既平行又交叉。

电视纪录片·老镜子

案例二：美国纪录片《摄影师亲历9.11》

美国纪录片·摄影师亲历9.11

在国际上获奖的美国纪录片《摄影师亲历9.11》则是通过恐怖分子对“9.11”的筹划活动与纽约城市消防队惊心动魄抢救幸存者的活动两条平行关系线来结构作品的。这两条平行线一条是“因”，一条是“果”。

4. 电视综艺晚会的结构方式

电视综艺晚会有以下几种比较常见的结构方式：

（1）串联式结构

这是电视文艺晚会最早采用的一种结构方式，即主持人通过已写好的串联词，将单个的节目连接起来，形成一台完整的节目。这种结构像穿针引线一样，承上启下，上挂下联。所以这种结构还有一个比较形象的称谓叫作珍珠项链式结构。这种结构虽然比较简单，但比较实用，可以将节目连贯起来，具有较强的结构效力。

（2）段落组合式结构

段落组合式结构将一台文艺晚会分割成若干段落，每个段落又由若干个相对独立的小节目组合而成。段落之间有着较强的逻辑联系，而每个段落又从不同的角度凸显了主题。

段落组合结构策划要点是按什么标准来划分段落，可以按不同主题，也可以按不同艺术表现形式，还可以按时间逻辑顺序。很难说哪一种划分更好些，关键要根据节目内容和主题来确定。

（3）篇章组合式结构

根据内容和风格的不同，将整台晚会分别组合成若干个篇章，每个篇章内又有若干个节目，形成相对独立的单元；每个单元都设计了篇名，用以强化晚会的主题。这种组合结构往往用于庆典类和纪念类文艺晚会，场面比较宏大，规格比较高。

案例：中央电视台《欢庆香港回归文艺晚会》

中央电视台的《欢庆香港回归文艺晚会》是在北京工人体育场举行的，场面浩大。分为以下几个篇章：

序曲——天涯共此时

火篇——血火百年祭

水篇——归帆踏浪来

土篇——真情满中华

尾声——世纪钟声

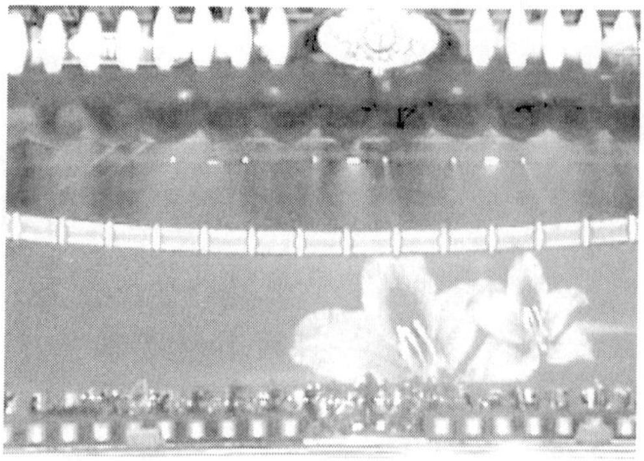

欢庆香港回归文艺晚会

我们可以看到，各篇章的篇名是很有寓意的。首先，“金、木、水、火、土”是我国古代哲学的“五行说”，认为大自然由五种要素构成，这五个要素的盛衰使得大自然产生变化，也使宇宙万物循环不已。其次，各篇章之间有着历史沿革的严密逻辑联系。“火篇”、“水篇”、“土篇”的创意既在内容上比较贴切，又给艺术构思留下了创作空间。再次，“火篇”以红色为篇章色彩基调、“水篇”以蓝色为篇章色彩基调、“土篇”以褐色为篇章色彩基调，不但视觉效果上给人以美的享受，而且在寓意上突出了历史与现实的对照，更能体现普天同庆、大气磅礴的总体风格，给观众以丰富的联想空间。

（4）异地对播式结构

异地对播式结构是充分发挥电视时空优势的一种电视文艺晚会结构。就是主办台设有一个晚会的主会场，辅助的一个台或几个台设立晚会分会场，节目以主办台的节目为主，与辅助台的节目一起穿插进行，两地或两地以上同步播出。这种结构的优点是可以增加晚会的信息量，丰富节目内容，同时还可以融入各地特有的地域风貌，两地或多地的呼应，取得宣传声势上的优势。中央电视台的春节联欢晚会多次采用过这种结构方式，如1996年和2002年都采用了异地对播结构，分别是北京与上海、西安对播，北京与深圳对播。

从理论上说，有多少种电视节目形态，就会有多少种电视节目的结构方式，要把丰富的电视节目结构全部罗列出来是难以做到的，而且随着电视节目的发展，电视节目的结构也在一个较快的发展变化中，新的结构不断显现。编导所要强化的概念是：在一个电视节目中，结构是纲，纲举目张。没有结构的片子是没有吸引力的。

（四）开头与结尾的设计

电视节目的开头与结尾是编导在策划结构内容时要重点设计的。在电视节目收视率竞争激烈的今天，一个电视节目用最短的时间来吸引观众的眼球成了收视率竞争的法宝；使一个电视节目高潮迭起，设计一个使观众方兴未艾、回味无穷的结尾同样是提高收视率的尚方宝剑。

中国古代戏剧理论提出剧本的创作要做到“凤头、猪腰、豹尾”，意思就是“起要美丽、中要浩荡，结要响亮”。这个理论也同样适合电视节目的开头、高潮和结尾的策划。即开头要引人入胜，内容要丰厚翔实，结尾要响亮有力。

1. 电视节目的开头

西方的一种新闻理论主张“倒金字塔形”的报道结构，即要求把最主要、最生动的新闻放入导语，形成“一语道破”和“一语惊人”的报道效果。由此可见电视节目的开头有多么重要。尤其是在当今电视频道非常多的情况下，如果你不能在很短的时间内把观众吸引住，观众手中的遥控器会毫不留情地换频道。有收视率调查材料证明，如果一个节目在开头一分钟之内不能吸引观众，便会造成观众群体对该节目的收视流失。所以，从这个意义上说，节目的开头是整个结构中最应该精心策划的部分。中央电视台副台长高峰曾经说过：找到一个好的开头，就如同找到了一条好走的路。

什么是好开头？所谓“诗无定法，文无定局”。电视节目的创作同样也没有固定的模式，但却可以有许多共识。我们不妨看看以下几种开头的方法。

（1）地理形势描述法

通过地理位置、地形地貌、气候特征、交通状况等的描述，逐渐展开电视节目内容讲述。

案例：《话说长江·四川盆地》的开头

画面：群山、悬崖

解说：四川盆地的边缘是由巫山、大娄山、大凉山、邛莱山、岷山、米仓山兜圈子组接起来的。由于处在群山环抱之中，自古以来，人们要出入四川就十分艰难。“蜀道难，难于上青天”以及“千古魂销蜀道难，畏途巉岩不可攀”的诗句，就是古人对四川交通的写照。

节目一开头就通过对四川盆地所处的地理环境进行介绍，抓住古代四川最显著的特征之一——交通不便，并引用了“蜀道难，难于上青天”的古诗词，简洁而特征明显。

话说长江·四川盆地

（2）政治形势描述法

对时代背景、政治形势等进行介绍、描述或议论，主要为人物活动和事件发展提供一个时代背景和氛围。多用于重要历史事件或者是重要历史人物的专题片，也可以是反映当前社会的一些政论片。

案例：大型文献纪录片《邓小平》的开头

画面：十四大闭幕式现场、天安门游行队伍（“小平您好”条幅）、南方谈话、江泽民同期、资料图片、邓小平讲话、各地考察画面、资料画面。

解说：邓小平，一个让世界瞩目的名字。他在党和人民的心目中享有崇高威望。他对中华民族的振兴和统一做出了巨大贡献。他开创了中国改革开放新的历史时期。

（江泽民）：邓小平同志是中国共产党第一代中央领导集体的重要成员和第二代中央领导集体的核心，是我国各族人民公认的享有崇高威望的杰出领导人。他在中国革命和建设的各个历史时期都做出了重大贡献。

文献纪录片·邓小平

解说：18岁那年，他在法国投身中国人民的解放事业。在新民主主义革命的漫长岁月中，他战功卓著，是中国人民解放军的主要领导者和创建者之一，是人民共和国的开国元勋。

邓小平，是以毛泽东为核心的党的第一代领导集体的重要成员。作为中央总书记，他日理万机，在社会主义革命和建设的道路上，做出了艰辛的探索。历经十年浩劫，邓小平走向他一生中最辉煌的时期，开创了一条建设有中国特色社会主义的通衢大道。

（邓小平）：把马克思主义的普遍真理同我国的具体实际结合起来，走自己的道路，建设有中国特色的社会主义，这就是我们总结长期历史经验得出的基本结论。

（江泽民）：邓小平同志是我国社会主义改革开放和现代化建设的总设计师，是建设有中国特色社会主义理论这一当代中国马克思主义的创立者。在改革开放和社会主义现代化建设的历史新时期，他的最突出的贡献就在于，不仅领导我们党和国家从"文化大革命"造成的深重灾难中走了出来，而且还以对当代中国和世界的深刻了解，为党和国家重新走在时代的潮流前面，为中华民族以更强大的力量自立于世界民族之林规划了崭新的和切合实际的宏伟蓝图。

解说：邓小平的革命生涯波澜壮阔，又富有传奇色彩。他三次被打倒，又三次奇迹般地复出。而且一次比一次更加引人注目，一次比一次走向更大的成功。这，就是邓小平，一个真实的故事……

（3）时代风尚描述法

从描述当前社会的主要民俗、民风、生活习惯、流行元素等入手，从某一点来呈现社会环境和时代特点。

案例：电视连续节目《话说运河》第五回《绍兴风情》的开头

画面：绍兴外景、戴毡帽的人群。

解说：昨天晚上，我们摄制组枕着运河的水波过了一夜，今早一起身就到了浙东运

话说运河·绍兴风情

河上的一座古老的城市。一看人们头上戴的这种毡帽，大家就知道我们来的是什么地方了，这是绍兴，对对，就是鲁迅先生笔下闰土的故乡，这里的乡亲们特别喜欢这种帽子，因为它的用处非常多，既可防寒又能避雨，戴上能当安全帽，摘下来就能当小坐垫，买了东西还能当皮包。阿Q没钱花，不还用它做抵押，借钱使来着吗。是啊，正是这些毡帽，领着我们来到了绍兴。

《绍兴风情》一开头就抓住绍兴人戴毡帽这一细节进行叙述，充满了浓厚的地域风情，从而吸引观众继续观看节目后面的内容。

（4）艺术符号描述法

直接运用一些抒情、象征的艺术符号，风格上抒情性强，偏于写意。

案例：电视连续节目《话说运河》第一回《一撇一捺》的开头

画面：主持人陈铎在中国地图前讲述。

话说运河·一撇一捺

（陈铎）：各位观众，请仔细看一下中国的地图。这是山海关，万里长城从这里向西南方延伸到中国的腹地，高高低低，途径七个省、市、自治区。这是北京城，京杭运河从这里伸向东南的大海之滨，深深浅浅，流经四个省，两个市。我们从地图上粗略地看，长城跟运河所组成的图形是非常有意思的，它正好是中国汉字里一个最重要的字眼“人”，人类的人，中国人的人。你看，这长城是阳刚、雄健的一撇，这运河不正是阴柔、深沉的一捺吗？长城和运河是中国人为人类所创造的两大人工奇迹呀。

《话说运河》第一回《一撇一捺》，将长城和运河与汉字“人”联系起来，“人”作为一个艺术符号表现出长城的刚直巍峨和运河的阴柔深沉。艺术符号的运用精巧深刻，极大地调动起观众的审美趣味。

（5）采访考察进入法

由主持人采访进入，主持人可以出镜，也可以不出镜，直接由被采访对象陈述开始。

案例：纪录片《三节草》的开头

画面：肖淑明老人自述。

电视纪录片·三节草

（肖淑明）：我们来随便摆谈一下我的经历啊，我名叫肖淑明，今年刚好70岁，我是一个汉族女子，我的祖籍老家是成都，我父亲在过去国民党时期的24军军部经理处当主任，后来，24军迁移到雅安，刘文辉到雅安，我们父亲就随同把我们家属迁移到雅安来，我就上雅安县立女子中学，我正在读书的时候，喇宝成到雅安来，喇宝成他是一个土司，是左所抚夷千户司，他管的地盘呢，从左所泸沽湖狮子山下一直到盐源县、白林山、二道沟、干海子都属于他的地盘，他的村子总共是36个火头，48村百姓，喇宝成就托他一个朋友给他介绍一个汉族有文化的女子，那个朋友就跟我父亲相好，给我父亲说，叫他把我嫁给喇宝成，后来父亲给母亲说，这样的话母亲就答应了……

《三节草》开头是肖淑明直接面对观众，摆谈自己的人生经历，简洁、直接而真实。人物在镜头前的话语、神态等表现了性格特征，传奇的经历激发观众继续收看的愿望。

（6）历史事件回顾法

通过对历史事件的叙述，将古今进行联系对比。

案例：纪录片《黄河》第25集《古今大禹》的开头

画面：奔腾的黄河、大禹雕像。

解说：在东方大地上，黄河面对世间的万物奔腾咆哮，显示着它的威严，人们常把一条大河和一个民族的关系比喻成母亲同儿子的关系，黄河就是我们中华民族的母亲河，然而，黄河是一条可敬而又可怕的大河，人们爱它又诅咒它，崇拜它的伟大，又要创造出一个征服它的英雄，我们的英雄就是他，很难想象这位大禹王在那远古的洪荒时代，竟能造青铜、开山门，引导洪水归入大海，在大河上下留下了那么多令人惊叹的神功伟绩，真不知道他手中的那件形状奇特的工具怎么会有如此魔力，也许大禹治水的传说只是寄托着人们的信仰，反映了人们征服自然的美好愿望，但是，大禹这位神话中的治水英雄吸取他父亲衮利用“堵”的办法治水失败的教训，改用疏导的办法劈山开河，终于制服了洪水，从此名垂青史。

黄河·古今大禹

《古今大禹》的开头，先追溯人类最早治理黄河的行动，介绍大禹治水的历史故事，逐渐过渡到“今日大禹”所做的工作和历史贡献。

（7）悬念设置导入法

案例：纪录片《话说长江·巨川之源》的开头

画面：奔腾的江水、峡谷、江水中的木船、漂流的橡皮船。

解说：亲爱的朋友们，为了哥德巴赫猜想，全世界的数学家们都曾劳心焦思、绞尽脑汁。殊不知，为了寻找长江的源头，几千年来，我们不知道有多少人历尽千辛万苦，甚至耗尽了毕生的精力和心血。

话说长江·巨川之源

纪录片《话说长江》第二集《巨川之源》开头设置了长江源头究竟在哪里的悬念，吸引观众随着电视片的展开一步一步揭开谜底。

2. 电视节目的结尾

电视节目的结尾要形成“豹尾”，才能给观众留下深刻的印象。可以是画句号，交代事件发生的最终结果或者是人物的最终命运等，与全部节目内容形成一个封闭式的结构；也可以是省略号，发挥情节的余韵，给观众对前面的人或事有一个思索回味的时间和空间。具体方式要结合题材的特点、节目的结构和艺术风格等方面综合考虑。一般有以下几种方式：

（1）首尾照应法

与开头在内容上相呼应，可以是情节内容、画面形式，也可以是声音语言。情节内容主要是交代开头一些事件发展的结果，一般用于故事性较强的题材。画面形式的首尾呼应主要通过拍摄相同的对象，一般都是通过片中的一些艺术符号来实现，如一部表现三峡移民的电视片中，编导在开头处不经意地插入一个砍树的镜头，结尾处的画面就是一个大大的树坑和倒在旁边的树，来象征三峡人民离开故土。声音语言的首尾呼应是运用相同的声音语言，可以是人声、效果声和音乐。《雕刻家刘焕章》首尾的凿木声，《话说运河》“日出斗金微山湖”中“弹起心爱的土琵琶”的旋律等都属于这样的情况。

案例：电视连续节目《话说运河》最后一回《另起一行》的结尾

画面：夕阳余晖下的运河。

解说：长城这阳刚的一撇和运河的阴柔一

话说运河·另起一行

捺，组成了一个伟大的“人”字。为了对得起先人，为了对得起后人，为了对得起生活在运河两岸的今人，让我们都来尊重“人”，维护“人”，都不要愧对这个顶天立地的伟人！一切都在人。

前文提到，《话说运河》第一回《一撇一捺》将长城和运河与汉字“人”联系了起来，使《话说运河》的开头精彩而美妙。到结尾处，即第三十二回《另起一行》的最后，解说词反复赞叹长城和运河组成的“人”字，可谓一叹三咏，有着强烈的感染力和感召力。不但紧扣主题，而且回应开头，首尾圆合，上下贯通，行云流水般地开掘出运河人、运河事的内在美。

（2）余音不绝法

这种方式主要表现在结尾的风格方面，一般在内容上通过设置悬念、在形式上通过画面（多数为空镜头）和音乐来放慢电视片的节奏，让观众的注意力逐渐减弱，情感逐渐放松，是电视片常用的结尾方式。

案例：纪录片《最后的山神》的结尾

画面：日落、孟金福在篝火旁表演萨满跳神、孟金福老母亲的画面、孟金福骑马走在白雪皑皑的山谷中（背景音乐）

解说：在我们的请求下，孟金福表演了萨满跳神，中断40年后，这位鄂伦春族最后的萨满又敲响了他的萨满鼓。

在过去千百年的岁月里，萨满鼓声曾不时地回荡在兴安岭的山林之中，今天，恐怕是最后一次响起了。

电视纪录片·最后的山神

孟金福的老母亲对孟金福表演萨满极为不快。

（孟金福母亲同期）：神走了，不会回来了。

纪录片《最后的山神》结尾处用大远景表现孟金富雪地骑马缓行，伴随着低沉的箫音，渲染了老人逐渐远离山林的孤寂无奈之情。

（3）戛然而止法

没有明确的结尾感，在情节的叙述过程中突然终止电视片，给观众的感觉新颖、简洁而突兀。如前文提到的纪录片《三节草》，该片主要有两条叙述线索，一是肖淑明自述身世，还有一条是肖淑明帮助外孙女到成都打工。纪录片就在肖淑明的自述过程中突然终止，没有任何的解说和音乐，给观众的感觉就是电视片是直接截取生活中的一个片段，显得真实亲切。

不论哪一种结尾方式，画面、声音一定要设置得有韵味，或意味深长、耐人寻味，或出乎意料、令人惊喜。只有这样才能使观众印象深刻，长久回味。精彩的结尾不但让人感到意犹未尽，还能让人加深印象，得到启迪。

单元学习小结

每一个电视节目都需要确立主题，更重要的是还要学会寻找一个好的主题切入点和对主题立意进行升华。

有了好的节目素材只是有了好的节目基础，但并不等于节目一定能成功，必须设计适合节目内容的表现形式和结构方式，一个好的电视节目是内容和形式的完美统一。节目的表现形式与结构方式多种多样，应该熟悉不同类型节目的常见表现方式与结构，在这个基础上再根据节目内容的需要对表现形式与结构进行创新性设计。

在电视节目收视率竞争激烈的今天，一个电视节目有一个好的开头，是获取收视率的有力手段，所以编导在策划节目时应该把开头作为重点设计内容。同时能否给观众带来一些思考、启迪和感染力，并升华节目主题，是设计结尾时要考虑的问题。如何争取做到“凤头、豹尾”，本单元介绍的方法可以为你提供借鉴。

☞ 实训项目

实训项目： 制订拍摄方案（根据之前确定好的选题从主题、表现形式、结构等方面进行策划）

实训方法： 讨论法、咨询法、实操法

实训条件： 实训室、笔记本电脑（学生自备）

实训要求：
1. 背景分析翔实并具有说服力
2. 策划中节目主题的确立要求准确、鲜明，有明显的正面导向性
3. 策划中节目的表现形式丰富而具有个性化的特征
4. 节目的结构设计流畅、逻辑性强，能够达到完整统一的要求
5. 节目开头的设计巧妙而富有吸引力
6. 节目结尾的处理自然而令人回味，力争使主题得到进一步升华

实训步骤：
1. 通过网络查询或其他手段，对选题背景进行分析
2. 提炼并确定节目要表现的主题
3. 选择并确定节目要表现的内容
4. 通过小组讨论确定节目的表现形式
5. 选择一个较为新鲜的方式设计节目的开头
6. 找出节目要表现的各内容之间的内在和外在联系

7. 初步设计出节目的结构

8. 节目结尾的设计

9. 教师指导后修改完善

成果描述：

整合上述内容，形成完整的文案。文案内容包括标题（如“电视专题片《XXX》策划方案”）、背景分析、节目主题阐述、节目的表现形式、节目的基本结构（包含开头语、结尾）等。

成果评价：

小组互评、教师点评，将评价等次（分数）记录在册。

学习单元四
前期拍摄

学习目标

(一)知识目标

1. 拍摄方案所包含的内容
2. 场面调度的特点和作用
3. 画面拍摄三角形布局的原理
4. 现场采访的特点与要求
5. 不同类型的采访方式

(二)能力目标

1. 学会制订节目拍摄方案
2. 掌握对拍摄现场中的人物和镜头进行场面调度的基本能力
3. 掌握电视场面调度的轴线规律
4. 掌握摄像机机位的三角形布局原理
5. 掌握电视采访中合理设计问题的技能
6. 掌握现场采访提问的一般方法和技巧
7. 学会收集资料的方法，判断不同类型资料的功用
8. 基本学会电视导播应具有的机位设置、调机、切换等方法和技巧

任务描述

任务一：制订拍摄方案

策划文案形成以后，就要开始着手准备拍摄方面的相关事宜，除了外联、设备器材准备之外，最重要的一项工作就是编导要和摄像共同制订拍摄方案。制订拍摄方案的目的是为了较好地实施前期拍摄工作，做到有的放矢。制订拍摄方案时，需包含的具体内容有：拍摄方式、拍摄场景及内容、采访方式和提纲、拍摄周期、分镜头设计等几个方面。

任务二：拍摄节目所需的画面素材

拍摄方案制订好以后，就可以开始拍摄了。拍摄过程中，编导作为摄制组的领军人物，一定要全程跟随并要完成与被拍摄方沟通、指导摄像拍摄画面、进行场面调度、现场采访、资料收集等工作。需要注意的是：拍摄时不要漏掉任何一项事先设计好的内容，以免产生不必要的麻烦；同时还要根据新的情况、新的想法随时对拍摄内容进行调整。

通过完成以上工作，使学生学会制订拍摄方案的一般方法，熟悉并掌握电视节目前期拍摄过程中所涉及的方方面面工作，拍摄和收集到足够并能表现节目主题的素材，为节目后期制作能够顺利进行和整个节目的完成奠定良好的基础。

案例：纪录片《美丽中国》的主题与画面语言

《美丽中国》是第一部表现中国野生动植物和自然人文景观的大型电视纪录片，也是中国中央电视台（CCTV）和英国广播公司（BBC）第一次联合摄制的作品。分为《锦绣华南》、《云翔天边》、《神奇高原》、《风雪塞外》、《沃土中原》、《潮涌海岸》六集。该片以客观、真实和唯美的视听语言诠释了中国人与人、人与自然以及自然万物之间“和谐”相处的主题。在拍摄中使用了世界最先进的高清摄像机，结合高速、延时、红外、航拍和水下摄影等高端拍摄技术，捕捉到了许多珍贵而奇特的镜头，营造了一个美轮美奂、神奇多彩的美丽中国。

和谐共生、天人合一的主题，决定了《美丽中国》画面语言的选择和使用方式，编导所选取的镜头紧紧围绕着“美丽”、“和谐”的主题展开，为人们呈现出一幅幅美丽动人的画面。该片第一集《锦绣华南》的前五个镜头，充分展现了画面语言的“和谐”表达方式。影片一开始，就通过合理的构图、色彩和光影的变化为观众展现了一幅幅美轮美奂、和谐生动的画面构图。如下图/表，影片的前两个镜头，是由湿地、红日和一对鸣叫的天鹅构成，表现了动物与自然和谐共处、融为一体的价值理念，也为整部影片奠定了美丽、和谐的主题基调。从影片的前五个镜头就可以看出，该片以绿色、黄色、红色等暖色调作为影片的主色调，画面中的红日、长城、漓江、群山等画面均是以红色、黄色、绿色等暖色调构成，表现了中国的生机与活力。

纪录片《美丽中国》第一集《锦绣华南》开头前五个镜头

镜号	景别	画面内容	拍摄技巧	解说词	音乐	音响	长度
1	中景	一轮红日下，一对天鹅在鸣叫	画面光线由弱到强		快节奏轻松音乐	天鹅鸣叫声	3秒
2	特写	两只天鹅鸣叫的头部特写	固定镜头		快节奏轻松音乐	天鹅鸣叫声	3秒
3	全景	万里长城	摇镜头		音乐变得大气而富有生机		3秒
4	中景	渔民在竹筏上利用水鸟捕鱼	固定镜头			水流声	3秒
5	全景	云雾缭绕的群山	固定镜头	这是一个充满生机的国度……			4秒

根据上面的案例我们可以得到一个结论：要创作一部主题鲜明的优秀电视作品，仅仅靠一个好的选题和一个好的策划是不够的，画面拍摄的好坏同样会影响到作品质量的高低。编导作为摄制组的“大管家”，应该指导或协助摄像师完成好拍摄阶段的工作。本单元我们将重点介绍在节目选题及策划方案基本确定之后，进入前期拍摄阶段编导应该做的一些工作。

一、拍摄前的准备工作

在正式拍摄之前，编导除了要不断完善策划方案以外，还要为拍摄做好充分的准备工作。

（一）调研和外联工作

调研和外联工作包括搜集与拍摄内容相关的资料、落实具体拍摄对象和拍摄场地、预约拍摄时间、办理相关手续等。事无巨细，每一个细小环节都可能会对拍摄产生影响。由于工作性质关系，编导可能经常要涉及自己不太熟悉的知识领域，拍摄前，搜集相关资料就是一种弥补的学习方式，虽然有“临时抱佛脚”的性质，但却是非常有效的。比如说新闻选题是关于提倡低碳生活的报道，那么编导先要明白低碳生活的基本概念以及当前要重点解决的问题；法制节目中如果是关于因解除收养关系所引起的纠纷案，编导就必须要弄清我国收养法所规定的有关内容；如果选题是关于一位地质学专家的人物纪录片，编导就有必要了解地质学所涉及的一些领域，至少要知道一些地质学方面的专有名词；如果是需要请一位影视明星做一个娱乐节目的嘉宾，编导就应该查阅有关资料，尽可能的预先了解一些这位明星的背景材料，包括他（她）的代表作、性格、爱好、情感、家庭背景等情况。诸如此类的知识与情况都可能是编导事先不清楚的，但在拍摄中很有可能会涉及。

落实具体拍摄对象和拍摄场地、预约拍摄时间、办理相关手续等事宜看似简单，但只要有一个环节考虑不周，就会“牵一发而动全身”，影响整个节目制作的进程。例如参与重大活动的报道一般都会在采访上受到一些限制，如果不提前获准就很可能影响到采访活动；即使是到一些机关单位、学校和企业去采访和拍摄，也需要提前申报或预约。

（二）制订拍摄方案

编导通过调研和外联，在掌握了相关信息之后，最好是制订一个拍摄方案，为正式拍摄提供方便，确保工作效率。制订拍摄方案时不见得考虑十分详细，粗线条即可，但至少也要包括以下几个方面：

1. 选择拍摄方式

需要确定的问题包括：是采用单机位拍摄还是多机位拍摄方式；是先期录音还是同期录音或后期配音；是架上摄影还是手持摄影；需不需要摇臂、轨道等辅助器材等。

2. 选择拍摄场景

需要确定的问题包括：是室内拍摄还是室外拍摄，以及室内和室外的具体位置；拍摄现场是否需要辅助灯光；拍摄场景是固定的还是流动的等等。

3. 选择采访方式和拟定采访提纲

采访拍摄往往比单纯的画面拍摄显得更加重要，所以，事先确定好采访的方式和拟定一个采访提纲是十分必要的。

（1）采访的方式：多数情况下不是到了现场才确定采访方式的，而是事先考虑好的。如记者需不需要出镜采访，是采用交流式采访还是交锋式采访等，这些问题在正式拍摄之前，编导都要有所考虑。

（2）拟定采访提纲：采访提纲是编导逻辑思维和思考问题层次的体现，一个好的采访提纲，可以帮助编导坚定信心、临阵不乱，掌握采访的主动权，使采访得到圆满的结果。为此，在拍摄之前拟定一个全面的、深入的、思路清晰的采访提纲是必须要考虑的问题。

拟定采访提纲其实就是设计采访时所要提的问题。南京大学新闻传播学院教授杜骏飞在《深度报道原理》一书中提到，美国内华达新闻学教授拉鲁·吉尔兰德曾在拟定采访提纲方面推出了设计问题的辅助公式，有一定的指导意义。他提醒编导在设计提问时应该遵循如下的思路：

目标——你们（或组织）要实现的目标是什么？

障碍——你们遇到过什么难题吗？目前的阻力是什么？

解决——你们是怎样对付这些难题的？是否有解决矛盾的计划？

开始——这一设想是什么时候开始的？是根据谁的意见提出的？

当然，采访提纲的拟定还和编导本人的采访习惯、交流方式和采访的内容有很大的关系，但确保问题的独特、准确、连贯、富有创意、引人入胜是更为重要的。

4. 设置拍摄流程

设置拍摄流程就是要制订一个拍摄进度安排表。其作用是：第一，能够提供让被拍摄方提前准备的依据，虽然也可口头交涉，但很难达到清晰明了的效果；第二，不会导致拍摄过程中盲目从事，避免出现错拍和漏拍的现象，确保拍摄任务顺利完成。当然在拍摄过程中也不能太死板，可以根据实际情况随时进行调整。

5. 明确工作职责

明确工作职责之前首先要组建摄制组，一般的摄制组包括的人员职务有：编导、摄像师、灯光师、录音师、制片和场记等，这些人员往往都是出品方和编导一起确定。正式开拍之前要召开协调交流会，对摄制组人员要进行合理而严密的分工，确保各摄制组成员的职能能够充分发挥。

（三）准备器材设备

器材设备的准备从表面看似乎是摄像人员的事，但作为编导，有责任和义务交代相关人员做好此项工作，为了确保不出问题，有时还需要根据拍摄方案和摄像一起对设备和器材进行准备。准备时需特别注意两个问题：

第一是需要检查设备是否正常，主要是检查摄像机的主要开关是否正常，镜头的后焦是否被人动过，电池充电没有，声道是否完整无损，话筒线是否有接触不良，三脚架是否好用，灯光能否正常开启等等。

第二是除了准备摄像机等最基本的设备外，根据节目的拍摄方案还要考虑是否需要携带电池、充电器、监视器、长焦镜头、广角镜头、反光板等辅助器材。

二、正式拍摄

必要的准备工作完成以后，我们就可以进入正式拍摄阶段了。关于拍摄时如何选择角度、如何构图、如何用光等基本技能在“电视摄像”课程里已经详细介绍过，我们就不再赘述。在此，我们只介绍与电视编导工作密切相关的一些问题，如场面调度和现场采访。

（一）场面调度

场面调度是电视节目在拍摄过程中几乎每一个拍摄场景都会遇到的问题，对于一个电视编导，你可以不会操作摄像机，不会拍摄，但你不可以不懂得场面调度，再好的摄像师，更多的时候也是在编导的指挥下完成拍摄的，这个指挥的过程往往就是场面调度的过程，因此，掌握场面调度的方法并很好地运用到实践中去，是每一个编导必须具备的能力。

电视场面调度包括人物调度和镜头调度两个大的方面：人物调度是指拍摄中安排人物在拍摄现场的运动方向、位置及人物间的关系等视觉画面形象。例如主持人的站位、行走路线的设计、出境记者在拍摄现场的选位、采访路线的安排等。镜头调度是指拍摄中安排摄像机镜头拍摄的取景范围、机位、角度和运动方式等现场拍摄方式。例如选择不同的拍摄景别（全、中、近、特），不同的拍摄方向(正拍、侧拍、背拍)，不同的拍摄角度(俯拍、平拍、仰拍)，不同的镜头运动方式(推、拉、摇、移、跟、升降)等，以实现编导的意图。

电视场面调度之所以备受创作者的重视，是因为它在现场拍摄过程中起着举足轻重的作用。

案例一：电视专题片《奥运情结》

电视专题片《奥运情结》中有这样一组镜头：

全景：北京申奥成功的夜晚，天安门广场人们的庆祝活动，一片欢乐的海洋；

中景：一辆小汽车缓缓驶过，一个小伙子从天窗里伸出上半身，手上挥舞着国旗；

全景：一个由众多大妈大婶组成的腰鼓队在广场载歌载舞；

特写：一位大妈喜笑颜开；

中景：广场上狂喜的人群；

特写：一位老人眼角流下了激动的泪水。

这组镜头表现了万众欢腾的庆祝场面，表达了中国人民对于北京申奥成功的喜悦与自豪。

电视专题片・奥运情结

案例二：电视纪录片《龙脊》

纪录片《龙脊》中有这样一组镜头：

中景：几名小学生在一个用木棍支起的篮球架下打球；

全景：破旧的教室；

近景：一名小学生在破旧的课桌上写作业；

特写：在一张破烂的黑板上写算术的老师手部动作；

全景：教室内孩子们认真上课，俯拍镜

电视纪录片・龙脊

头显现出教室里凹凸不平的地面；

全景摇至中景：镜头摇至教室门口，一群无钱上学的孩子挤在门口看上课，后景显现出教室的窗户没有玻璃。

通过场面调度，交代了龙脊这个偏远地区一所小学极为陈旧简陋的教学环境，衬托出实施“希望工程”的迫切性。

案例三：电视新闻节目中会议新闻的一般性镜头编排

会场的全景画面，会标画面(全景、中景、近景)；

主席台前的主要领导人物(全景、中近景、特写)；

参加会议的群众场面(全景、中近景、特写)；

主席台上领导人发言画面(中近景)；

主席台就座的领导人物(中近景)；

出席会议代表听报告或记录画面(全景、中近景、特写)。

通过场面调度，画面交代了会议新闻最主要的信息：会议内容、会议环境、会议规模、出席会议的领导。

案例四：中央电视台《夕阳红》栏目片头

中央电视台《夕阳红》栏目片头在舒缓深情的童声合唱《夕阳红》主题歌声中展开：

中景：左侧面角度拍摄主题歌词作者乔羽老人慈祥的面容，视线由平视至仰视；

全景：正面角度拍摄一对老年夫妻在枫树林中的林荫道上骑着自行车由远至近；

特写：头戴自行车运动帽的老人微笑的面部表情；

中景：摇拍奶奶给小孙子辅导作业；

中近景：以充满金色光芒的夕阳天空为背景，右侧面角度摇拍一对老年夫妻幸福的表情，视线由平视至仰视。

通过场面调度，画面在音乐的衬托下，形成了节目段落舒缓的节奏，营造了段落乃至整个节目温馨、祥和的氛围。

中央电视台・夕阳红

案例五：某法制节目在反映一个犯罪嫌疑人接受审讯时的镜头调度

中景：犯罪嫌疑人表面若无其事；

急推—特写：颤抖着的夹着香烟的手；

中景：两名公安人员严肃的表情；

特写：犯罪嫌疑人额头冒出汗珠。

这组镜头揭示了犯罪嫌疑人内心惶恐不安，但故作镇定的心理状态。

通过上述几个案例的介绍，我们基本了解了场面调度对于节目镜头组接的作用，那么，场面调度到底有哪些基本的方法呢？

1．人物调度

人物调度主要指编导对人物在场景中的行为、运动方向、所处位置的变动，以及人物与人物之间互相交流时所产生的动作与位置的变化。人物调度在一个镜头内的运动方向和位置的变动，虽说千变万化，反复无常，但仔细观察，仍然有规律可循。归纳起来，大致有以下几种形式：

（1）横向式调度

表现人物或活动主体的运动与空间的关系，在摄像机前，人物从左向右，或从右向左运动，常以横向变化方向和位置。如图4-1所示。镜头拍摄形态或全景俯拍，或横向跟移。这种调度方式，可以展示场面空间的长度与宽度，呈现拍摄场景空间全貌与活动主体在其空间场面中的相互关系及运动方式、运动的速度与节奏。电视节目中的跟踪拍摄与采访场面等，常以横向调度方式出现。

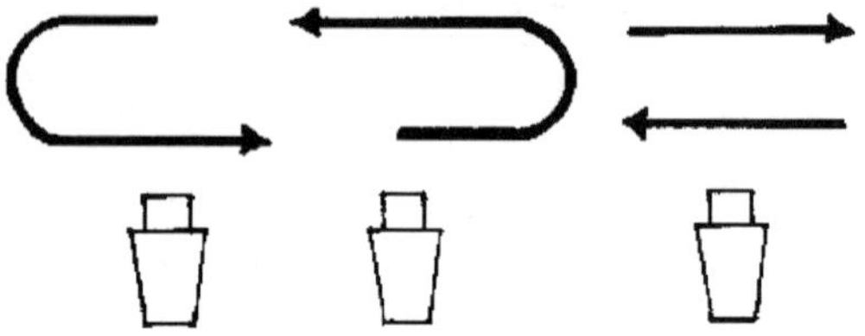

图4-1 横向式调度

（2）纵向式调度

当人物由远而近，或由近至远时，常常以正向或背向展开纵向式调度。这一调度往往是表现人物在空间场面里的运动速度与节奏变化，在表现空间内的人物纵向运动时，镜头拍摄形态一般均以固定机位，或跟摇加固定画面的拍摄方法并形成镜头内部的景别急速变化，如远景—中景、全景—近景或相反。如图4-2所示，比如将摄影机设在十字路口中心，被拍人物从北街由远而近向镜头运动，然后又拐向西街由近而远背向镜头运动的镜头；或者跟拍人物从一个房间走到房子深处另外几个房间的镜头。这种调度可以利用透视关系的多样变化，加强人物与背景的空间感。

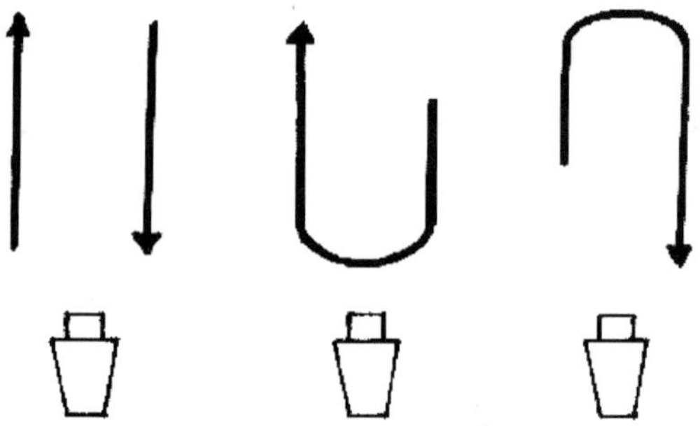

图4-2 纵向式调度

应该注意，横向式调度一般无景别变化，而纵向调度由于人物走近镜头或远离镜头，则会造成景别的变化。

（3）斜向式调度

斜向式调度一般有单指向和双指向两种，双指向指两个行为主体同时逆向斜向运行，往往以对角线斜向方式调度。如图4–3所示，在摄像机前，人物由左后向右前，或由左前向右后运动，变化方向和位置。这一调度方式，与纵向调度的区别在于它是同时表现两个行为主体的运动，是双方的逆向调度，利于展示双方的对立冲突关系，在空间展现上比纵向调度要开阔，空间容量大，兼顾了横向调度在空间展示上的某些优势，又不失纵向调度的速度感。

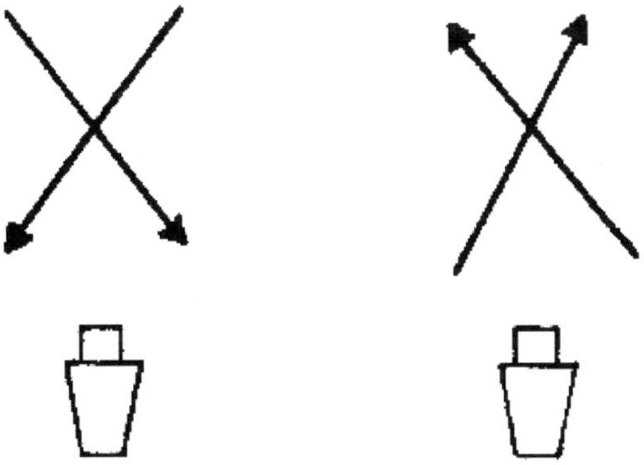
图4–3　斜向式调度

斜向式调度镜头表现形式常以俯拍或仰拍，同时镜头跟摇为主。这种调度方式比较适合于表现既有空间展示，又有速度的显现场面，如人物的追逐、对抗等，在视觉上构成了双方冲突的对立态势。

横向式调度、纵向式调度、斜向式调度这三种调度方式的运用，更适合于室外拍摄，如街道、广场、旷野、河、湖、海，而活动主体的运行速度也是可加速、变速的，因为只有在较大的、可高速运行的空间里才能呈现这几种场面调度的优势，实现在不间断的连续空间场面中反复多次展示。

（4）向上或向下式调度

人物从镜头画面上方或下方作反方向运动。即摄像机前，人物由高处向低处，或由低处向高处运动，变换方向和位置。 此种调度多利用楼梯、台阶、山坡、双层床等。立体多层空间作为人物调度的根据，表现其空间高度与空间的结构变化，使人物或活动主体在其中的动作行为的展示富于变化性、节奏感。在电视节目中这种调度常用于人物在楼梯、空旷高大的厂房、电梯、滑行的吊车等场面调度中（见图4–4）。

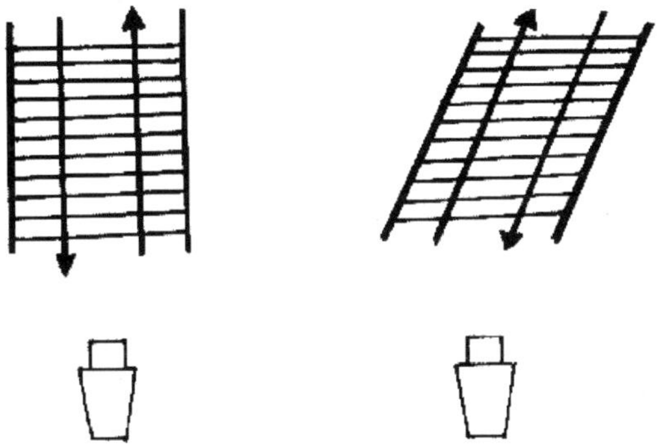
图4–4　向上或向下式调度

（5）环形调度

在摄像机前，人物做环形运动，变换方向和位置；或是摄像机在环形轨道上拍摄，以一轴心为支点做圆形旋转的拍摄形成的场面调度，这一调度是以摄像机为中心展开的360

度全方位的调度处理，是一种用镜头展示的方法。这种调度比较特殊，常常内含一种隐喻。这种调度方式在电视节目中虽然用得不多，但往往造成较大的视觉冲击力，给观众留下深刻印象。例如在新闻节目中表现群众集会的场面，以环形调度拍摄可以展示空间宏大的场面以及人物在这一场面中的情绪和行为；在文艺节目的舞蹈场面中采用这类镜头调度，既有利于展示舞蹈动作的队形流畅性，又能够在不断变换的人物主体中呈现出各自的表情，烘托舞蹈热烈气氛。法制节目中表现法庭场面用环形调度，能增强观众身在其中的纪实感。如图4–5所示，环形调度有内环拍摄与外环拍摄的区别。例如拍摄会议室场面：众人围坐在圆形会议桌前，摄影机位于圆桌中心，做360度旋转，拍了一个环形长镜头——这是内环拍摄；还可以将摄像机置于参加会议的众人身后，顺着会议圆桌做缓慢旋转拍摄，这是外环拍摄。虽然两者的运动方式不同，但都能够不间断地表现桌前不同人物的外貌与神态，而且镜头调度流畅、连贯、节奏紧促，单个的分切镜头方式无法达到这种效果。

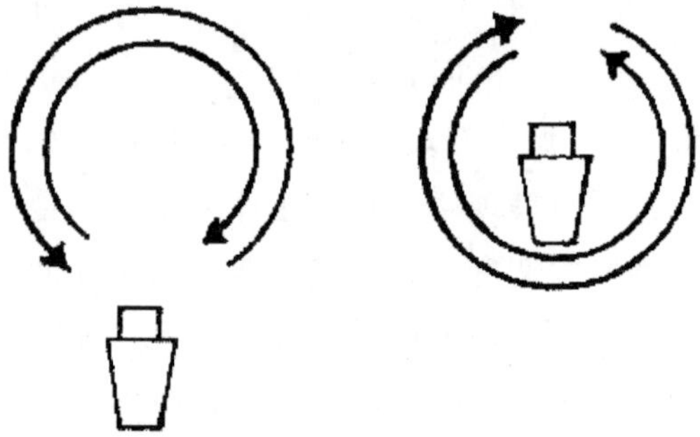

图4–5　环形调度

（6）无定形调度

在摄像机前，人物的运动呈无定形不规则的状态，方向和位置的变化亦无规则可循，如图4–6所示，呈S形等。

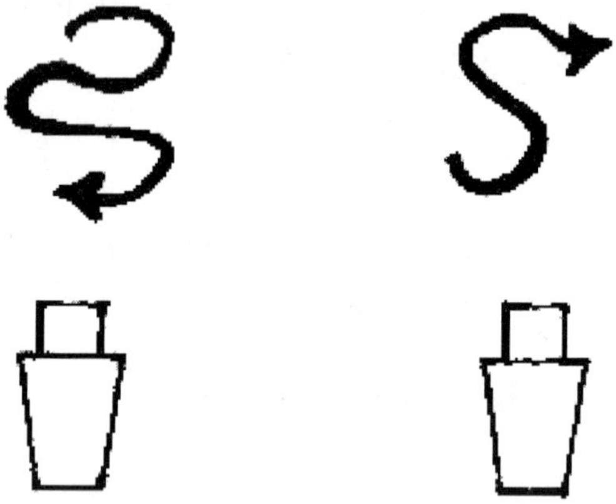

图4–6　不定形（S形）调度

（7）综合调度

综合调度是将上述两种以上的调度形式综合于一个镜头之内，融各类场面调度特点于一身的场面调度法，适用于一切电视节目。在被摄对象产生运动时，我们要当机立断地采用某种适于表现要求的调度方式，充分掌握被摄对象活动规律和程序，也可在一定程度上进行拍摄前的细致设计。而在电视剧、电视小品中，场面调度则与表演情节相联系。

以上所举的几种调度形式，都是指在一个镜头之内的人物调度。而每个单独镜头之内的人物调度，都应和整体的场面调度统一起来考虑，局部应服从整体，切不可捡了芝麻丢了西瓜。

编导在进行电视节目场面调度时应着眼于全局，关注整体的调度设计，不可偏爱局部。单个镜头看起来新颖别致，若是放到整体中权衡，和上下镜头的调度不协调、不统一，则是不可取的。遇到这种情况，就应当调整或改变单个镜头中的人物调度，以适应整体的需要，保持整体的完美与统一，这也是编导应该具有的大局观。

2．镜头调度

镜头调度即摄像机的调度。镜头调度的运动形式有推、拉、摇、跟、移、升、降。以镜头位置分，有正拍、反拍、侧拍等形式；以镜头角度分，有平拍、仰拍、俯拍、升降拍及旋转拍等形式。主要有以下三种调度手法：

（1）纵深调度

即在多层次的空间中配合人物位置的变化，充分运用摄影机的多种运动形式，例如跟拍一个人物从一个房间走到屋子深处的另外几个房间。这种调度利用透视关系使人和景的形态获得较强的造型表现力，加强三度空间感。

（2）重复调度

相同或相似的镜头调度重复出现。这种调度可以引发观众的联想，使他们在比较之中，领会其内在的联系和含义。比如一个以环境保护为主题的电视节目里重复出现了多次流经城市的一条河流镜头，场景虽然是相同的，但河水却由清澈见底，到混浊不清，再到污水横流。通过这种重复调度，观众很容易联想到与环境保护的内在联系，从而强化了对于环境保护重要性的认识。又如记录我国“两弹元勋”的人物传记片《郭永怀》中，多次重复出现一部老式留声机的镜头，前面的出现是表现郭永怀在繁忙的工作之余对音乐的爱好，后面的出现则是表达对郭永怀的怀念之情。

（3）对比调度

在镜头调度的具体处理上，可以运用各种对比形式，如动与静、快与慢的强烈对比。若再配以音响上强与弱的对比，或造型处理上明与暗、冷色与暖色、黑与白、前景与后景的对比，则会使气氛更为强烈。

电视的场面调度是人物调度与镜头调度的有机结合，两种调度相辅相成，都以节目内容的需要为出发点，使人物形象更具有视觉艺术感染力。

3．电视场面调度的轴线规律

编导在后期剪辑画面的时候，对于画面的组接一定要考虑轴线规律，“跳轴”组接的画面会给观众带来空间和方位错乱的感觉，了解轴线规律是编导必须具备的基本能力。

所谓轴线，是指被摄对象的视线方向、运动方向和不同对象之间的关系所形成的一条虚拟的直线（见图4–7）。轴线直接影响着镜头的调度关系。

在拍摄电视画面时，由于分镜头需要把一个连续的动作分解开来，要使这些不同角度拍摄的人或运动物体动作的连续性不被打乱就必须注意空间的构成规律。在空间的处理上有一条基本的规律：摄像机镜头的总方向一般限制在同一侧，如果轴线是直线，则各拍摄点应规定在这条线的同一侧的180度以内。否则任何越过这条轴线所拍的镜头都将破坏空间统一感。如图4–7所示，违反这一规律的现象称为“跳轴”、“越轴”、“离轴”现象。

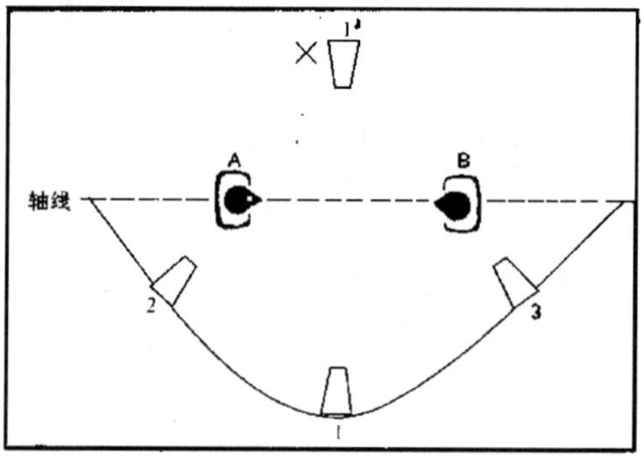

图4–7 轴线规律

为了保证被摄对象在电视画面空间中的正确位置和方向的统一，摄像机要在轴线一侧180度之内的区域设置机位、安排角度、调度景别，这即是编导、摄像师在处理镜头调度时必须遵守的“轴线规律”。这是形成画面空间统一感，构成视觉方位一致性的基本条件。如果拍摄过程中摄像机的位置始终保持在轴线的同一侧，那么无论摄像机的高低俯仰如何变化，镜头的运动如何复杂，不管拍摄多少镜头，从画面来看，被摄主体的位置关系及运动方向等总是一致的。

倘若摄像机越过原先的轴线一侧，到轴线的另一侧区域去进行“越轴”拍摄，那么所拍摄的画面中，被摄对象与原先所拍画面中的位置和方向会出现不一致的现象。一般来说，越轴前所拍画面与越轴后所拍画面是无法进行组接的。如果硬行组接的话，就将发生视觉上的混乱。如果越轴前的画面中正在交谈的两个对象是女左男右的，越过轴线到相对的机位上，所拍摄的画面中就变成了女右男左，如果把这两个画面相接，观众就会莫名其妙：这两个人怎么如此神速地“交叉换位”了呢？这显然不符合观众正常的视觉习惯和思维逻辑。

所以，在轴线的一侧所进行的镜头调度，为了保证两个相组接的画面中人物视线的方向、被摄对象的动向及空间位置上的统一定向，就必须遵守轴线规则去进行镜头调度，这就是我们在场面调度中所说的方向性。虽然电视摄像是一种立体化、多角度的平面造型艺术，但是正确表达物体的方向是实现画面空间结构和电视画面构图的一个基本要求。否则，画面上被摄对象之间的方位关系就要发生混乱，画面内容和主题的传达就要受到干扰乃至误解。

（1）电视画面中的轴线分类

电视画面中的轴线一般被分为三种：动作轴线，关系轴线、方向轴线。

◎ 动作轴线（运动轴线）

动作轴线也叫作运动轴线，是指被摄主体运动的方向、路线或轨迹。按动作轴线规律的要求，如果要保持运动主体在屏幕上运动方向的总体一致，各个分切镜头拍摄的总方向须保持在这条轴线的同一侧。如图4–8中，这四个机位都没有越过动作方向轴线的一侧。在同一

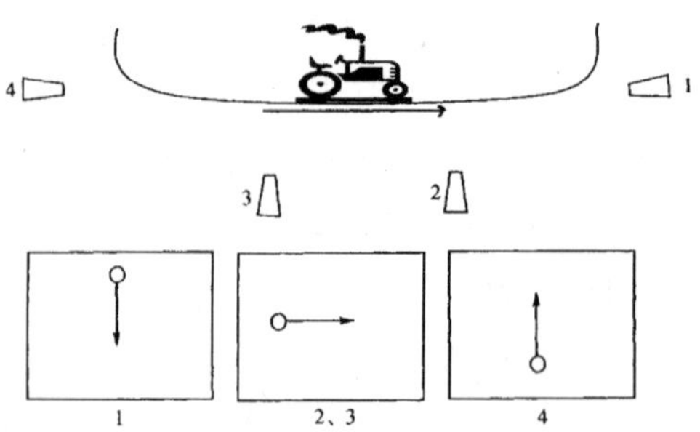

图4–8 动作轴线

组画面的组接中，可以把这四个镜头进行合理组接而不会产生越轴的错误，这样就可以保证画面方向的一致性。其中1、4两个机位正好在轴线上，被称为“骑轴镜头”，从方向性来说属于“中性方向”，既可以表现拖拉机前行或远去而在屏幕上表现为垂直方向的运动，又可以做处理越轴时的缓冲插入镜头。

图4-9　内反拍镜头

◎ 关系轴线

关系轴线是指两个以上静态主体每两者之间的假设连接线。

关系轴线涉及的是“静态屏幕的方向”。所谓静态屏幕方向，是指在动作上没有明确的方向性，但是在上下画面的关系中还有着逻辑上的方向性，这个方向性主要表现在人物视线的方向上。所以，关系轴线的核心是视线。如图4-9为内反拍镜头，图4-10为外反拍镜头。

图4-10　外反拍镜头

◎ 方向轴线（视线方向，运动方向）

方向轴线是指处于相对静止状态的人物视线与能看到物体之间构成的轴线。这里所说的“相对静止”是指人物没有离开所处位置的较大幅度的行动，但并不排除人物肢体的局部动作。方向轴线不同于动作轴线，它必须是一条直线，要求摄像机的机位处于轴线的同一侧拍摄。只有这样，人物的视线方向或运动方向才是连贯的（见图4-11）。

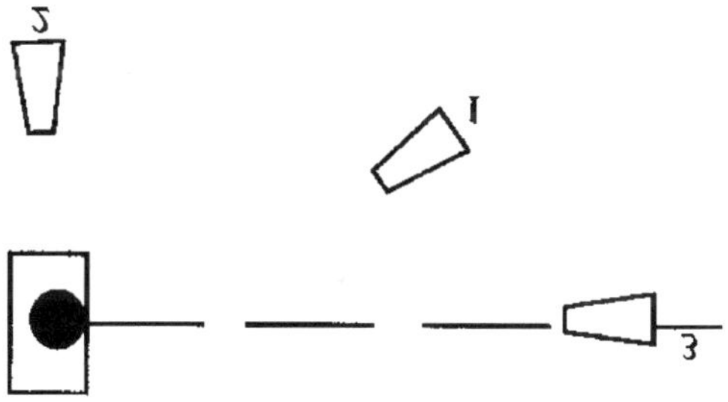

图4-11　方向轴线

有时拍摄现场会存在着两条不同性质的轴线。比如汽车在行进中正、副驾驶位置人物的关系(见图4-12)。既有运动轴线，又有关系轴线，这类情况称作“双轴线”。拍摄时应以人物的关系轴线为主，因为相比之下观众更关注人物关系。

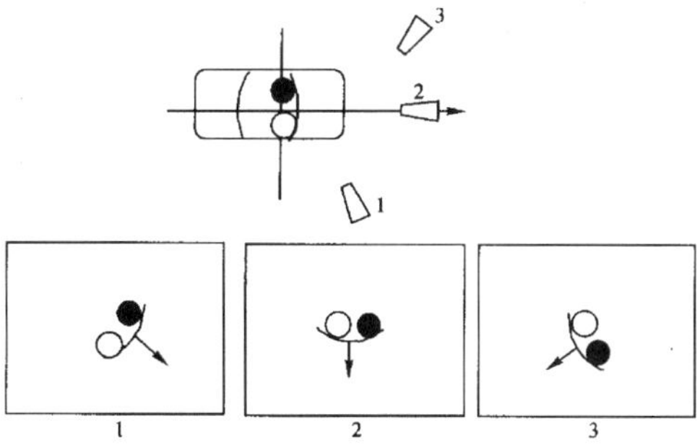

图4-12　双轴线

电视场面调度一方面有严谨的规律性，另一方面又蕴含了极大的创造性。为了寻求更加丰富多变的画面语言和更具表现力的电视场面调度，编导往往要打破“轴线规则”，不把镜头局限于轴线一侧，而是以多变的视角全方位、立体化地表现客观现实时空。上面已经提到“越轴”后的画面在与越轴前的画面直接进行组接时会遇到障碍，那么，通过哪些手段才能“跨越”这些障碍，进入电视场面调度和画面造型表现的广阔天地中来呢？这也就必须借助一些合理的因素或其他画面作为过渡，起到一种“桥梁”作用，既能避免“跳轴”现象，又能够形成画面语言的多样性和丰富性。以下介绍几种合理的越轴常用办法。

（2）合理的越轴

◎ 利用被摄对象的运动改变原有轴线

在前一个镜头中，是按照被摄对象原先的轴线关系去拍摄的，下一个相连的镜头，则按照主体发生运动后已改变的轴线设置机位，这样一来，轴线实际上已被跨越了。如图4-13所示，主体发生运动后已改变轴线设置机位，1号机位和2号机位已处于同一轴线的相同一侧，所以，这时再将2号机位所拍的画面接在1号机位所拍的画面之后，人物的位置关系相一致了，便建立了新的轴线关系，镜头组接也就顺理成章了。

◎ 利用摄像机的运动来越过原先的轴线

虽然越轴镜头不能直接组接，但是摄像机却可以通过自身的运动越过那道轴线，并通过连续不断的画面展示出这一“越轴”过程。由于观众目睹了摄像机的运动过程(从画面的变化)，因此也就能清楚地了解这种由镜头调度而引起的画面对象方位关系的变化。在图4-14中，轴线两侧1号机和3号机拍摄的画面要进行组接，那么就可以利用2号摄像机通过移动摄像的方式运动到2’位置，使镜头画面交代了2号摄像机运动到2’位置上的越轴过程，因此观众对人物位置关系的变化就能够理解了，这样一来，“1—2—3”的画面连接就实现了越轴拍摄。

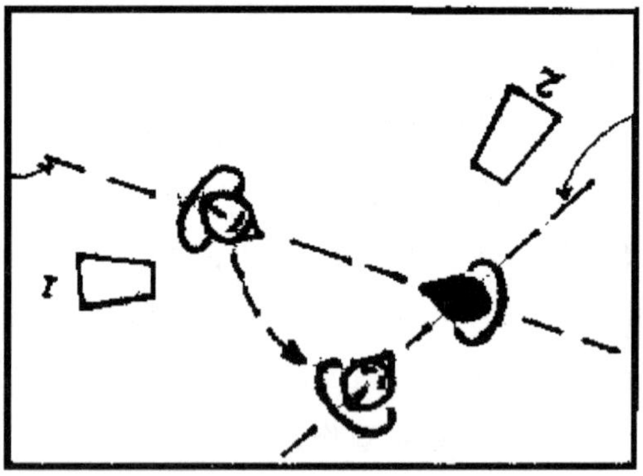

图4-13 利用被摄对象的运动变化改变原有轴线

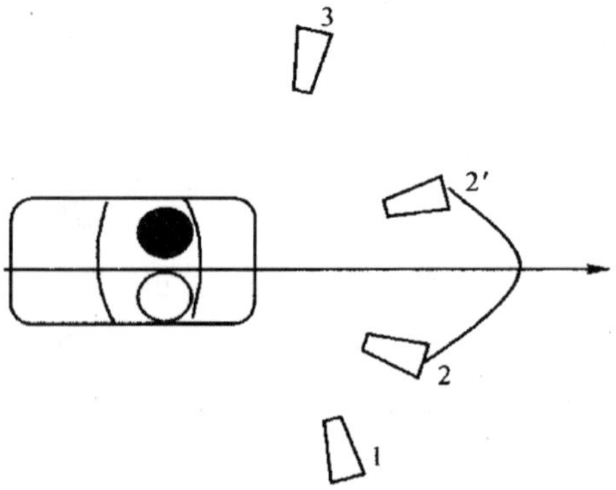

图4-14 利用摄像机的运动越轴

通过摄像机的运动实现合理越轴是非常有用的。特别是在拍摄不便进行人物调度的新闻、纪录片等节目时，为了抓取最佳角度、突出主体变化构图等常常利用镜头的运动调度进行多侧面、多视角的画面表现。

◎ 利用中性镜头过渡越轴

由于中性镜头无明确的方向性，所以能在视觉上产生一定的过渡作用以缓和越轴。当越轴前所拍的镜头与越轴后的镜头要组接时，中间以中性方向的镜头作为过渡，就能缓和越轴后画面的跳跃感，给观众一定的时间来认识画面形象位置关系等的变化。

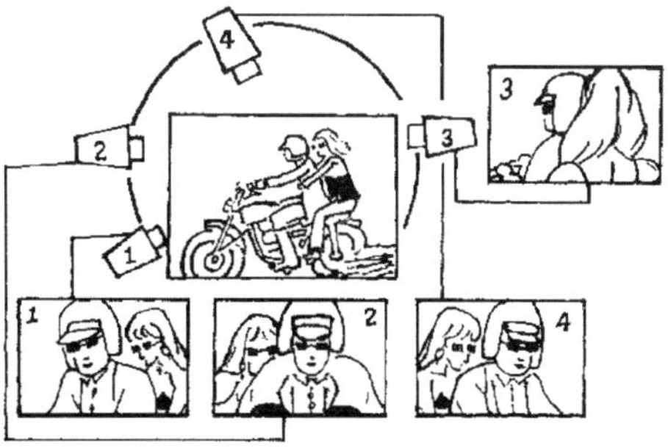

图4–15 利用中性镜头越轴

图4–15中的被摄主体是一名摩托车骑手，1号机位和4号机位互为越轴镜头，而2 号机位和3号机位由于与运动轴线重合，拍到的画面是车手骑车的正面或背面镜头，不表现出画平面左或右的方向性。因此，把这一中性方向的镜头置于1号画面与2号画面之间，将镜头从轴线的一侧过渡到另外一侧，这样便缓和了越轴，连接起轴线两边的镜头。

图4–16 利用插入环境空间中的空镜头进行合理越轴

◎ 利用插入镜头改变方向越轴

利用插入一些环境空间中的实物特写或空镜头作为过渡实现越轴。这种方法与上述第三种方法相似，区别在于插入镜头的内容和景别。上述第三种方法是插入相同空间相同场景中的一些方向性不明确的中性镜头，而这种方法是插入一些环境空间中的空镜头作为过渡镜头来越轴。如图4–16中，在水上划船的一对情侣，1号画面中是男右女左并向左划去，而在越轴的3号镜头和4号镜头中是男、女向右划去的，如果在两者之间借用水鸟双飞的2号特写画面作为过渡镜头，不仅能给画面语言赋予某种情境，同时也将越轴拍摄的镜头连接起来。

还有一些合理越轴的方法，如利用双轴线，越过一条轴线，由另一条轴线去完成镜头组接；插入被摄的运动主体在转弯处的镜头等自然改变方向的方法等。这些方法都是安排一些插入镜头帮助实现合理越轴拍摄，在视觉上产生缓冲作用，以符合观众正常的视觉习惯和思维逻辑，而不至于因为接踵而至的轴线关系和方向关系的变化而产生视觉感受上的混乱。

☞ 延伸阅读：穿帮镜头

指一个镜头在拍摄的时候，由于表演或摄影上的差错，以致摄取的镜头无法使用，必须重新加以拍摄。“穿帮”大概可以分为三类：1. 镜头内容前后不连贯；2. 人物道具变动违反逻辑；3. 摄影器材、人员被拍入镜头。

4．三角形布局原理

当拍摄两个人的交流场景时，在他们之间有一条无形的关系轴线，也称作关系线。在关系线的一侧可以选择三个顶端位置，这三个顶端构成了一个底边与关系线相平行的三角形。摄像机的机位可以设置在这个三角形的三个顶端位置上，形成一个相互联系的三角形机位布局，这就是镜头调度的三角形原理，又称为三角形布局。由于关系轴线有两侧，所以围绕两个被摄人物和一条关系轴线，能够形成两个三角形布局。（见图4–17）

轴线两侧的这两个三角形布局中的机位互为越轴关系(1、2、3与4、5、6)，当我们进行镜头调度和画面组接时同样必须遵守轴线规则，不能从一个三角形机位切换到另一个三角形布局。比如不能直接将镜头1与镜头6相接，镜头2只能与镜头1、3切换而不能直接与镜头4、5、6组接。否则，就会导致人物位置或方向上的混乱。

三角形机位布局最突出的优点就是在所拍摄的画面中，这两个被摄人物各自处于画面固定的一侧，便于观众对方向性产生统一认识。三角形机位布局原理的首要规则，是选择关系线的一侧并始终保持在那一侧。在关系线的一侧，三角形底边的那两个顶端位置上，摄像机可以在各自的光轴上转动，得到三个不同的拍摄角度，产生三角形原理的三种基本变化。

（1）外反拍三角形布局

位于三角形底边上的两台摄像机分别处于两个被摄人物的背后，靠近关系线，向里把两人拍入画面(见图4–18)。

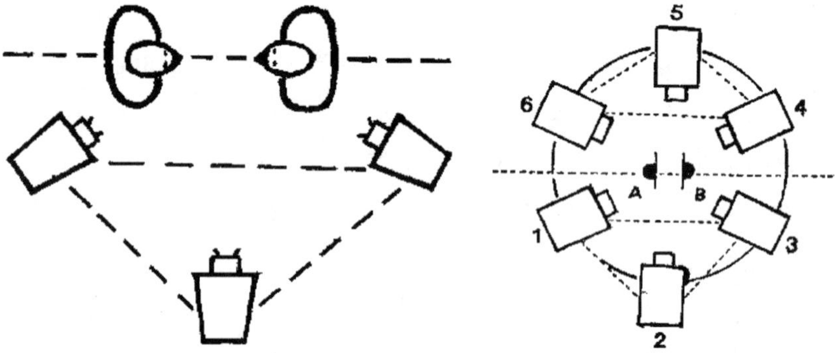

图4–17　三角形机位布局

图4–18　外反拍三角形机位布局

外反拍三角形机位布局具有两个优点：其一，在底边上两个机位所拍摄的画面中，两个人物可以互为前景和后景，一个靠近摄像机，另一个离摄像机稍远，使构图具有明显的透视效果。其二，这是一种客观性拍摄角度，两个被摄人物一个面向摄像机，另一个则背向摄像机，面向观众的人物得到突出。当我们拍摄主持人或出镜记者采访某人时，经常运用这种客观性的外反拍角度，这也就是通常所讲的过肩镜头，因为从画面上看，摄像机是在记者的身后越过其肩头拍摄接受采访的人。需要指出的是，拍摄过肩镜头时，背向观众的人在画面中所展现出的脸部侧影，一般应以不露出鼻尖为宜。

（2）内反拍三角形布局

三角形底边上的两台摄像机处在两个被摄人物之间，靠近关系线向外拍摄(见图4-19)。

内反拍三角形机位布局可以利用位于底边上的两个顶端位置的机位，分别表现两个人物。由于被摄人物分别在画面中出现，所以观众能够予以较为充分的关注，可以集中表现一个人物的神态、语气等。

当三角形的底边与关系线重合，底边上的两台摄像机背对背地设置时，所拍摄的画面表现了画面以外的那个人物的视点，这也即通常所说的主观拍摄角度。这种镜头调度是一种较为特殊的拍摄方式，出现在画面中的人物是正面对着摄像机镜头的。

（3）平行三角形布局

位于三角形底边上的两台摄像机的视轴相互平行（见图4-20）。

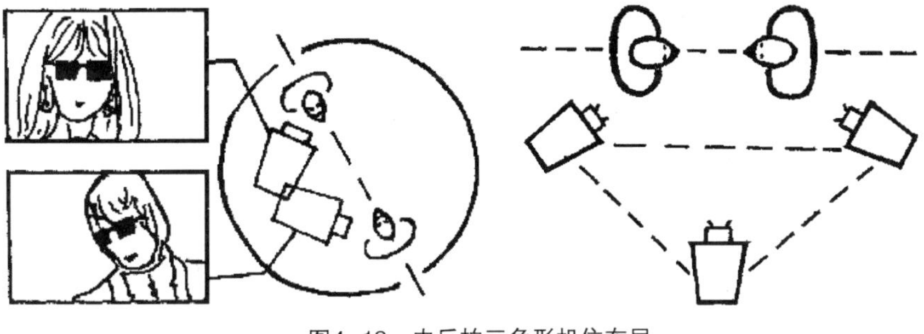

图4-19 内反拍三角形机位布局

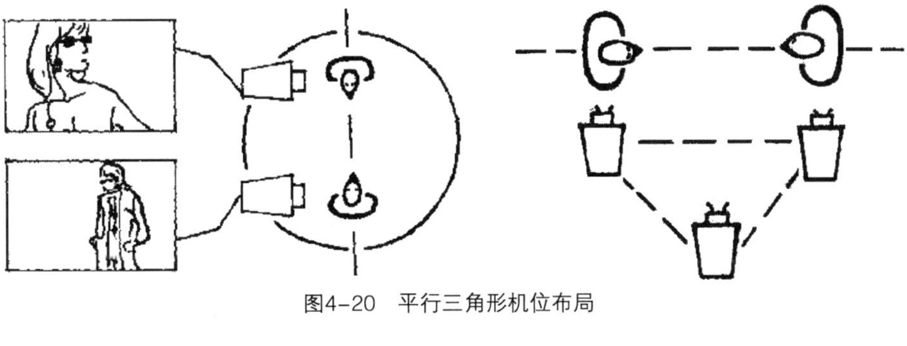

图4-20 平行三角形机位布局

平行三角形机位布局常用于并列表现同等地位的不同对象，比如拍摄两个人的对话，或两个人并肩跑步等。平行三角形底边上的两个机位各自拍摄一个人物，它带有客观的同等评价、等量齐观的含义。

以上叙述的外反拍三角形布局、内反拍三角形布局和平行三角形布局，可以组合成一个多样的大三角形布局(见图4–21)。

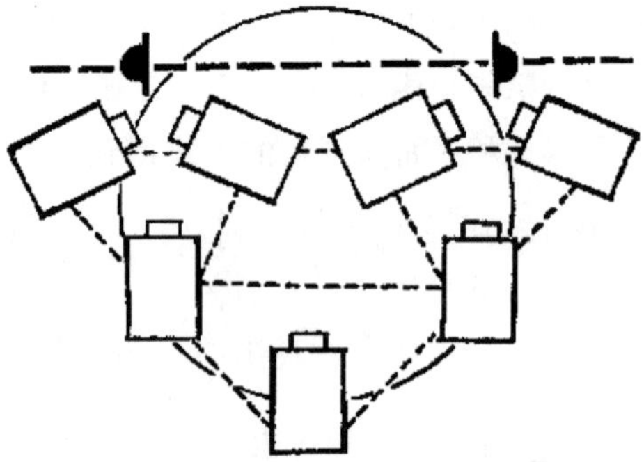
图4–21　大三角形机位布局

在一个大三角形内，包含有7个摄像机视点，唯有内反拍和平行位置才能各拍摄一个人物，其他位置均可以成对组合来拍摄两个人物。

三角形机位位置布局不仅适用于表现两个或两个以上人物的静态对话，还适应于表现人物在画面中的运动。拍摄这些场景时，三角形原理提供了多种摄像机拍摄角度的选择，广泛用于电视节目中，特别是用于人物访谈中的画面调度。如何运用三角形原理在拍摄现场搞好镜头调度工作，不仅仅是一个原理和公式的问题，它更需要编导积极实践和不断创新。

（二）现场采访

除了上述的电视场面调度，在拍摄过程中，与编导息息相关的还有一项更加重要的内容，那就是现场采访。现场采访是具有电视特色的个性化的采访互动，体现了电视声画并茂及现场纪实的最本质特征。它能够使观众产生身临其境的感觉，增强节目的真实感、亲切感和参与感。既突破了以往电视节目那种画面加解说的模式，也突破了以往节目“结论式”报道的传统，而把采访与报道同步结合，采访过程就是报道，是“进行式”的报道。

以前的电视节目操作一般是将采访内容的策划与出镜现场采访分离的，也就是说编导只负责采访内容的策划，而出镜现场采访的任务主要是节目主持人来完成。随着电视节目的发展，特别是对节目纪实性的现场感要求，现在出镜采访的任务通常也成为编导的主要职责之一，这就对编导有了更高的新要求。

1．如何提问

简而言之，开放性提问是指所提问题的指向性不强、被采访者回答的范围较为宽泛的提问方式。如问被采访者对某事、某人的意见和看法，被采访对象选择回答问题的角度与内容比较自由；封闭性提问则是指所提问题比较具体、被采访者的回答范围狭小、指向性强的提问方式。

编导在采访中往往需要兼而有之地设计这两种提问方式，更重要的是要针对不同的采访对象与环境进行灵活选择。例如被采访对象是“快人快语”的直爽性格，则可以以封闭式提问直接入题；反之如果采访对象是内向甚至忧郁型性格，则以开放性提问入题比较适宜；在采访环境相对稳定、采访时间也比较充裕的情况下，可以选择开放性提问与封闭式提问相结合的方式，而在一种人员流动性较大、没有充足时间的采访环境中（如街头、车站），则不宜采用开放式提问；对于比较敏感的报道内容，应该考虑以开放性提问开始，再伺机提出比较敏感的封闭式问题，以避免被采访者感到唐突、尴尬，甚至反感。

开放性问题的优点是有利于营造宽松和谐的采访氛围，为被采访者提供比较广泛的思维空间。封闭式问题的优点是问题具体、范围严格、节奏紧凑，有利于深入情况和获得对每个问题的明确回答。相对而言，闭合式问题留给对方的自由余地较小，采访对象在回答时较为方便，但“方便”并不等于“容易”，因为有些封闭式问题相当尖锐，回答好并不容易。所以编导设计封闭式问题时更需要用心，可以说精彩的采访更多的是来自于编导精辟的封闭式问题提问。

2．提问“六不要”

◎ 不要提太大的问题

问题太大容易使被采访对象不知从何谈起或谈得“天马行空”不着边际，可能导致采访节奏拖沓不紧凑。

◎ 不要提过多的外行问题

编导不可能熟悉所有采访所涉及的知识领域，不讲一句外行话是难以做到的，但要尽量争取少一些。

◎ 不要提诱导性问题

所谓诱导性提问是编导主观上已有答案，但他是借助被采访对象的回答来得到这个答案的，相当于给人竖根“杆”，诱导对方“顺杆爬”。实际上是“强加于人”，这种提问法是被采访者所反感的。

◎ 不要提无意义的问题

采访中，采访者是主动的，被采访者是被动的，一次采访是否成功取决于编导的提问是否到位。如果编导所提的问题毫无意义，被采访者的回答自然也会变得无意义，其责任在问而不在答。比如运动员获得冠军后异常兴奋时记者问：“你高兴吗？”武警官兵经过几个小时的奋战从地震后的废墟里救出一名幸存者时记者问他：“此时此刻你的心情怎样？”就像18世纪的美国作家科顿·马瑟说的那样：“如果有人问：一个人为何必须做好事？我的回答是：这问题就不像是好人提的。”

◎ 不要提太“硬”的问题

所谓太“硬”的问题是指对方不好回答的问题，甚至使对方十分尴尬的问题。这类问题可举2008年北京奥运会采访报道中的两个例子：一名记者采访获得铜牌的中国射击运动员谭宗亮："你奋斗了二十多年，参加了四届奥运会，而只获得了一枚铜牌，你觉得你有愧祖国吗？"一名记者在赛前采访中国队110米栏运动员史冬鹏："你觉得和刘翔在同一个时代是不是很悲哀？"当问这些问题时，可以想象被采访者的尴尬境地，同时也显现出记者的素质问题。所以要特别区分"直率"与"生硬"之间的差别。

◎ 不要提审问式的问题

提审问式问题的最大弊端是会使采访者与被采访者处于一种不平等的关系位置上。不管采访什么人，双方都应该处在一种平等交流的氛围中，特别是当采访对象是弱者、地位低下者，甚至是犯罪嫌疑人时更要注意这一点，双方在人格上应该是平等的，没有卑尊之分，否则是绝对不会收到好的采访效果的。编导在采访中应坚决杜绝提审问式的问题，不能凌驾于被采访对象之上。

3. 采访技巧

◎ "开门见山"与"迂回入题"

采访开始的提问方法一般有两种："开门见山"和"迂回入题"。

"开门见山"即正面提出问题，是干净利落、提高采访效率的提问方法，一般适用于编导熟悉的、性格直率、快人快语的人，以及文化层次较高的知识分子、干部，还有流动人群中的采访对象，例如火车站候车的人和路上的行人。

"迂回入题"即是侧问，提问从侧面入手，比如先谈天气、兴趣、家常话等等，经过迂回，绕绕圈子，然后才回到正题，这种提问方法比较适合于不善于谈话的采访对象或对采访有一定顾虑的人，或者是问题比较敏感的情况。

◎ 交流与交锋

编导在采访中要追求一种和谐的交流气氛，这样有利于采访进入一种自然的状态，消除被采访者的紧张心理，或者打消一些疑虑，使采访内容更加真实、生动，让他渐渐忘记摄像机的存在。著名谈话节目主持人崔永元说过："我希望现场观众把我当作邻居家张大妈的儿子"，其根本目的就是希望营造一个轻松、自然的谈话氛围，使谈话对象进入一种好的交流状态。

大多数的采访需要一种气氛和谐的交流状态，但在某些时候是难以做到的，主要是当问题比较敏感时，特别是诸如制假打假、黑幕交易调查等负面消息报道时，被采访对象有可能对采访有一种抵触情绪，会出现推卸、掩饰、抵赖等态度，在这种情况下，编导记者只有进入一种针锋相对的交锋状态才有可能采访到事实真相。

中央电视台两会特别节目・小崔会客

案例：中央电视台《焦点访谈·骗局的破灭》

记者采访自称发明了“信息茶”的“科学家”——

记者：你们的“信息茶“有什么作用?

“科学家”：可以治病，心脏病、癌症、糖尿病等等。

记者：“信息茶“怎么会有这么大的作用?

“科学家”：因为那里有我发的功、注入了信息。

记者：茶叶加工时你为什么不在现场?

“科学家”：我是远距离发功。

记者：你可不可以用这种方法让所有的茶叶都带上信息，造福全国人民。

“科学家”：……

记者与“科学家”的这种交锋是一种质疑式的语言交锋，就是对采访对象抱着怀疑的态度，通过分析他的回答，找出漏洞或不合情理之处进行合理有效的追问，以达到探究新闻事实、获取事实真相的目的。在这种情况下，不可避免地会出现双方话语的交锋，但这种交锋并不是不给采访对象话语权，编导更不能面红耳赤地与采访对象争论而忘记自己的公众形象，质疑对方的目的不是显示自己的表达能力，而只是出于获得事实真相的目的。所以记者在语言交锋时仍需要保持一种平和的态度，话语中可以是“绵里藏针”。从收视效果来说这种采访可能比那种四平八稳、你问我答的采访要更好看。

◎ 倾听与沉默

采访中要善于倾听。采访中的倾听与一般的听是不同的，倾听是听到并且了解，也表示对被采访者的言语感兴趣。善于倾听是打开被采访对象“话匣子”的有效武器。

倾听不是单纯的不说话，更不意味着可以随意开小差。采访者的目光要看着受访者，并随着谈话内容给予相应的回应，即便是沉默时也需要不时点点头（但要避免无故频频点头），有身体前倾等肢体语言，或者微笑发出“嗯…”、“哦…”、“对…”类似的反应语气词，表示对对方说的内容有兴趣或表示赞同，以鼓励对方继续往下说。从这个角度讲，倾听并不容易，需要大量的专注力。

在善于倾听的同时，编导还要学会适当沉默。如果受访者渐渐进入状态，逐渐放松，而且开始交谈，那么记者就要尽量少说。保持静默是很困难的，不是一般记者的特性，但的确是很有价值的技巧。采访中还有所谓“沉默四秒定律”：就是不要采访对象一说完话，就马上跳到下一个问题或意见，而是需要沉默大约四秒钟左右再持续下面的采访。这样做的益处一是给对方喘息的时间，二是你可能还会获得意外的收获，或许就是在这四秒钟之内，采访对象会总结性或补充性地继续说些什么，而这些可能就是最有价值的内容。

◎ 距离与话筒

把握好采访的空间距离也是很重要的。空间距离是无声的，但它对人际交往具有潜在的影响作用。在人际交往时，一般人都能接受的空间距离为 1.2–3.6 米。其中近社交空间的距离为1.2–2.1米，其语言特点是声音高低一般、措词温和，是记者在采访中与采访对象一般保持的距离；远社交距离是2.1–3.6米，是同陌生人、不太熟悉的、不太了解或者交往一般的人所保持的距离。所以，在采访中双方应该保持的距离与生疏程度、文化背景的差异以及性别、性格的差异都有关系。

采访时在选择好合适的空间距离之后，话筒与采访对象的方位、距离也有讲究。距离过远和方位过偏都会使录制信号过弱而影响音量和音质；距离太近会对采访对象有压抑感，同时会遮挡受访者的部分面部表情。采访中，编导手中的话筒作用就相当于外科医生手中的手术刀，方位、距离与效果有着直接的关系。

◎ 姿态与服饰

采访中的姿态主要是指对被采访对象的态度。作为一名电视编导，有着特殊的社会接触权和社会话语权，但一定要摆正自己的位置，做到平等对话。因为在采访中编导不仅仅是代表个人，还代表着媒体和广大电视观众，所以，采访中对采访对象的姿态要特别注意，高傲或恭维都是不妥的。

由于工作性质的原因，编导在采访中需要与不同领域、不同地位、不同经历的各类人物打交道，在采访对象中，有可能上到高层领导、科学家、名人，下到劳改犯、吸毒者、腐败分子，还有一些鲜为人知的边缘人群，例如同性恋、三陪女等，采访不同的对象时编导很容易无意中会表现出不同的态度，包括语气、眼神、肢体动作等。特别忌讳对于身份、地位低下的人摆出一副居高临下的姿态，提问带有审问式的语气；同样忌讳在采访领导、明星，或德高望重、颇有成就的成功人士时又站在一个“仰视”的角度，客套话很多，内容不够深入，这两个极端的采访姿态对于节目质量都是不利的。编导的采访目的无非是最大限度地获取节目所需要的内容，所以强调每个编导在采访时要摆正位置，保持一种“平视”的姿态，只有这样才有可能获得好的采访效果。

编导在采访时不要忽略衣着打扮、精神面貌等细节问题。为了追求采访效果，衣着打扮要得体、合适，可以针对不同的采访对象调整自己的服饰。比如到会议或其他比较正式的场合进行采访，穿西装、打领带会显得重视和庄重一些；采访国家公务人员或者采访农民，不要浓妆艳抹、过于时髦，否则会跟采访环境与对象格格不入；如果你是采访运动员，可以考虑穿休闲服或运动服，这样会显得开朗活泼、充满青春活力，与采访环境和采访对象相吻合；如果是采访老人，就应该体现敬老尊贤的优良品质，这样可以很快缩短与被采访者之间的距离感，使工作可以迅速进入状态。总之，一切都要从工作实际出发，确保采访效果。

☞ 延伸阅读

美国哥伦比亚大学新闻学教材《新闻报道与写作》总结了多条采访秘诀，值得参考借鉴。其中主要有：

1. 不要在采访开始时一下子就提尖锐的问题，最好是先解释你是谁，你正在做什么，为什么你要找他，说几句奉承话听上去很有效果。

2. 通过你的问题，从采访开始就要引导对方进入你设计好的思路，最好引入你的思路。在逻辑上应该一个问题接一个问题，在提一个尖锐问题之前，应有两三个问题做铺垫。

3. 不要忘记问关键问题。

4. 不能回避令人尴尬的问题。在问完了你想出来的全部问题后，问尖锐问题的时机就会到来。

5. 不要回避幼稚的问题。要让采访对象知道你也有笨的时候，你也不是无所不至，即使你做了准备工作，你肯定有不熟悉、失误和笨的地方，这样采访对象会很高兴地填补这种差距，他的警惕性降低马上会跟你说很多。

6. 有时候改变一下谈话节奏会有助于采访。例如突然将你的笔记本放在一边，营造一种问完了的假象，突然对一个不相关的问题表现极大的兴趣，但是在做完这个戏以后一定要再回到敏感的问题，一个突然的停顿是非常有用的。

7. 千万不要因为采访对象说无可奉告便放弃那个问题，那仅仅是攻坚战的开始，你可以表现得好像是误解了他的话，稍稍改换措词后重新提问。

8. 偶尔你最好的采访可能来自采访对象认为采访已经结束的时候，当你要说再见的时候，采访对象经常会放松下来，采访的宝石可能在笔记本合上之后才到来，这个时候获得的东西可能比在采访的时候获得的东西还要多。

三、收集资料

不论什么类型的电视节目，运用资料可以使节目内容更加丰富，特别是有些节目类型，比如历史题材的节目，对于资料的需求更是必不可少的。所以在前期拍摄的过程中，或者是前期拍摄结束之后，向被拍摄单位或个人索取资料是电视节目创作过程中的一个重要环节。

对于电视节目，通常所指的资料主要包括三个方面：影像资料、图片资料、文字资料。不同类型的资料收集方法和它们的作用是不相同的。

（一）影像资料

画面语言是电视形式的“本体语言”，所以在收集资料时，对于影像资料的收集工作最为重要，影像资料在节目运用中的作用也最大。

通常情况下，电视节目所需的影像资料包括几种情况：

一是节目中的事件、人物的背景资料；

二是在一般情况下不容易拍到的典型性和艺术性强的空镜头；

三是有助于节目中所表达内容和观点的辅助画面。

事件、人物背景资料的收集主要是向拍摄行业、单位和个人索取，因为这些资料都是与节目内容密切相关的特定资料，具有不可替代性。有些资料甚至可以直接当作素材来使用，所以编导每次外拍时都要有收集影像资料的意识。如果是报道一个人物，那么在完成采访和相关镜头的拍摄后，还应该收集一些这个人物过去的影像资料。如果是报道一个事件，就必须考虑在这个事件中，有没有相关的影像资料可以用来补充事件背景。如果是拍一个地方，那么不要忘记向当地索取一些有用的影像资料，如这个地方最有特色的民俗风情影像资料。

编导要把收集资料工作当作节目制作流程中不可缺少的一部分来安排，养成收集具有典型性和艺术性影像资料的好习惯，临时去找是比较困难的。有一定经历和经验的编导都会有一个职业习惯，注意收集这些影像资料，平时看到有价值的资料就会想法转录、保存下来。久而久之，他们手中的资料越来越丰富，逐渐形成了他个人拥有的“影像资料库”，一旦自己需要时，就可以很方便地调出来使用，不至于在编辑节目时因缺少一个合适的画面而心急如焚。这些镜头往往是不容易拍到的，即使是拍到了，也可能受到客观条件的限制不一定能拍好，例如日出日落、大海波涛、云雾缭绕等自然景观镜头以及儿童嬉戏、老人休闲、战士演习、车水马龙等人文景观镜头。这些镜头被称为所谓的“万能镜头”，在很多时候、很多地方都可以使用，有助于节目表达内容和观点。但在收集时，一定要做到有章可循。例如要找历史影像资料，可以考虑到管理比较规范的电视机构去找，但需要知道所需资料的类型、名称，最好还知道播出日期，便于查询，否则你会像大海捞针一样困难。现在网络越来越发达，到网上去下载视频也是收集影像资料便捷的方法。但也要知道怎么缩小收集范围，做到“有的放矢”。

（二）图片资料

图片资料是影像资料的一种有效补充，也是电视节目中经常要使用的一种资料形式，主要指照片。图片的运用真正做到了媒介“合竞”时代纸质媒体和电视媒体的资源共享和优势互补。图片具有瞬间性和纪实性特点，图片画面不仅仅增加了素材来源，更重要的是建立起了在二维空间上展现的无限延伸的三维视觉信息场。图片在画面中起的作用相当于定格。相对于流动的电视画面而言，定格画面凝固的瞬间可以从动态的、连续的、纷繁复杂的电视画面中跳出来，使观众有更多冷静思考的空间和时间。但应该注意的是，在节目中图片的使用频率不能过高，每个图片画面的持续时间也不能过长，观众对于静态画面的接受时间要远远低于动态画面，这和画面中的定格时间也不能过长的道理是一样的。一张静态图片画面持续的时间以确保观众能看清楚图片内容的时间为准，一般情况下约在五至六秒左右。

图片的收集途径与影像资料收集相同，但利用互联网来搜寻相关图片比影像资料的收集更为方便有效，因为在互联网上图片资料的来源更为丰富，选择余地当然也要大得多。

（三）文字资料

在电视作品里有时也会需要用上文字资料镜头，虽然在大多数时间里，节目中不会直接用到这些资料，用多了会使作品显得比较呆板，影响电视画面的可视性。但使用率不高不等于文字资料的收集就不重要了，编导可以从相关文字资料中得到启发，这是编导设置作品结构、撰写解说词和后期编辑工作的重要依据，其作用是其他资料不可替代的，而且文字资料的收集和整理过程本身也是一个良好的学习过程。编导在拍摄和编辑之前，应该查阅一些相关的文字资料，对拍摄节目所涉及的领域、知识点做一些了解；如果能找到几本相关的书籍读读就会更有把握一些，至少要上网搜一搜，虽然有“临时抱佛脚”之嫌，但对于帮助编导把握节目的知识点却是行之有效的。

单元学习小结

题材和策划方案确定之后，就可以进入电视节目制作的前期拍摄阶段了，编导的主要工作任务包括必要的调研、外联工作，制订拍摄方案，设备器材准备和镜头拍摄、现场采访、收集资料等。

对镜头语言的掌握程度往往可以用来衡量一名电视编导的业务水平。电视作品不仅通过镜头的构图、景别、拍摄角度等来表现镜头语言，更重要的是利用必要的手段——场面调度来获取丰富的画面。所以，作为电视作品创作的灵魂人物，编导必须掌握场面调度的一般方法和规律。

电视现场采访是具有电视特色的个性化采访互动，体现了电视声画并茂及现场纪实的最本质特征，通常也是编导的主要职责之一。掌握现场采访的特点与要求，学会设计问题，掌握采访技巧是一名编导基本能力的体现。

本单元还专门针对电视节目创作中资料收集的方法与作用进行了阐述。

☞ 实训项目一

实训项目：制订拍摄方案（根据策划方案的要求制订拍摄方案）

实训方法：讨论法、咨询法、实操法

实训条件：实训室、笔记本电脑（学生自备）

实训要求：1. 方案中对拍摄目标的描述要准确翔实；

2. 根据节目需求设定出具体的拍摄场景；

3. 相关拍摄内容要全面，画面风格要有变化；

4. 采访方式要符合节目整体风格；

5. 采访问题的设计详细且不能偏离主题；

6. 各种准备收集的资料显示明确；

7. 设备器材的需求要合理齐全；

8. 预计的拍摄周期要基本准确。

实训步骤：1. 小组讨论制订拍摄方案的基本原则和思路；

2. 根据节目主题确定拍摄目标；

3. 根据人物经历或事件经过确定拍摄场景；

4. 确定各场景的拍摄内容及其画面风格；

5. 确定采访的人物和采访的方式；

6. 设计现场采访的问题；

7. 拟定需要收集的各种影像、图片和文字资料；

8. 根据拍摄内容确定所需设备器材；

9. 确定拍摄周期。

成果描述：

整合上述内容，形成完整的文案。文案内容包括标题（如：电视专题片《×××》拍摄方案）、拍摄目标、拍摄场景、拍摄内容及拍摄风格、采访对象及采访问题、资料收集内容、所需器材设备、拍摄周期等。

成果评价：

小组互评、教师点评，将评价等次（分数）记录在册。

☞ 实训项目二

实训项目： 电视节目前期拍摄

实训方法： 实操法、情境法、角色法

实训条件： 摄像机及相关辅助器材、演播室、采访话筒、灯光等

实训要求： 1. 前期拍摄相关事宜协调较好；

2. 领取的器材设备齐全且状况良好；

3. 拍摄场景和画面内容全面且符合节目需求；

4. 采访拍摄场景选择恰当；

5. 采访内容注重细节和人物情感；

6. 画面和声音质量技术指标较高；

7. 演播室灯光、美工、布局合理，无任何技术问题；

8. 收集的各种资料齐全；

9. 拍摄过程中始终保持与拍摄对象的良好关系。

实训步骤： 1. 与被拍摄单位或个人沟通确定拍摄日期等相关事宜；

2. 拍摄场景实地勘查，并根据实际情况调整拍摄方案；

3. 对相关人员进行现场采访拍摄（演播室谈话）；

4. 拍摄相关画面；

5. 收集相关资料。

实训成果：

拍摄和收集到符合节目需求的全部画面素材。

成果评价：

小组互评、教师点评，将评价等次（分数）记录在册。

学习单元五
后期编辑

学习目标

（一）知识目标

1. 整理素材的原则
2. 蒙太奇的表现形式
3. 声音剪辑的原则
4. 音乐与画面的关系
5. 解说词的特点与功能

（二）能力目标

1. 能够把握好拍摄素材的取舍
2. 掌握电视机语言组织的方法与技巧
3. 掌握同期声剪辑技法
4. 掌握音乐、音响的编辑技巧
5. 基本学会解说词写作的一般方法
6. 掌握结合解说词精剪的处理方法

任务描述

任务：节目后期编辑

画面素材收集全面以后，就可以进入后期编辑阶段了。后期编辑包含的工作内容比较多，一般的流程是：素材整理—制订编辑方案—初编—解说词写作—精剪。整理素材主要是对素材内容有一个全面的了解，为编辑打基础，制订编辑方案亦是如此；初编在很多的时候还是会采用线性编辑的方式，也就是一台放机，一台录机进行对编，当然也可把素材上载到非线性编辑系统进行初编，注意上载素材时不要把全部素材都上载到非线里，最好是根据编辑方案选择性地打段上载，为编辑提供方便，也能节省硬盘空间；解说词的写作往往是在初剪完成之后，更多的时候不是写作而是安排，解说词最好定稿后再录制，避免来回修改所带来的麻烦以及人力和财力浪费；最后要结合解说词进行精剪，处理好时间长度、段落与段落之间的衔接，与画面、与其他声音的协调统一。

通过完成以上工作，使学生掌握后期编辑的方法、要领，为节目能够顺利完成奠定良好的基础。

案例：纪录片《故宫》的后期制作

12集电视纪录片《故宫》是我国第一部采用全高清制作技术的大型电视纪录片，在中央电视台播出以后，受到了观众的一致好评。作品以全新的电视创作理念、上乘的电视画质和声音效果等，使广大电视观众进一步了解了这座举世无双的宫殿，了解了它的历史和其中的故事，欣赏到了许多珍贵的文物，感悟了丰厚的文化底蕴，同时也具体感受了当今高清电视技术的巨大作用，并进入到我们电视手段创造的全新空间，带来与过去不同的美好感觉。

《故宫》除利用高清摄像机拍摄了高质量的画面以外，在后期编辑制作方面也颇下功夫，无论是片头的设计与制作，对图片的处理、画面剪辑，还是对声音的剪辑、音乐的运用和特效处理，都堪称当今中国电视制作的最高水平，被称为中国电视技术发展的里程碑之作。

纪录片·故宫

那么，后期编辑到底需要做哪些工作？作为编导，做这些工作到底需要具备哪些能力？本单元为你解读。

所谓后期编辑就是将前期采录的节目素材进行编辑组合，具体内容包括：画面的剪辑、声音的剪辑、段落之间的衔接、音乐的运用、解说词的安排等等。后期编辑是整个电视节目制作中很关键的一环，也是初步形成一个电视节目视觉效果、节奏感以及观众感受的关键步骤。

一般情况下，后期编辑的第一步就是要整理好素材，为正式编辑打好基础。

一、整理素材

通常来讲，在电视节目的创作中，把采拍和搜集来的所有画面素材、影像资料、文字资料及感知到的与之相关联的各种信息都统称为“素材”。素材是电视节目创作的基础，素材的搜集是否全面，对其整理、把握和利用得如何，会直接影响电视节目的质量。所以编导要学会整理好素材。整理素材有两个基本步骤：

（一）审看素材

再好的编导，也要先审看拍摄回来的全部素材，为下一步工作打好基础。审看的素材包括画面素材和采访同期声素材。

1. 审看画面素材

这里所说的画面素材指的是不包括采访画面在内的画面、收集的图片和影像资料。审看画面素材时，要做好记录，主要是记录好镜头的内容与时间码。如果需要详细的记录，还可以包括景别与技巧，即注明全景、中景、近景、特写与推、拉、摇、移，固定镜头等。新编导拍摄的素材量可能会更多些，这是因为新编导一般会担心素材量不够或是拍摄效果不好而会要求摄像师尽量多拍一些，这样就会形成比较大的片比，即原始素材量与节目使用素材量之间的比例较大，片比大，审看素材的工作量自然也会更大。一些在拍摄时构思还不够清晰的节目，片比往往也会比较大。

如果使用非线性编辑系统编辑，全部素材上载的量会相当大，所以推荐使用对编机来审看素材，这样可以减少编辑时录入非线性编辑系统硬盘的素材镜头，节省硬盘空间，同时还可以达到初剪的目的。

2. 审看采访素材

审看采访素材除了要看拍摄的画面质量和声音质量有无问题之外，更重要的是要了解采访的内容，也就是被采访者所说的话，这个环节切不可轻视。一般的电视节目往往都会以这些内容作为最终的事实依据进行下一步的创作。审看时，根据个人的习惯审看的方式也不一样：一是一边看一边记录的方式，也就是在看采访素材的同时就把一些重要的、有用的内容记录下来，包括时间码的记录。这种方式适用于采访的内容较少，而且是经验丰富的编导。二是把采访到的内容进行文字还原，记录在本上或形成电子文档，俗称“扒词”。采访的内容“扒”下来以后，编导再从中查找一些有价值或必须在片子里使用的内容。

很多时候，对画面素材尤其是采访素材的审看和掌握，就是我们创作解说词、重新调整结构的重要依据。所以，审看素材的时候，我们一定要认真仔细，严格围绕节目的主题反复斟酌，绝不放过那些有价值、能架构精彩故事情节的信息。

（二）取舍素材

审看完素材后，编导对所有素材的基本情况心里有了底，有了这个基础就可以开始根据节目的需要取舍素材了，进一步明确素材中哪些可用、哪些好用、哪些不能用、还缺哪些素材等。

其实电视节目素材的取舍并没有什么完整的理论可以作指导，由于节目形式、内容的不同以及编导个人风格的差异，不可能形成一套取舍素材的统一标准，更多应该依靠编导经验的积累和对电视艺术的感觉。编导在取舍素材时可根据节目需求参考以下四个方面。

1．根据节目的叙事要求

一个电视节目虽然从策划开始就已经有了基本的框架结构，拍摄之后框架结构会进一步明确，但审看完节目素材后编导会发现，素材并不能完全满足原先节目构思中的叙事要求。即便是在拍摄前就对作品有完整的构思，对镜头有细致的设计，由于在实际拍摄中会出现难以预测的变化，所以素材内容和效果会与原来的构思不完全一致，有时甚至还会有较大的差异。在这种前提条件下，如果你不进行结构和镜头构思的修改，叙事就会遇到困难，编辑工作就可能会出现“无米之炊”的情况。有人说后期编辑是作品的“再创作过程”，其道理就在这里。编导重新进行调整叙事结构的主要依据，就是手中实际拍摄的素材，拍得好的素材，即便是先前的构思没有涉及，也要想办法把它们用到作品中去；反之，拍得不好的素材，即使修改先前的构思也坚决不用，要么就需要重新补拍。

电视节目不像电影和电视剧的拍摄那样有详尽的分镜头剧本，新闻片、专题片、纪录片等形式的作品在拍摄之前的构思和设计只能是一个大致的框架，不会太具体，不可能对每一个镜头的组接都考虑清楚，所以一般来说它还是不能成为编导进行画面剪辑的操作蓝本。所以编导需要通过素材整理整出一份可供编辑时使用的操作蓝本来，而要形成这个蓝本除了在整理素材时对节目的叙事结构重新调整外，还需要将叙事结构进行细化，加强可操作性。在这些素材基础上细化节目的结构关系，开头、结尾、段落过渡等镜头，设计越细致，上机剪辑时心里就越有底，画面剪辑工作就会越顺利。

通过对节目的结构进行调整与细化之后，编导会发现根据节目的叙事要求，已经对素材有了自己的取舍标准，也就是说所选素材一定要与节目表现内容相关：影像素材好但与内容无关联的镜头，应该坚决舍弃；质量一般甚至是有些缺陷的，但内容表现必需的、无可替代的素材也要保留。

2．根据素材的技术质量

即检查镜头影像是否清晰，曝光是否准确，构图是否合理，运动镜头速度是否均匀，画面有无越轴现象，镜头有无“穿帮”，色彩还原是否正常，声音是否达到技术指标，达不到技术标准的要坚决舍弃。

有时因为磁带的质量问题会导致画面质量问题。检查素材磁带的录制质量时，可以观察正常重放的素材画面，如果图像出现左右晃动、上下跳动、画面上有黑道或白道、雪花干扰等现象，则这段素材画面质量较差，不宜用于编辑使用。也可以用搜索盘快速搜索，在监视器上具有杂波带的画面中，如果杂波带平直、均匀地滚动，则画面是稳定的。杂波带不规则扭曲或出现撕裂，则画面是不稳定的。

3. 根据素材的美学要求

即审看镜头的光线、构图、色彩等造型效果如何，保留有美感的素材。考虑画面的丰富多变性，尽可能使用表现力强的和信息量大的素材，避免使用重复或过于相近的镜头。还需考虑辅助元素的可用量，比如可用于段落、情绪起承转合的衔接镜头或空镜头。

4. 根据节目时长要求

电视节目对时间的要求是很高的，编导一定要严格按照节目时长的要求进行编辑，再好的节目，编导也不能任意地决定节目的时长，所以在取舍素材的过程中，编导头脑里必须要有很强的时间观念，严格把握作品的时间长度。

新编导刚开始做节目，对节目的时长一般都不会考虑太周全，可能会在选取素材时，不顾及节目时长的限制，将一大堆素材都选入，没有“优中选优”的概念。结果造成内容拖沓，节奏缓慢，严重超时；修改时又处处舍不得“割爱”，无从下手。长篇大论、喋喋不休的解说词往往会给编导的素材取舍工作带来难度，也是造成作品拖沓甚至超时的重要原因。所以精选素材和压缩作品篇幅的最有效方法是先精简解说词。

依照上述方法去取舍素材，可以提高素材选取的准确性，取舍素材最怕的就是出现“捡了芝麻、丢了西瓜”的问题，出现这种问题会给编导带来无法弥补的遗憾。

二、电视节目编辑

素材审看并整理好以后，我们就可以进行节目的编辑了。传统的编辑手段都是用对编，就是利用一台放机和一台录机进行编辑，也叫线性编辑；目前，多采用非线性编辑系统进行编辑。

无论利用什么设备，也不管是什么类型的电视节目，都要把一系列的镜头按照一定的排列次序组接起来。这些镜头之所以能够延续下来，使观众能从影片中看出它们融合为一个完整的统一体，那是因为镜头的组接遵循了一定的规律和章法，这种章法就是人们通常所说的蒙太奇技巧。作为一个电视编导，掌握并运用蒙太奇技巧是起码的能力。

关于蒙太奇的概念和一些基本的方法、技巧，如剪辑点的确定、转场的方法等在“电视画面编辑”课程里会有详细介绍，在此就不再重复。这里我们只对蒙太奇的表现形式再次进行强调，以便于让那些有志成为电视编导的人更好地学习。

（一）蒙太奇的表现形式

蒙太奇的表现形式其实就是编辑电视节目过程的体现，就是通过镜头的组接，来叙述一段故事。蒙太奇主要是为画面编辑提供理论依据，它的表现形式多种多样，按常规可分为两大类：一类是叙事蒙太奇，另一类是表现蒙太奇。

1．叙事蒙太奇

素材选定以后，需要把许多分镜头按逻辑或时间顺序分段组接在一起，这些镜头中的每个镜头自身都会有一种事态性的内容，其作用是从观众对节目内容的理解出发，推动故事情节的发展，并给观众以连贯、流畅、清楚的感觉。

案例：对一个生活片段的表现

镜头一：主人伏在写字桌前看书

镜头二：听到敲门声

镜头三：客人在门外敲门

镜头四：主人站起，走向房门开门

镜头五：主人和客人握手招呼

这是一个简单的生活片段，镜头之间的组接依据主要来自于生活中的逻辑，这种叙事的方法就叫作叙事蒙太奇。叙事蒙太奇也称叙述蒙太奇、连续蒙太奇，它是蒙太奇最直接、最朴素的一种表现方式。简单地说，叙事蒙太奇是叙述一段故事、一个事件，展示一段情节。镜头的组接顺序大致分为三种情况：

（1）依据时间顺序组接

任何事物的发展在时间上都是有顺序的，有先有后，有始有终。电视节目最常见的叙事方法也是按照事物自然发展的时间顺序进行画面组接。

案例：某领导人出访某国在机场受到欢迎的场面

镜头一：飞机降落

镜头二：领导人走出飞机招手示意

镜头三：欢迎群众

镜头四：领导人与欢迎官员一一握手

镜头五：儿童献花

镜头六：领导人乘车离开机场

以上几个镜头就是依据时间顺序进行组合的，表现了一个完整的事件过程，每个镜头只取事件过程中一个具有代表性的动作高潮，忽略不必要的中间环节。

按时间顺序剪辑体现了时间的连续性，展示了生活的自然流程，观众也最容易接受和理解。历史题材纪录片《文夕大火》按照“大火前”、“大火中”、“大火后”的顺序还原了抗日战争时期日军入侵湖南时发生长沙大火的真实背景、过程与结果，严格遵循了历史事件真实的发展脉络，使观众对一个错综复杂的历史事件形成非常清晰的概念。在电视专题节目中，大多采用这种表现方式来叙述情节。

（2）依据空间顺序组接

按空间顺序组接体现了空间的统一性，展示了各个不同空间事物的存在状态或事件的发展状态。任何事物的发展都存在于一个整体空间，而这个空间必定是由各个不同场景集合而成，按空间顺序剪辑正是利用了这种局部空间和整体空间的内在联系，通过对整体空间的分解，使各个不同的空间形成有机的整体。所以按照空间顺序来组接的叙事蒙太奇也常见于反映事件与人物的电视节目。

案例：纪录片《再说长江》

纪录片《再说长江》采用了大量的叙事蒙太奇空间顺序的组接方法：

从长江源头开始沿江而下是一个整体空间；

长江流域的一些城市、地区是长江流域的局部空间；

再延伸到这些城市和地区具体的人物所生活的更为狭小的空间。

各个空间之间不是孤立的，而是存在着内在的联系，它们与长江这个整体空间有着密不可分的有机联系。

纪录片・再说长江

按空间顺序剪辑同样可以用于电视节目的每一个段落，例如一部反映一个地区改革开放以来突飞猛进的电视专题片，有一组镜头是对这个地区改革年代快速发展情况的概述，一个个画面分别展示了秀美的自然风光、繁华的城市、工业生产机器声隆隆、农田一片麦浪、商场里商品琳琅满目。这组按照空间顺序组接的镜头，各个空间之间都存在着内在的联系，单个画面分别体现了城乡新貌，整体上形成了这个地区改革开放取得的巨大成就，从而实现了整体空间上的统一性。

（3）依据因果、呼应等逻辑因素组接

事物之间都存在一定的联系性。依据逻辑因素来组接，往往能和观众思维的逻辑相一致。例如：

上一个镜头是足球运动员凌空射门，下一个镜头是足球被射入球门；

上一个镜头是放炮工点燃导火索，下一个镜头是惊天动地的一声巨响；

上一个镜头是狙击手扣动步枪扳机，下一个镜头是敌人应声倒地；

上一个镜头是下课铃声响起，下一个镜头是成群的学生走出教室。

这些都是依据因果、呼应等逻辑因素组接的画面。这些例子都是两个镜头之间的组接，实际上也不排除具有因果、呼应关系的两组镜头形成两个蒙太奇段落之间的组接。如用砍伐山林、猎杀动物、开采矿山、河中废物等一组镜头来组接光秃的荒山、干涸的河床、枯黄的禾苗、成堆的垃圾等另一组镜头，用以表现构成环保问题的因果关系，这种叙事蒙太奇的剪辑效果足以使观众感到震撼，从而意识到人类保护环境的重要性。

以上就是叙事蒙太奇的这三种顺序，值得注意的是，在剪辑时这三种顺序并不一定是孤立的，而往往交叉在一起。以时间顺序为主的镜头组接一个又一个的事件，常常发生在不同的空间；以空间顺序为主的镜头组接，同时也蕴含着现实时间的跨越；以逻辑顺序为主的镜头组接，也可以表现跨越时空的特征。总之，我们要根据各种相关因素来灵活和创造性地运用叙事蒙太奇的表现手法，而不能刻板地理解一些规则，不能被一些死板的条条框框束缚了创作的空间。

2. 表现蒙太奇

表现蒙太奇也称队列蒙太奇。它不单单是为了叙事，更重要的目的在于通过逻辑上具有一定内在联系的镜头队列组接，来暗示或者创造一种寓意，抒发某种情绪，激发观众的联想。如果类比文学创作手法，表现蒙太奇就类似于议论和抒情，极富表现力，能够深刻地表现客观事件的深刻内容和深层次的思想意义，更能够体现创作者的主观意图。如果说叙事蒙太奇重在客观事实的叙述，主要功能是“写实”，表现蒙太奇则更重视作者主观情感的抒发，主要功能是“写意”。

表现蒙太奇在具体的组接技巧上有多种方式，常见的有以下几种：

（1）积累式蒙太奇

积累式蒙太奇是把性质相同而主体形象相异的画面，按照动作和造型特征的不同，用不同的长度，剪接成一组具有紧张气氛和强烈节奏的蒙太奇片断，能突出地强调一种意念，强化一个主题。例如：把战争场面中的飞机、大炮、机关枪等武器画面反复交替地组接起来，即造成战争异常激烈、残酷的氛围。之所以能够把画面组接在一起，主要依据是逻辑上的联系，这些画面往往以不同侧面说明一个相同的主题，组接之后产生一种综合效应。

爱森斯坦

积累式蒙太奇通过内容相近的镜头组接，在一个蒙太奇段落内，强调这一段落的意念与思想。例如一个关于农村题材的节目，表现天气炎热这一背景的积累式画面组接：烈日当空/人们打着赤膊摇着蒲扇/寂静的树林知了鸣叫/树叶纹丝不动/干涸的土地/一只狗伸着舌头在喘气。这组镜头虽然既有自然景观描绘，又有人物和动物特写，但在表现天气热这点上却有着内在联系，分别从自然景象、人物、动物角度表现了“炎热”这一主题，通过积累蒙太奇强化了“七月流火”的背景。

前苏联电影导演爱森斯坦说过：“两个蒙太奇镜头的对列不是二数之和，而更像二数之积”。由于积累式组接手法的特殊功能，它在片头、宣传片和广告里是用得最广泛的，无论是新闻节目、娱乐节目，还是专题片、电视剧，它们的片头和宣传片经常使用这种表现手法。以电视剧的宣传片为例，一个几十秒的电视剧宣传片是不能承载庞大复杂的剧情介绍的，所以一般都是采取积累式组接手法，将剧中能充分体现故事矛盾、冲突及有强烈视觉冲击力的镜头组接在一起，从而形成了剧情跌宕起伏、扣人心弦的宣传效果。

（2）对比式蒙太奇

对比式蒙太奇是把两种内容上相反的镜头组接在一起，形成一种寓意，从而表现出作者的思想。例如新与旧、穷与富、强与弱、高大与渺小、进步与落后、胜利与失败等的对比。这种手法类似文学创作中的对比描写,如杜甫的名句“朱门酒肉臭，路有冻死骨”就是一种穷与富的强烈对比。

常见的对比式蒙太奇组接方式有两种：一种是把现实生活中两种对立因素进行对比。例如专题片《迎接挑战》将人们对时间观念的反差画面组接在一起：

钟表/飞快的脚步/拖沓的脚步/急匆匆赶路的人们/懒散的人在游荡/快节奏的工业生产流水线/被阻塞的长长的车队……

通过这种对比，强化了人们不同的时间观念，褒贬之意蕴含其中。

世界纪录片大师伊文思在作品《新土地》中用一组对比式组接镜头成功表现了现实社会中存在的两种极为对立的社会现象：

丰收的麦田/粮食被烧毁/牛奶倒入大海/骨瘦如柴的饥饿儿童/反饥饿游行……

表现了创作者对某些社会现象的批判和对穷苦人民的同情。

另一种是历史与现实的对比。比如新闻节目《西藏往事》中对比式组接的画面：

一组画面表现了一位名叫德庆卓玛的老人住着新瓦房，家里养了六头牛，怀中抱着小孙子，用奶瓶给小孙子喝奶，老人脸上露出幸福笑容；另一组画面用黑白影像资料显示过去在封建农奴制社会中，她是个和外婆、母亲同睡在牛棚的女孩，蓬头垢面，衣不蔽体。

这两组画面的对比组接揭示着两种不同社会制度下百姓生活的巨大差异，对黑暗的西藏农奴制度形成一种强烈的批判力量。

中央电视台纪念“7.28”唐山大地震30年专题片中为了反映这个城市地震后的巨大变迁，利用掌握的珍贵历史资料，对城市的巨大变迁进行了历史与现实的对比：

昔日的残垣断壁/今日的高楼林立，昔日的一片废墟、满目疮痍/今日的车水马龙、繁荣景象，昔日人们痛苦悲伤的表情/今日人们幸福安详的笑脸。

这种对比式画面组接表现了唐山人民以坚韧不拔的精神重建家园的巨大成果。突出了唐山在经历灾难之后沧海桑田30年的历史巨变。

不仅在画面内容上可以形成对比蒙太奇，实际上在画面与声音的表现形式上也可以形成对比蒙太奇，如拍摄的动与静、景别的大小、角度的俯仰、光线的明暗、色彩的冷暖、声音的强弱等都可以形成对比，而且往往与内容的对比相呼应以强化冲突，以表达某种思想、情绪和寓意。

（3）平行式蒙太奇

平行蒙太奇是在某一段落中，同时并列地叙述两个或两个以上的事件。这两个或两个以上的事件，互相之间具有因果、呼应等逻辑上的联系。这是一种很古老的蒙太奇表现形式，在我国古典小说中也是常见的，正所谓“话分两头”说的就是这个意思。平行式组接比较典型地反映了表现蒙太奇跨越空间的特征，在故事发展过程中，通过两件或三件内容性质上相同而在表现形式上不尽相同的事件，同时异地并列进行，最后统一在一个完整的情节结构中，揭示一个统一的主题，或一个情节。

案例一：《新闻调查》之《拉萨二中的非常记忆》

2008年4月27日，中央电视台《新闻调查》栏目播出了反映拉萨“3.14”事件的节目《拉萨二中的非常记忆》，其在表现校内外两种不同空间在同一时间发生的事情时，画面采取两组镜头平行发展的方式，一方面表现安静的校园，水池旁身着校服的孩子洗着衣服，另一面是校外暴徒在进行打砸抢烧。两个画面平行发展，增强了紧张的气氛，让观众不由自主地替校园里的孩子们担心起来。

新闻调查·拉萨二中的非常记忆

案例二：纪录片《摄影师亲历9.11》

表现“9.11”事件的纪录片《摄影师亲历9.11》，是通过纽约城市消防队队员对遭恐怖分子袭击后被埋在废墟里的无辜者的救援行动与恐怖分子在“9.11”事件中阴谋行动两条平行关系线来叙述，这两条线索是分别发生在不同时间与空间里的事情。

资料图片·美国世贸大楼被袭

案例三：纪录片《老镜子》

纪录片·老镜子

军旅纪录片导演渠陆军创作的纪录片《老镜子》叙述了江西革命老区迟煜华老人的感人爱情故事。1934年迟煜华与一名叫李才莲的红军战士结了婚，新婚才三天丈夫就随红军长征了，迟煜华没想到等丈夫回家一等就是70年，她每天都对着他们唯一的订婚物——一面老镜子思念丈夫，但从少女变成了白发苍苍的老人也没有等到丈夫回来，因为她不知道丈夫早就牺牲了。这部作品的结构就是运用了平行式蒙太奇技巧，通过迟煜华的故事描述与县山歌剧团创作、排练《老镜子》这出戏这两条平行关系的线索，成功地叙述了这个感人至深的情感故事。

分析以上案例我们可以得出这样的结论：两条以上情节线索平行表现可以是同时同地，也可以在同时异地，还可以是在不同时空里进行，但是各条线索不是互不相干的，必须要有一种内在联系才能形成，而且最后都统一在一个完整的情节结构中。平行蒙太奇的优点首先是因为用它可以删节过程、处理情节，以利于概括集中、节省篇幅，扩大影片的信息量，加快影片的节奏；其次由于这种手法是几条线索平行表现，相互烘托，形成对比，易于产生强烈的艺术感染效果。

（4）联想式蒙太奇

联想式蒙太奇也称隐喻蒙太奇、相似蒙太奇、象征蒙太奇，是表现蒙太奇的手法之一。它是通过不同形象但具有某种相似特征的事物连续地组接起来，造成一种意义，使人们去推测这个意义的本质。是通过打比方的手法来暗寓某种形象，使观众产生对事物的联想，它类似于文学创作中的隐喻、象征、借代等手法，具有强烈的情绪色彩。

案例：《新闻调查 · 谁动了我的隐私》

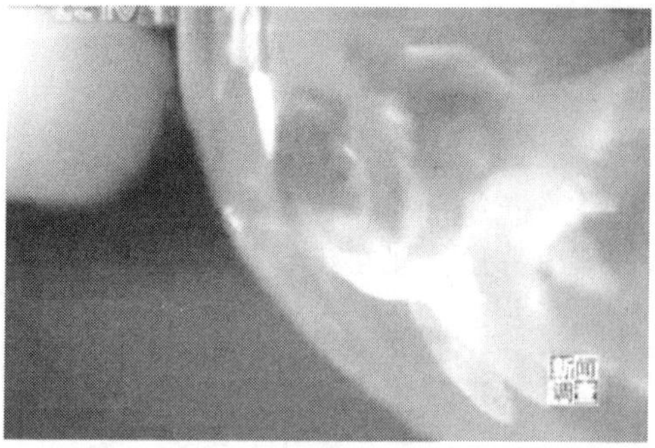
新闻调查 · 谁动了我的隐私

中央台《新闻调查 · 谁动了我的隐私》节目中有一个片段：将大楼玻璃窗内的人们和玻璃杯中游弋的金鱼这两组镜头形象地进行组接，揭示着玻璃窗内的人与玻璃杯中的鱼一样，当人们自认为安全地在玻璃后面游弋的时候，其实正毫无遮拦地暴露在他人面前。这样的剪辑能很自然地调动观众的想象，增强电视节目的艺术性。

联想式组接一般包括用画面（视觉形象）作喻和用音响（听觉）形象作喻两种方法。作为隐喻要素的两个形象，往往甲是要说明的内容，类似比喻中的本体，而乙则是用来作喻的内容，类似比喻中的喻体。比如表现一对恋人的爱情可以穿插一对蝴蝶或鸳鸯的画面来比喻；叙述一个人的临终状态可以用一片落叶在风中飘零的镜头来隐喻。

还如：股票市场、银行点钞机象征市场经济大潮，冰河解冻比喻科学的春天到来，翻滚的海涛比喻人物心绪的激荡，电闪雷鸣比喻人物遭受到了巨大的精神打击，白云青松象征着烈士精神永存，含苞欲放的花朵隐喻幸福成长的孩子，五谷丰登象征农民的小康生活，在公园的休闲的人们隐喻社会环境的安定，还可以用海浪象征宽广、高山象征高大、老树发新芽象征希望等更为抽象的概念……

可见联想式蒙太奇是一种纵横四野、能量流动的形象思维方式，具有将高度的概括力与极其简洁的表现手法相结合、情绪感染力强烈等特征。

延伸阅读

形象本身具有多义性和含混性。作为艺术符号，一方面它自身是一种物质的东西；另一方面它又代表着、承载着、蕴含着自身以外的另一种东西。冰雪的形象既可以作为纯洁无瑕的精神象征，也可以代表冷酷无情的严峻社会环境；岩石的形象既可以象征坚强不屈的钢铁意志，也能够表示顽固不化的死脑筋；既可以象征人人敬仰的奠基石，也可以象征人人唾弃的绊脚石；杨柳的形象既可以作为生命力旺盛的象征，也可以隐喻轻薄肤浅、立场动摇的品行。所以在使用及理解象征和隐喻形象时，要依靠作品整体的氛围和语言环境合理营造。

（5）心理式蒙太奇

心理式蒙太奇是人物心理描写的重要手段，它通过画面镜头组接或声画的有机结合，形象生动地展示出人物的内心世界；常用于表现人物的梦境、回忆、闪念、幻觉、遐想、思索等精神活动。这种蒙太奇在剪接技巧上多用交叉、穿插、重复等手法,其特点是画面和声音形象的片断性、叙述的不连贯性和节奏的跳跃性，声画形象带有强烈的主观色彩。为此，心理式蒙太奇技巧多用于非纪实类影视作品的创作中，如电影或电视剧。

例如日本影片《情书》中有一段非常经典的心理蒙太奇画面组接：女主人公阿树由于得了严重感冒而去医院看病，在候诊室里昏昏入睡，于是呈现了一段梦境、幻觉、回忆乃至潜意识交织在一起的活动：父亲躺在担架车上被抢救、医护人员匆忙的身影、母亲和爷爷神色慌张的脸、阿树束手无策的表情、初中时与同班同名同姓的男生藤井树初次相遇……与现实中主人公的昏睡画面交替穿插，直到现实中护士传报她的名字时，她才如梦方醒，完全回到现实中来。这段画面剪辑还分别用了快慢镜特技、泛白的光线、声音的夸张等技巧，将梦境与现实的交替处理得非常有表现力，使特定环境下的人物具有强烈的主观色彩。

在“悬念大师”希区柯克导演的《精神病患者》一片中，有一段心理蒙太奇剪辑，通过精彩的12个镜头，交代了女主人公回到家后，收拾行李，准备携赃款潜逃时复杂、矛盾的心情。在既没有对白也没有环境音响，完全靠视觉语言传递信息的情况下，通过女主人公的目光和钱的4次特写，不断强调纸包里的钱，就把她当时忐忑不安的内心活动表现得淋漓尽致。我国抗日战争题材《紫日》中的心理蒙太奇剪辑片断也是十分成功的，在混战中与大队失散的日本少女秋叶子一次次回忆男友时，不仅交代了她的身世与背景，更从男友的牺牲过程中反映出战争的残酷和日军的凶狠；苏联女军医娜佳眼中多次出现家乡孩子的呼唤：“妈妈——”，那天真快乐的声音勾起她对家乡和平生活的热爱与留恋。这些手法都充分展现了心理蒙太奇擅长展示人物内心世界的特征。

（6）错觉式蒙太奇

错觉式蒙太奇是一种“欲擒故纵”的手法，前面镜头有意暗示，让观众误认为会按照一般的逻辑关系发展而产生必然的结果，但后面出现的镜头却出乎观众预料，带给观众一种突如其来意想不到的结果。例如前面镜头是近景表现一位妇女很休闲地在嗑瓜子，并将瓜子壳扔在地上；后面镜头从地上瓜子壳拉中景至她身旁的垃圾箱，垃圾箱上“请勿乱扔垃圾”的字样清晰可见。前后两个镜头没有因果关系，但这种意想不到的结果会使观众恍然领悟到画面内容对不文明行为的批评意义。

卓别林主演的影片《移民》中有这样一个场面：一艘摇摆得很厉害的船；所有的旅客都晕船了，他们用手捂住嘴，蹒跚地走向船边；其中一人身体背向观众，头朝下吊在船栏上双脚乱踢；忽然，他站直了身子，转过身来，原来他用手杖钓起一条大鱼。在这个情节中，在这个人站直身子转过身来之前观众很容易产生这个人是因晕船在呕吐的错觉，意想不到的结果让观众忍俊不禁。这就是错觉式蒙太奇特殊的艺术效果。

以上介绍了蒙太奇的主要表现形式，在掌握了这些表现形式以后，再加上之前掌握的一些画面编辑的知识，我们就可以以此作为理论依据对电视节目的画面进行编辑了。但是，电视作为一种艺术，生搬硬套、千篇一律也是不可取的，它需要我们编导不断地探索，不断地创新，才能创作出更多更好的电视节目呈现在广大观众面前。

☞ 延伸阅读

著名的敖德萨阶梯：1925年，苏联电影大师谢尔盖·爱森斯坦执导了经典影片《战舰波将金号》(*The Battleship Potemkin*)。影片中“敖德萨阶梯大屠杀”成为电影史上最经典的片段之一，“敖德萨阶梯”因这部影片而成为世界上最著名的阶梯。这个片段里，爱森斯坦成功地运用了蒙太奇手法，突出了沙皇军警屠杀包括老弱妇孺在内的和平居民的血腥暴行。

在短短六分钟的屠杀段落里，爱森斯坦足足用了一百五十多个镜头（每个镜头平均不到三秒），反复在屠杀者与被屠杀者之间进行镜头切换，将不同方位、不同视点、不同景别的镜头反复组接，扩大了阶梯的空间，敖德萨阶梯显得又高又长。这种空间的变形渲染了沙皇军队的残暴，给观众留下了无法湮灭的深刻印象。这一手法后来被无数导演模仿。

（二）声音的编辑

电视艺术是声画结合的艺术，画面固然重要，它是电视节目的“本体语言”，但是这并不意味着可以忽视声音的存在，恰恰相反，声音与画面在电视节目中具有同等重要的地位，犹如鸟的双翼，缺一不可。两者之间是一种功能互补的关系，画面为声音提供形象与气氛,声音为画面创造意境与想象,共同为表达同一内容服务。

电视节目中的听觉因素包括三个方面，一是前期拍摄画面时录制的现场同期声，包括人物谈话、记者口播和现场音响；二是后期编配的音乐；三是后期配加的画外音，即解说词。它们虽然都是声音，但功能却不尽相同。现场同期声的主要功能是增强节目的现场感和真实感。日常生活的环境中每时每刻都有声音存在，如果观众在收看电视节目时，除了看到生动的画面，还可以听到来自现场的各种声音，会使观众感受到现场氛围，产生身临其境的感觉，从而增强节目的真实感。可以这么说，没有现场同期声的电视节目其真实感会大打折扣。音乐作为一种特殊的语言，具有很强的表现力和感染力，它可以抒发人们复杂的思想感情，可以描绘色彩斑斓的大自然千变万化的奇妙景观。解说词的主要功能是补充画面信息，解释画面内容，使观众加深对节目内涵的认识与理解，对延伸画面的外延起着必不可少的作用。由此可见，不同的声音在电视节目中起着不同的作用：“其中语言以表意为主，音乐以表情为主，音响以表真为主。三者之间要相辅相成，融为一体。”

1．同期声的编辑

（1）同期声的取舍

与画面编辑一样，后期编辑时也需要对同期声素材做一定的取舍，通过加工和提炼，才能让效果凸显出来。

运用同期声要从整部片子的内容需要出发，有目的地进行运用，仔细选择，切忌杂乱，要把真实性与艺术性结合起来考虑。街头嘈杂的喧闹声、建筑工地刺耳的施工声，虽然都是真实的，但如果不是刻意去表达这种声音，应尽量压低或不用，因为它不能给人以美感。在运用现场同期声时应注意有效同期声与无效同期声的区别。在实际拍摄中，这两种声音常常是并存的，如果不注意区分，致使噪声过大，喧宾夺主，有效同期声就得不到充分的表现。当然，有效同期声与无效同期声的区分也是相对的。我们面对的被采访者，有的表达严谨流畅，恰到好处。有的受性格或说话习惯的影响，表达不流利，对于后者，应尽量舍弃。如果他的谈话内容确实很重要，在保证连贯的前提下应把他的声音重新组接。为防止同景画面跳动，可将其部分图像换成与其谈话内容相关的画面，或在前后画面中间添加“闪白”，以避免给视觉上带来不舒服的感觉。

（2）把握采访同期声的长度

与画面的剪辑节奏类似，声音的剪辑也应当是有节奏的。这种节奏是指同期语言声、同期效果声、解说声、音乐声等的交替出现和综合运用。就某一段同期声而言，一般不宜过长，否则会造成节奏的拖沓，容易使人感到单调疲劳，需要增加新的刺激激发人的注意力。适当把握同期声的长度，及时进行不同类型同期声的转换，注意插入其他音响成分，适当使用画外音和解说，使同期声的叙述内容更有层次，声音的节奏更富有变化，才能收到较好的效果。

稍有编辑经验的人都知道，现场采访是很容易占时间的。谈话人的语速稍慢一些、他的口头禅、句子之间的停顿，都会使采访显得拖沓、冗长、索然无味。拖沓是电视节目的“天敌”，所以在编辑现场采访时一定要干净利落，遇到间歇、停顿、重复就要剪掉，有一句或半句题外话也要剪掉，这样才能保证采访主题突出、详略得当。当然，剪去几个字或几句话以后，语气仍然要显得连贯顺畅，不能留下太多剪辑的痕迹，否则就会失真。要在保证语气连贯的基础上，剪去所有的停顿、重复和与主题无关的内容。还有一种压缩采访同期声的方法，就是可以将被采访者的话语用解说词来提炼、压缩。有时被采访者讲的内容很重要，但表达能力差，语言不精练，语速又慢，原封不动采用会显得节奏拖沓。面对这样的素材，索性就用解说词来提炼和压缩，整理成几句或几段结构严谨、语词流畅的句子，编辑时保留讲话人的图像，同期声作压混处理。这样就可以在有效的时间里充分表达最有意义的内容。

（3）保持声音的多层次与和谐统一

在电视节目中声音应该是多层次的，人物谈话、记者口播、现场音响、解说、音乐交替或交织使用，形成多层次的立体听觉效果。各种声音元素应该和谐统一地使用，各自完成自己的功能。在电视节目中一般不会同时突出两种以上的声音功能，所以编辑时在运用其中的某一种声音功能时，其他声音功能应该停止或压低，以突出主要声音的功能。比如在运用人物谈话的同期声时，现场音响就要停止或压低；在运用解说词时，音乐就要停止或压低，以避免喧宾夺主。即使是只运用现场音响，也应该突出其中的一种主声源，不能“眉毛胡子一把抓”。例如表现一所小学学生上课的现场同期声中，教师的讲课声音就不能被来自室内与室外的其他杂音所压过。

（4）声音的运用要与画面密切结合

声音与画面的表现不能“两张皮”，应该密切结合起来，形成有机的整体。比如，在同期声中插入相关画面，插入的画面应该与讲话内容密切相关，以丰富讲话内容、拓展信息量。又比如，录制现场演唱的歌曲、演奏的音乐以及重要的讲话发言段落等，如果将画面剪得很碎，那么声音段落一定也变得支离破碎，不利于发挥现场声音的感染力，在剪画面时不能不考虑需要保持同期声相对完整的因素。画面表现很煽情，而音乐的表现情绪并不煽情，也会大大影响观众对节目的情感共鸣。

（5）采访同期声的剪辑

采访同期声的剪辑通常有以下几种组接方式：

◎ 直接法

声音和画面同时出现，是一种直接切换的方法。这种方法在编辑时很方便，但是观看时会使人感到转换突然。

◎ 前叠式

声音的开始部分叠压在前一个画面上，讲一句或几句之后出现讲话的人，这样不会使人感到变换突然，因为声音先引起了受众的注意，画面的变化就不太明显了。

◎ 渐显式

讲话人的镜头开始时先把音量压低，然后使声音逐渐加大到正常音量，这样声音的出现也会显得自然。

◎ 后叠式

讲话结束前，已被下一组画面覆盖，声音延续一段时间，这样达到视觉转换的自然。

◎ 渐隐式

在讲话快结束时把声音逐渐压低，表示讲话还在继续，节目只是截取了其中一部分。

采取以上哪一种组接方式，在实际操作中应该根据需要灵活变化。

2. 音乐的编辑

(1)音乐的功能与作用

音乐在电视节目中的作用举足轻重，主要功能有四种：即背景性音乐、戏剧性音乐、抒情性音乐、描绘性音乐。也就是说，编导在考虑为电视片配音乐时，一般都是围绕这四种功能来选择音乐素材。有时发现电视作品中的音乐该用的时候没有用，而不该用时又出现滥用的现象，这就是因为编导没有真正理解音乐在电视片中的作用而导致的。

◎ 背景性音乐功能。交代环境与时间时使用背景性音乐是最有影视作品特点的，因为音乐在表现不同的地域、民族、时代等特征方面有很强的表现功能。例如，听到“信天游”曲调人们很容易联想到黄土高坡和头戴白羊肚手巾的人们；听到“东北二人转”曲调观众会自然联想到皑皑白雪和长白山风情；马头琴声可以把观众带到辽阔的大草原；葫芦丝则使观众进入西双版纳丛林；牛角号又令人们仿佛登上雪域高原。同时背景音乐又有很强的时代特征：例如听到《黄河颂》的旋律可以立刻想到中国人民艰苦卓绝的抗日战争年代；响起《春天的故事》的曲调，可以想到我们国家的改革开放年代……电视作品中的背景音乐可以调动人们无限丰富的想象力。正是因为音乐有这种特殊的、富有感染力的表现功能，很多电视作品都运用典型的音乐把观众很快带进作品的情境中去。

◎ 戏剧性音乐功能。有人说：“没有冲突就没有戏”，戏剧性往往与冲突是联系在一起的。在故事情节以及人物关系产生激烈矛盾冲突的时刻，音乐起着加强这种戏剧冲突性的作用。戏剧性音乐有时还起着渲染气氛的作用，而有时又带有某种暗示。例如冼星海的《黄河船夫曲》就有着强烈的戏剧性音乐效果，音乐表现了黄河的船夫与狂风恶浪搏斗的情景，悠长高亢、深沉有力的船夫号子，又寓意着中华民族团结一致，抵抗外来侵略的英勇气概。

◎ 抒情性音乐功能。不管什么类型的电视节目，煽情总是受观众欢迎的。所以在当前的电视屏幕上，煽情手法已经渗透到了各类节目当中，纷纷以煽情的手段来吸引观众，煽情是各类电视栏目提高收视率的一个法宝。为了达到煽情的效果，运用抒情性音乐是最容易做到的。如获奖纪录片《远在北京的家》，在时长半小时的节目中，只在三处配了音乐，分别是片头，小保姆张菊花独自落泪想家的时候，以及说到“张家十年没变化，依然还是靠土地生活”的画面时。其中片头是背景性音乐，后两处都是抒情性音乐，虽然音乐的时间都很短，但却是用得恰到好处，突出了煽情的作用，增强了艺术感染力。

◎ 描绘性音乐功能。音乐不仅具有表达感情的功能，而且与画面一样对客观事物具有描绘的功能。它既可以描绘大自然的景色风光，也可以描绘人物的精神状态；既可以描绘欢乐愉快的氛围，又可以描绘幽默诙谐的场景。描绘性音乐与戏剧性音乐不同的是，它不是衬托与剧情密切相关的一种特定情绪，而是营造一种画面内容所需要表现的氛围基调，以求达到一种写实的效果。比如炮火硝烟的战争场面，在画面上加上音乐(有时还加上音响效果)的陪衬，观众就能感受到一场战争的浩大或残酷。又比如恐怖片，画面加上音乐的处理则使恐怖气氛立现，让人毛骨悚然。但值得注意的是，在描绘性音乐功能运用上，传统与现在的电视节目风格有很大差异。以专题片为例，过去把描绘性音乐铺得比较满，有的几乎占据了所有的空间，传统上叫作“解说＋音乐＋画面”的基本模式，而且是平铺直叙，缺乏起伏，缺乏感染力。这种模式的节目显然已不适应现代人的观赏要求了，现在的风格表现在大大加强了纪实性，突出了音乐为画面服务的原则。为此，描绘性音乐该用则用，决不滥用，一旦使用，往往具有很强的感染力，给人以很深的印象。编导在音乐剪辑时应该注意这种风格变化趋势。

(2)音乐的编辑

在了解了音乐的功能与作用以后，我们就可以根据节目需要选取合适的音乐，作为一名电视编导，平时要不断收集各类音乐，构建自己的音乐资料库，以便随时使用。当然，如果有条件，和影视剧一样制作专门的、全新的音乐是大有必要的。但在一般情况下，电视节目中的绝大部分音乐都是选自音乐资料，除偶然的巧合因素外，这些音乐素材往往不可能与画面完全一致。为了达到音画和情绪上的一致性，并能保持音乐有相对完整感，我们必须对音乐进行重新剪辑。

◎ 音乐的剪辑点

裁剪和衔接音乐的方法首先是找准适合的剪接点。音乐合适的剪接点有三处：一是音乐中强拍的起始之前；二是休止处，乐曲中的休止、音乐的句末、停顿、换气之处可以被选为剪辑点；三是节奏变化处，在音乐节奏发生变化时可以被选为剪辑点，接点应选在变节奏的第一个音符之处。这三种方法都是为了保持音乐的相对完整性，不至于使音乐支离破碎。在保持音乐段落或乐句相对完整的基础上，音乐剪辑点的确定还要考虑将音乐与画面内容的情绪及长度有机结合起来。如果画面已经自然结束，而音乐尚未结束，会给观众一种画面戛然而止的不和谐感，这说明了画外音乐对电视画面的依附性。如果是歌曲、戏曲、器乐等音乐类节目，剪辑点应特别注意以音乐节奏、乐句、乐段的出现、起伏与终止为主要依据来选择。如电视片表现交响乐演奏，哪个乐器开始独奏，就将镜头切至哪个乐器，一般用近景、特写表现，合奏时一般用全景表现。

◎ 音乐的衔接

在电视节目编辑中画面有淡入淡出的剪辑技法，类似这种技法的音乐衔接技法叫“弱进弱出”。这种用法在音乐编辑时用得很多，也可以说是音乐编辑的一般原则。这是因为相对画面来说，音乐是处于从属地位的，所以音乐的“进”和“出”都要以画面的需要为前提，要强化音乐为画面服务的理念。音乐的“弱进弱出”意思是在编辑时，控制音乐“进”和“出”的音量，音乐“进”时，由较小的音量开始慢慢将音量调到正常值；音乐“出”时，将正常值的音量逐渐减弱，直至完全消失。这种效果使观众甚至察觉不到音乐的“进”和“出”的过程，形象的说法叫作“音乐偷偷地进来，偷偷地溜走”。

◎ 音量的控制

我们知道，电视节目中的声音除了音乐之外，还有解说与同期声，在节目制作过程中，当音乐与解说、音响三种声音同时出现的时候，它们之间形成怎样的关系？应该说，它们的地位是不一样的，按照主次地位的关系，其排序分别是解说、同期声、音乐。为了确保解说和同期声的突出地位，在有解说或同期声的时候，要控制音量，以免音乐喧宾夺主，影响解说和同期声的听觉效果。一般音量比例控制在1∶3左右，只有在解说或同期声有较长时间的间隔时，音乐的音量才可以调到正常值。

如果想突出一下音乐的感染力，可以在设计节目的结构时，刻意安排一些情节来渲染情绪，形成专门的音乐段落，以此来发挥音乐描绘和抒情的特长，从而形成一个视听高潮。

音乐是一种特殊的声音信号，它一旦成为电视作品综合艺术的有机组成部分，就具有独特的审美特性和审美规律。主要体现在音乐与画面、听觉与视觉的相互作用的规律性之中。

音乐语言虽然比较抽象，但可以非常有效地烘托气氛、抒发情感、塑造形象。所以，一部电视作品是否具有较强的艺术感染力，音乐的作用至关重要。

（3）音响的编辑

在电视作品中，音响的主要功能是增加画面形象的真实感，加强生活气息，烘托气氛，扩大视野和加强画面的表现力。电视音响又称为效果声，可分为动作声响、机械声响、自然声响、枪炮声响、背景声响、特殊声响等种类。常用的编辑方法有以下几种：

◎ 同步法

效果声与画面发出的响声同时出现和消失。这种用法用得最多，剪辑也最简单，画面剪辑时将同期声效果音响留下同步进行组合就可以了。

◎ 提前法

后一个镜头的效果声在前一个镜头末开始，旨在提示后一个镜头的画面内容，以吸引观众的注意力。例如一位老红军战士回忆当年北上抗日的情形，在后一个战争年代历史资料之前的人物沉思特写镜头末就响起枪炮声，可以提前吸引观众进入战火纷飞的战争年代氛围。

◎ 延伸法

前一个镜头的效果声向后一个镜头延伸，使前一个镜头的效果声不会因为镜头转换而中断，并得到充分的发挥。同举前例，老红军战士回忆完那战火纷飞的年代之后，前面战争年代画面的枪炮声延伸到后面这位老红军战士的人物特写镜头中，以表示当年的战争岁月今天仍旧时常萦绕在这位老人的记忆中。

◎ 混合法

相连的前后镜头都有效果声，即每个镜头所配的效果声都延伸到下一个镜头，与该镜头的效果声混合，保证每次效果声的完整和加强效果声的力量。

◎ 分立法

效果声与画面形象各自独立，但又有机地结合起来，从而加强画面的感染力，增加画面的信息量。例如一位成人的画面配上儿童嬉戏的效果声，可表示他对童年无忧无虑生活的怀念。

◎ 特写法

将发声体的效果声进行艺术夸张，加以扩大，以渲染气氛，其作用与特写镜头的效果相同。纪录片《颍洲的孩子》在表现小男孩高峻患上艾滋病之后的生活时，一个破碗里装着一个发黑的、沾满苍蝇的玉米特写镜头，使观众感受到了小高峻悲惨的命运，特别是配上了经夸张处理的苍蝇“嗡嗡”的音响效果声，使观众感到更加震撼，从而对艾滋病孩子产生强烈的怜悯之情。

◎ 取舍法

将与电视节目主题思想、情绪气氛关系不大的效果声舍去，以免分散观众的注意力。

在纪实性节目中，环境音响效果不必像电视剧那样随时出现，但可以选择在能强调真实性的地方出现效果声，以丰富整个片子的听觉效果。

三、解说词创作

电视解说词的创作是衡量编导水平的重要标准之一，节目有没有深度，有没有价值，很大程度上都是通过解说词来体现。

严格地讲，解说词的最终定稿应该是在画面编成之后，也就是说，应当先编好画面，然后根据画面完成的具体情况，再考虑解说词的处理和安排。虽然我们在策划阶段已经对节目设计了一个基本的结构和脚本，但这个时候也要重新进行调整和完善，以便于和拍摄到的画面、采访的事实相吻合。但有人却认为，尤其是一些初学者，认为电视节目创作是先写好解说词，然后再根据解说词进行拍摄制作，这种说法其实是不太准确的。虽然个别类型的电视节目确实如此，比如说一些历史文献片或政论片，但前提必须是先确定好主题与表现形式，并掌握了大量的历史背景材料以后，才可以采取这样的方式。因为解说词是配合画面的文字说明，所以它与一般的文字体裁是不相同的，有着非常鲜明的个性化特点和画面语言无法表现的功能，了解这些特点和功能，是编导创作解说词的重要前提。

（一）解说词的特点

1．非独立性和不完整性

解说词本身就是电视节目众多元素之一,它的叙事描述都具有与画面的统一性,所以解说词具有非独立性和不完整性的特点。

电视解说词的主要形式母体是文学，而文学有其自身的表达系统，可一旦作为一种手段或表现形式，成为电视节目的组成部分之一，文学就丧失了其独立的表达形式，不同程度地出现了自身形态的某种不完整性。

解说词的非独立性主要是指：解说不去独立地完成对事件的全面报道，也不去独立地塑造节目中的人物形象，它必须和电视的其他手段(尤其是画面)一道配合起来，才能最终完成对事件的全面记录，对人物形象的整体塑造。一般情况下，解说词不能脱离画面单独存在，也不能独立成章。作为电视节目的构成因素，解说词已经不再一味地追求其艺术性，而应该从整体出发，发挥最大的功效，服务于整个电视节目。在电视节目中解说词不是承担叙事功能的唯一载体，很多时候要让位于画面、音乐、音响进行叙事，只有节目需要使用解说的时候它才会出现，所以解说词不能构成一篇完整的文章，这就是它具有不完整性的原因所在。

当然，也应该承认文学这个母体为电视解说词创作打下的深深烙印，但编导并不是文学家，电视节目也不同于文学作品。解说词是一种特殊文体，它视听同步，与画面、声音相辅相成。如果解说词喧宾夺主，电视画面仅仅成为解说词的图解，电视的特性就会减弱。

由于解说词自身形态的不完整性和非独立性。创作时必须注意尽量用画面叙事，用画面讲故事，能够用画面表现的，尽量用画面表现。编导还要善于运用同期声，因为同期声是另外一种特殊形式的解说，它不但可以表意，而且可以增强现场感和真实性。

案例：纪录片《颍州的孩子》

获奥斯卡金像奖最佳纪录片提名的纪录片《颍州的孩子》中，一些必要的交代背景、补充信息的解说功能都是通过片中人物的同期采访和人物对白完成的。其中高峻如何成为孤儿的背景是通过几位村民的采访交代的；任楠楠的背景和她与高峻的命运转折都是通过阜阳艾滋病协会会长张颖的同期采访介绍的；而众多村民抽血感染艾滋病的原因则是通过苗庄村的村支部副书记等人讲述的。

纪录片·颍州的孩子

大量同期声的运用大大增强了作品的客观纪实风格。所以要有解说、画面、同期声共同完成传递信息任务的意识，形成“立体交叉”的叙事表现形式，杜绝那种言必用解说的“非电视化现象”。

2. 一般不使用描绘性的语言

在文学作品中，描绘性的语言是相当多的，特别擅长于描绘自然景色、人物形象等。

但是，解说词是说明性文字，一般不需要文学性的描写，不需要太多的形容词，因为在画面呈现的形象面前，任何生动细致的描绘都是苍白无力的。解说语言对形象的描述再准确、再生动、再传神，也远不及画面镜头形神兼备、纤毫毕现。在表现事物的外在形态方面，画面语言有其天然的优势，完全用不着解说词去画蛇添足。像花红草绿的景色，热闹壮观的场面，美丽英俊的相貌，对于电视画面来说，都是小菜一碟。如果再用电视解说词来描述，就显得十分多余。

3. 有大量的指代性词语

在解说词表述过程中应有大量的、足够的指代性词语，如“这个”、“那个”、“这些”、“那些”、“这里”、“那里”、“如此”、“这般”，以及“他”、“他们”等。常用指代性词做主语和定语，代替时间、地点、人物、事件、思想、状态。例如一句简单的解说词“千万不能这样开车”，究竟“这样开车”是怎样开？画面内容交代得一清二楚，所以连作为主语的“谁”都可以省略。电视解说中类似这种使用指代性词，省略主语的句型结构用得极为普遍，而独立用在文学作品中是读不懂的，所以这一点是解说词的特点之一。

电视解说词与其他文学作品最大的区别就是极少能单独成文，所以，再优秀的电视解说词如果只看文字的话，读者可能有不少看不懂的地方，必须配上画面才能彰显其妙处，这其中很重要的原因就是优秀的解说词中有大量的指代性语言。例如纪录片《藏北人家》中出现过一个长约一尺左右灰白色皮袋子的特写画面，解说词讲道：

这种皮口袋叫“唐觚”，它是藏北牧人特有的饭盒，里面装着一天放牧所需的干粮。

解说与画面配合相得益彰，让观众对少数民族的生活习俗有了充分的了解，同时省略了繁杂的交代描述，为解说其他内容提供了画面的基础和支点。

4. 含有“潜台词”

所谓“潜台词”就是不直白地告诉观众，话语留有想象的空间，让观众自己去观察与体验。在电视节目中，“潜台词”是一种意境，正话不正说就是为了留有这种意境，在不少电视节目中，特别是纪录片、专题片中解说的这种表达方法是比较常见的。

以为了改变贫困命运、大批农民工进城打工创业为题材的纪录片《北京有群新桥人》，结尾部分的解说词就含有这种“潜台词”：

又是一个空气清新的早晨。赶早市的新桥人又上路了。这是一条不安分的山里人追赶时代节奏的路，一条将贫困封闭的山乡与富裕文明的都市从此接轨的路，一条充满阳光的路。无论今后这些新桥人留在北京也好，回家乡开拓新天地也好，也无论今后中国市场经济的风云如何变幻，相信我们这些新桥人，永远会是黎明即起的赶早市的人。

通过解说的暗示作用，画面中一条偏远的乡村小路的信息量得到了拓展，观众看到的不再是一条简单的乡村小路，而是一条为了改变自己祖祖辈辈“面朝黄土背朝天”贫困命运的致富之路，是中国农村的一条改革之路。

解说中运用“潜台词”的另一种方式是引导观众看画面，用一些与画面匹配的语言把观众的注意力引入一个画面或者画面的某一点，起到“请看画面”的作用。例如“大自然就是一个高明的画家。不用笔，不用纸，只用山山水水，就画出了惟妙惟肖的动人图画”，引导观众把注意力集中到画面美丽的风景上，同时巧妙地引导了观众要像欣赏一幅山水画一样来欣赏眼前的这一美景。又如在《远去的村庄》的开头部分，介绍鸡子坡村的概貌时解说词说道：

鸡子坡村唯一的平房就是村里的小学，小学有一至四年级的8个学生，小学只有一位老师，姓李。

对应的画面正好是老师授课、学生听课的画面和同期声。这里解说词并没有直接说出“请看”、“请注意”等字眼，但其内涵把观众的注意力引向了画面。看到这里无需再说更多的语言，观众即便没到过那个小村，也能深切地感受到这个偏远贫穷的小村落对教育的重视程度。

☞ 图像与解说特点的比较

图像特点	解说特点
传达直接信息	传达间接信息
展示现场气氛	补充难以直接从现场得知的有关信息
表现具体的事件过程	表现抽象的概念和意义
直感性	逻辑性
叙述客观事实	表达主观情感
利用现场	利用背景

（二）解说词的功能

画面语言尽管是电视作品的“本体语言”，但也有其很大的局限性，很多信息仅靠画面是无法表现出来的。因此，解说词的主要功能就是对画面无法传递的信息进行有效的补充。具体说来，有以下几种功能：

1．补充画面信息

在电视作品中，不论是以人物、事件，还是以城市、国家为主题的题材，都包含着大量的信息与知识，其中大部分的信息传递都是由解说词来完成的。所以，弥补画面的不足是解说词在电视作品中的主要功能之一。解说词擅长补充人物的背景、事件发生的前因后果、城市与国家的历史和特点等信息。

例如专题片《朝阳与夕阳的对话》中，对人物信息的补充是这样的：

这就是雷蕾，1952年出生，属龙的雷蕾，一个写出《四世同堂》和《便衣警察》主题歌和音乐的雷蕾。年纪稍大一些的人也许还记得，8岁时的雷蕾曾在电影《达吉和她的父亲》中扮演过小达吉。如今，这已经是一个做了妻子和母亲的雷蕾，一个经过高等学府教育之后，踏着音乐的阶梯，已经完全懂得坚定地漫步人生的雷蕾。

简短的解说概括了雷蕾的成长过程和成就，使主人公在家弹钢琴的简单画面大大增加了信息量。

电视节目中的事件，都处于一定的历史文化环境和社会背景中，无时无刻不在发生细微的乃至根本的变化。人对世界的认识不断深化，观众不满足于对表面形象的认知。在接受和感知画面形象的同时，还希望进一步了解从画面中直接感受不到的背景和信息。

解说对事件画面的补充作用主要是完成对事件发生的历史背景、时代背景和总体社会环境的介绍；对所报道事件基本事实的陈述；对画面无法直接传达而又不可或缺的信息，尤其是那些间接的信息、比较抽象的问题给予充分的说明，借以提高信息传递的精确度和明晰性。

如纪录片《远在北京的家》的开始部分，是主人公生活的零碎画面。解说词完整地体现了事件叙述的几大要素。

1992年2月19日，是农历正月十六，新年的气氛仍笼罩着农村的每一个角落，喜庆的鞭炮硝烟仍然没有散尽。这天清晨，当许多人还在睡梦中的时候，在安徽无为县赫店乡岗埠村，有一户人家起得特别早，全家人要为第一次离家去北京当保姆的张菊芳送行。

朴实的语言连缀起零散的画面，把要去北京当保姆的张菊芳一家为什么早起（why），什么时间（when），什么人物（who），为了什么事情（what）等几个事件要素都交代了出来，没有一句多余的空话。

有些历史画面我们并不陌生，如当年许多热血青年投奔延安，在黄土高原的山坳中行进的镜头；“文革”期间的红卫兵“破四旧”砸路牌，在汽车上撒传单的镜头等。观众当然可以通过他们的知识与经验积累去理解这些具有时代性标志的画面，但对于那些没有相应知识与经验，被动接受信息的观众来说，仅仅通过这些画面是很难感受当时的时代背景的。又比如去韩国旅游的人在“三八线”合影留念的画面，今天的不少青年以及未曾接触过这些资料的观众都难以感受，很有必要通过解说补充“三八线”的相关信息。即便是画面感极强的事件报道，仅仅依赖画面的形象报道也是无法满足观众对信息了解的全部需求的。例如美国航天飞机“挑战者号”升空爆炸，观众通过令人震撼的电视画面目睹了悲剧的全过程，但是，他们还迫切想要了解事故发生的原因，具体损失伤害的状况，宇航员亲属的反应等信息，这些都是画面难以详细准确报道的，必须通过解说对所报道事件的基本事实进行陈述。

专题片、历史文献片、科教片一般都包含着大量的传递知识和信息的功能，而解说词在这方面有着得天独厚的表现优势，所以这几类片种的解说词篇幅一般要多一些。

例如《大国崛起》第三集介绍英国，一开始解说词是这样介绍英国历史的：

从北京往西大约8000公里，就是欧亚大陆的西部终端。从这里跨过一道海峡，有一个岛国，国名叫“大不列颠及北爱尔兰联合王国”，我们通常称作“英国”。这个国家的面积仅有24万平方公里，在今天也只有6000万人口，但是在世界近代历史上，它却占有非常特殊的地位。它是第一个迈进现代社会的国家，在18世纪和19世纪的时候，它是世界发展的领头羊。自豪的英国人曾经以“日不落帝国”来形容自己的国家，因为在19世纪末的时候，它的殖民地遍及亚洲、非洲、美洲、大洋洲所有大陆板块，总面积达930万平方公里，统治着世界上三亿多的人口。

要向观众提供这么丰富的信息，仅靠画面是难以承担的，因为很难获得如此多的相应历史图像资料。但是加了解说词后，观众对画面的要求就比较宽容了。这段解说词虽然比较长，但由于提供了大量的与主题密切相关的知识，所以观众在感觉上并不会觉得冗长。

我们再来看《故宫》中介绍故宫太和殿的解说词：

这就是今天我们看到的太和殿。坐落在八米多高的汉白玉三台上的太和殿是紫禁城的核心，也是紫禁城整体建筑乐章的高潮部分。它的一切设计，都为着一个目的，就是把至高无上的皇权烘托到极致。太和殿曾经是北京城最高的建筑，从庭院到正脊高36.57米，相当于12层楼房的高度。太和殿也是紫禁城中最大的建筑。面积达2381平方米，相当于半个足球场那么大。它的长宽比例正好是九比五，代表着九五之尊。太和殿与身后的中和殿、保和殿一起构成前朝的主体，人们习惯称之为三大殿。

这一段解说的画面是今天实拍故宫太和殿的镜头，尽管以丰富的景别与角度直观呈现了太和殿的风貌，但如果没有解说对太和殿的知识要素予以补充，仍不能满足观众对有关太和殿的信息传递需求。

2．整合画面

电视解说的另一项重要功能就是对处于无序状态的画面信息进行必要的整合。为具有多种解释可能性的画面，创造一个明确的指示关系，给它定向。解说为观众解读画面提供了一个顺利的渠道，使画面传递的信息更加准确明了，编导要尽量排除种种个人选择性因素的干扰，缩小创作意图和观众接受程度之间的差距。

专题片《迎接挑战》的开始有这样一组镜头：

飞快的脚步特写／急匆匆赶路的人们／快节奏的工业生产画面／各种钟表／“一慢二看三通过”的交通安全宣传牌／被阻塞的长长的车队／懒散的人。

这样一组画面，如果没有解说词，大家可能看不懂画面的意思，因为这些画面之间没有必然的联系。配上解说词后，观众就会觉得不但意思明确，而且镜头组接得非常贴切。解说是这样的：

年轻的朋友，你可曾知道世界上最平凡而又最珍贵、最容易被人忽视、最令人追悔的是什么？这就是时间。

这段解说词有效地整合了无序画面的信息。

画面传达的形象信息，往往具有很大的含混性；画面对信息的选择、强调和突出作用不能十分精确；观众的感受也往往受到各种主观因素的影响。这就需要通过解说用明确概括的语言，用提炼和集中的方式，简洁明快地突出强调关键信息和导向。在纪实性作品中，有一些未经剪辑的纪实长镜头，画面具有多种信息和多重指向。为了准确传达编导的意图，避免歧义产生误解，在观众自我感受的同时，需要通过解说表达明确的特点，对画面进行必要的整合梳理。

在《半个世纪的爱》中，表现京城一对老年夫妇半个世纪相濡以沫的情感，有一个长镜头画面，运动镜头在老人居住的小院中左拐右转，摇摇晃晃，最后移向小院的大门，继续向前推进。这时，有几个放学的孩子从门口走过，无意当中闯进画面。这部片子原本是反映老人生活的，跟孩子没有什么关系，画面并未刻意去突出这些孩子，观众也不会特别注意。但解说词却巧妙地利用了这些孩子，根据主题需要对画面进行了整合：

胡同里的孩子放学了，蹦蹦跳跳的。也是一个小女孩，她忘记跟同学们打招呼了。当然，她不会特别关注对门院里的这一对老人，更不会想到老人也曾经蹦跳着走过和她一样的童年。

解说词一下子使毫不相关的孩子同老人之间产生了有机的联系。老人曾经走过和孩子一样的童年，孩子们总有一天也会变为老人。解说把画面蕴藏的丰富哲理内涵，那种生命的轮回交替、生活的沧桑巨变带来的无限感慨，揭示得动人而深刻。看似无序的画面，表面无关的细节，在解说的梳理下，使观众的散乱感受，随着一脉相连的情感潮水，顺利地流向编导设定的渠道。

在一些纷乱嘈杂的场面中，虽然信息含量特别丰富，但画面的指向很不明确，任何一个画面形象或细节，都可能引发不同观众的不同感受，怎样根据主题的需要，选择最有力的方式，对画面信息进行筛选呢？

我们看这样一段画面：北京月坛公园中熙熙攘攘的人流，其中多数是老年人，神态各异，行为不同。透过嘈杂的人群缝隙，一队身着红衣的老人随着音乐的节奏，在阳光下翩翩起舞。在如此纷乱无序的画面中，需要选择一定的对象，对场面进行梳理，解说在这里瞄准了耀眼的“红色衣服”而展开：

我们总以为，人到了老年，尘埃落定，纷争远去，他们的生活也不再有更多的色彩了。其实，老年人对颜色更有自己的偏爱，特别是他们从各自的院落里走出来，走到了一起，在秋天的阳光下，在大庭广众前，面对着老兄弟、老姐妹展现自己的时候，他们希望自己能有些个光彩。

解说对色彩的捕捉和强调，在这里同样起到了整合画面的巧妙作用。准确地利用解说，以画面的真实性为基础，对无序和散乱的画面进行必要的整合，顺利传达编导的创作意图，是解说词的重要功能之一。

3．放大细节

在电视作品里，细节的描述是十分重要的。画面自然可以表现细节，但有时创作者觉得仅仅依靠画面对要强调的细节还是强调得不够，这时，解说词又派上用场了，起放大细节的作用。也就是说，可以对画面中有可能被观众忽略的细节进行强调，这时，解说起着比特写画面更明确的指示作用。所以解说词的作用还可以对画面的细节或某个信息给予强调和突出。

一些和主题有关的重点细节，可能在画面上并不是特别抢眼，也不一定处于画面构图的中心，往往不被一般观众所留意。但它可能是一个相当重要的信息点，这就需要借助解说的强调，将其放大、展开、凸现出来。编导应引导观众的视觉关注，使他们由无意注意转向有意注意，从而使细节发挥出应有的作用，更有力地服务于主题。

以《井冈抒怀》这部作品为例，在片子的结尾处，有一组革命烈士纪念碑的镜头，整个墓碑自然处于画面构图的中心，观众的视觉注意力都集中在墓碑上。如果没有解说的提示，谁也不会注意到，其中一座墓碑前有几朵小小的野花在风中摇曳着。不知道是摄像师有意作为前景，还是无意当中拍摄下来的。因为井冈山上漫山遍野开满了野花，任何一个镜头都可能带上些野花野草，一般观众看时并不会留意。但解说词强调放大了墓碑上的小野花：

井冈的风，把花种播在那碑前；井冈的雨，把花儿精心地浇灌。就是这井冈的风，井冈的雨，为我们的无名烈士编织了一顶永生的花冠。

几朵貌不惊人的小野花，通过解说的突出强调，同主题之间形成了有机的情感沟通与内在联系，又同眼前的主体画面形象交相辉映，大大深化了画面的内在意蕴。

在《半个世纪的爱》中，解说同样放大了一个小风铃的细节。画面上是孔罗荪先生家中门庭上悬挂的小风铃，因为是北京四合院最常见的居家饰物，观众一般不会在意，由于解说词的作用才引起了观众的注意：

门庭上的风铃叮叮当当地响了起来。我们有些奇怪，风铃为什么要挂在那里呢？孔老告诉我们，是要挂在那儿，因为只要老伴在屋子里一走动，它就会响起来。它一响，我心里就踏实了。

解说词的提示放大了这个小小的细节，足以表现这对老夫妻长达半个世纪的深厚感情，一个原本不起眼的细节成了表现主题、调动观众情感活动的重要因素。

在许多优秀的作品中，通过解说的捕捉和强调，画面中寻常的生活细节，发出了神奇的色彩。放大画面信息的方式多种多样，甚至一些司空见惯的普通背景，由于解说的点化，会和所反映的主题之间产生巧妙的联系，使画面的意境得以升华。

4. 调动想象和联想

电视解说词应能够调动起观众的主动性和参与性，令其结合画面进行积极的想象和联想，这样才能为观众的思维开拓更广阔的空间，获得画面以外新的形象感受。因此，成功的解说必须抓住画面的形象特征，通过“隔层同视”的方式，巧妙运用语言的启发能力，使观众眼前的画面张力扩展。

在《让历史告诉未来》中有这样一组镜头：青藏高原的一段公路上，横亘着一块巨大的岩石，解说是这样介绍的：

1975年，这里发生了一次大滑坡，10位坚守着自己岗位的年轻汽车兵被滑动的山体掩埋了，他们的身躯从此和山崖紧紧铸合在一起。大山从此有了灵魂。每当过往的汽车兵看见它，就像看见十位战友永存的微笑。

画面上没有汽车兵，也没有微笑，只是一块没有生命的巨石。但观众在解说的引导下，结合眼前的画面，会形成一种主动的想象，调动自己以往的经验积累，感受当年的情景和人物的音容笑貌，在想象中引发积极的人生思考。

解说词的作用就是营造一种适当的语言氛围，创造一种触景生情的环境，引起观众的感情共鸣。要能引发观众此时此刻的联想，解说的语言表述要有一定的启发性和诱导性，牢牢把握观众的心理趋向，给他们挖出一条想象空间的渠道，留出充分思考的天地。

电视新闻节目《北京运动服装一瞥》曾针对北京市中小学都选取蓝色运动服作为校服进行了批评，但这种批评不是直接的，而是通过调动观众联想的方式巧妙地阐明了观点。画面中北京的大街小巷到处是身穿蓝色运动服的孩子，解说词是这样的：

……不过，孩子们的运动衣差不多都是蓝色的。据说，这同老师的要求和服装设计师的设计有关。无论如何，当诗人赞美孩子们像鲜花一样的时候，他们当然没有想到，在老师们和运动服装设计师们看来，这些花都应该是蓝色的。

解说实际上是表达了服装颜色应该追求多样化，生活应该丰富多彩的观点，但它又能使人联想到全国人民一律穿蓝色人民装的那个“蓝蚂蚁”的年代，那个疯狂的、扼杀个性的“大统一”的年代，由此可以引发人们对于思想禁锢与突破的思考，甚至对种种社会、政治、历史、文化现象的深层次思索。解说词以眼前的画面作为展开联想的支点，引发观众的情感共鸣与思考，其作用甚至远超出作品主题的内涵。

以有限表现无限，是艺术创作的技巧之一。电视节目的篇幅是有限的，但观众的想象空间则是无限的。解说可以通过有限的语言，让观众去想象画面的“象外之象，景外之景”。特别是对那些不宜表达、不好表达或表述困难的地方，可以通过启发观众的主动联想，产生言有尽而意无穷的效果。这是电视解说词的一个重要功能。

5. 抒发情感

电视画面尽管可以通过强调细节、展现过程、营造氛围的方式来表达情感，然而无论如何，这种表达也只是间接的表达，语言才是直接的表达。解说既能够直接表达情感，也可以使观众通过一种体验去感受、去理解情感。因此，在电视作品中，运用解说词直接抒发创作者对人、对事、对物的情感，则可以直接撞击观众的心扉，拨动观众情感的琴弦，使其与作品所倾吐的情感产生强烈的共鸣。

电视节目《奥运情结》中引用了一段北京申奥成功的那天晚上北京和全国各地彻夜狂欢的资料镜头，编导为了达到一种热烈奔放、痛快淋漓的抒情效果，在这段画面上加了一段解说：

为什么萨马兰奇老人轻轻的一声“北京”，就唤起了神州大地漫天春雷般的欢呼，激起了亿万华夏儿女内心的狂喜？为什么一个关于体育的消息，会让每一个普通百姓立刻想到中国，想到民族，甚至想到世界？因为，我们曾经被人叫作“东亚病夫”；因为，我们一直怀揣强国的梦想。早在上个世纪的1908年，中国的体育先驱者就立下了有朝一日在中国举行奥运会的心愿，不知是偶然的巧合还是历史老人刻意的安排，那一年距2008年正好整整100年。百年的沧桑与耻辱，百年的光荣与梦想，中国人等待得太久，太久。华夏大地今夜无眠，从来不大张扬和宣泄的中国人此刻迸发出来的激情响彻深邃的夜空。这声音，产生于世界五分之一人口的心理浪潮；这声音，是一个有着五千年文明史的民族内心深处的呐喊；这声音，向全世界表达出中华民族的自豪：2008年，中国将在自己的土地上举办第29届奥运会。

如果这段画面不用解说词，虽然观众也能看得懂这是中国庆祝北京申奥成功的活动，也能感受到申奥成功后作为一名中国人的喜悦之情，但是当加了这段解说之后，观众会由一种喜悦强化成一种激动，一种骄傲与自豪，从而产生一股情感宣泄快感。

有些纪录片、专题片的解说词本身就追求一种诗化的抒情性，其目的就是通过解说词的文采抒发对自然景观、风土人情、民族文化的深厚情感，抒发创作者真挚、深厚的主观情感，以独特的节奏、韵律，给观众以语言的美感。

例如《话说长江》中《走向大海》一集，创作者直抒胸怀的解说词，对长江作了最热情的礼赞：

长江，伟大的长江，你的浩瀚而甜蜜的乳汁，养育着世世代代的炎黄子孙，你永远奔流在亿万中华儿女的心上。江河不废万古，不愧为世界巨川的长江，将永远托举着一队又一队名副其实的巨轮，驶向世界五大洲四大洋。长江，伟大的长江！

解说词采用了文学诗歌般的语言，直接抒发对长江的感情，带给观众心灵的碰撞，这一功能是画面本身难以替代的。

纪录片《西藏的诱惑》同样以充满了文学性、诗一般的语言，歌颂和赞美了西藏，倾吐了创作者对西藏特有的自然风貌、历史地理、宗教文化的深厚情感：

我向你走来，捧着一颗真心，走向西藏的高天大地，走向苍凉与奔放。我向你走来，捧着一路风尘，走向西藏的山魂水魄，走向神秘与辉煌。

以上抒发情感的解说词案例，都充满了抒情散文甚至是诗歌般的文学色彩，所以作为一名合格的编导，一定要有扎实的文字功底和文学艺术修养做基础。

6. 衔接与转场

由于时间与空间的限制，电视画面不可能完整再现事件全部的原始过程，只能摘取其中的若干片断进行蒙太奇组接。而要把彼此割断的画面重新组成新的电视叙事结构，需要找到一种能够穿针引线的因素，使画面组接产生有序的逻辑联系。由于解说语言在电视各种构成要素中，具有转换自如、易于粘连、高度概括的特点，这种逻辑串联任务往往由解说承担。

画面过渡转场的技巧一般通过景别、运动、色彩、细节来调整，尽量不使观众在视觉上产生“跳越”、“隔断”的感觉。比较起来，利用解说作为过渡的因素更为灵活便利。通过解说的引导，顺利地把观众带入下一段画面之中。当然，画面转场与解说转场并不矛盾，可以综合使用。

大型电视系列片《万里海疆》是一部展示祖国沿海边疆历史与现实的作品，片中有这样一段转场：前一个场景是相声演员冯巩谈他对大海的认识，最后一句同期声是：“我今天说的话，也是两个字——海侃”，画面随之定格。下一个场景是军舰上的旗语兵在甲板上打旗语的镜头。这两个场景的时空转换是比较大的，如果没有解说，观众会觉得特别突兀，但加进了解说以后情况就不一样了。解说只有一句话：

演员的话语风趣幽默，水兵的旗语神圣庄严。

通过“话语”与“旗语”的粘连，通过排列整齐的对偶句形式，把画面切换的痕迹巧妙地消除了，使过渡显得自然顺畅。

电视作品的段落转场不可随意，必须找到相关的画面或语言来衔接。特别对于那些不具连贯性的画面，就更要精妙的解说词加以串联，从而获得逻辑上的联系，使画面的衔接自然流畅。

纪录片《沙与海》中，编导要完成从海岛刘丕成的生活转到沙漠中的刘泽远一家，如此大的时空转换，观众可能一下很难看明白，虽然中间加了一个燕子窝的空镜头来进行过渡，可是仍然让人觉得难以接受。这时编导使用了解说词：

无论是大海还是沙漠，对于刘丕成还是刘泽远来说，都是无法与之抗拒的庞大怪物。无论是生存还是发展，他们似乎都走在同一条路上，那就是顺应。

编导将两家人的生活进行了综合，找到了他们之间的有机联系，即虽然他们相隔千山万水，也互不相识，但是他们的生活面临的最大困难都是大自然的巨大威力，从而使两家人的生活有了可比性，为两个家庭生活画面的衔接建立了合理的逻辑依据。

其实，任何表面无关的段落和画面之间，都会有过渡因素的存在。关键是编导会不会认真地寻找和巧妙地设计。我们可以从以下两个方面去寻找过渡因素。

首先，从前面的解说语言中寻找合适的语言因素，为后面段落的画面所借用。由于词语在听觉上的关联，转换起来就比较自然。比如利用词语的多义性、双关性，以及谐音、借代、活用、改变词性等修辞方法，设计合适的过渡语言。

在专题片《佤族人》中，前一组画面表现佤族人劳动生产的情景，后一组画面则反映他们爱情生活的情节。解说是这样处理的：

佤族人播下了幸福的种子。同时，另一种意义的播种也开始了。

这里解说借用了“播种”一词的双关含义，过渡得自然且风趣。另外，还可以从画面内寻找过渡因素。在设计过渡语言时，需要认真观察画面，充分理解编辑意图，细心捕捉画面内某些造型因素，比如形态、动作、光线、色彩、细节等等，都可以拿来作为过渡因素使用。由于解说的强调，引起观众对某一造型因素的特别注意，又由于造型因素在两个段落中的关联，可以顺利地实现画面的转接。好的解说不仅会使转场顺畅，还能给观众留下回味与联想。

为了画面段落的流畅，编辑时常常需要通过一些中性的过渡画面转场，这些过渡画面没有明显的针对性，处理起来比较自由。如果辅以适当的解说，可以使过渡更加自然。

《南极——我们来了》这部纪录片介绍了我国南极考察站建立的各种设施，如气象站、邮电局、职工食堂等。在各个设施的画面之间，使用了一个共同的过渡画面——一只站在礁石上东张西望的南极企鹅。解说这样写道：

这只企鹅似乎看到了什么？原来是气象站的风向标在风中转动。

接下来的画面自然把气象站的设施逐一介绍一遍。画面又回到企鹅。

哦，它似乎又听到了什么？

下面出现了邮电局的发报机发出的声音，随之画面将邮电局的设施介绍一番。画面再次回到企鹅。

哦，它似乎又闻到了什么？

原来是闻到了食堂饭菜散发的香味，自然把食堂的情况介绍一番。企鹅在礁石上脑袋东张西望，解说想说它在做什么都可以。这种中性的画面，经常作为空间转移的过渡，解说巧妙地利用和引导，使画面空间的衔接十分自然。

利用解说进行衔接与过渡需要在前后两段内容之间找到一种内在联系，要求自然妥帖、顺理成章。编导只有细心观察，反复琢磨，才能避免生硬拉扯，从而使观众自然接受。

7．升华主题

如果说，画面语言着重于对生活现实形象的展现，那么解说词则重在对社会生活的理念阐述。因此，解说词也有揭示作品思想、升华作品主题的重要功能。

纪录片《故宫》第三集《礼仪天下》以明清政务的不同入手，通过明清政务比较来展现中国封建社会政务体制的流程，并呈现其中细微的差别以及这种差别产生的历史效应。在这一集的结尾部分，解说词是这样安排的：

公元1796年初，农历元旦，乾隆禅位给嘉庆的授受大典在紫禁城上演了。地球这一边的人们，历经千年创造了礼仪天下的神话；而在地球另一边，这个神话已经变成随时可以击碎的泡沫。紫禁城，盛典即将结束。

这里运用了抽象的解说词，集中概括并升华了主题思想：貌似强大的大清帝国已经走向衰落，预示了西方列强即将把侵略矛头对准这个已经走向没落、依然故步自封的泱泱大国。

纪录片《天驹》通过画面语言，具体展现了马的历史、品种、性格、品质和精神之后，解说词进行了概括：

……然而，我们还是首先歌颂天驹，因为天驹身上，闪烁着一种东方所特有的光芒。纵马昆仑，并吞八荒，那是天驹在驾驭光荫：一泻千里，拍天巨浪，那是天驹在追赶太阳。壮哉，天驹神骏，壮哉，故国东方。

这样，解说词便将龙马精神做了理性的提炼，并将之比喻成中华民族不断进取的精神，颂扬这种精神正是作品要升华的主题。

当然，解说词的功能还不止上述种种。这里仅是强调了它在电视节目中常见的功能部分，由此使编导在创作中能够强化解说词的功能概念。

（三）解说词的写作

在认知了解说词的特点和功能之后，解说词的写作就有了一个目标，建立了一个标准，就能够由此摸索总结出一套解说词写作的规律来。由于电视是视觉和听觉两种语言的艺术，所以，准确地说，解说词写作并不是一种纯粹的文学写作行为，而是一种处理和安排。写文章可以洋洋洒洒、天马行空般地任意挥洒，电视解说则必须全方位地考虑，形象的说法叫作要“瞻前顾后，左顾右盼”，这就形成了解说词写作“为看而写，为听而作”的总原则。

1. 解说词开头的写作

俗话说：万事开头难。解说词开头的写作同样如此。开头处理得好，处理得精彩，处理得别出心裁，不仅可以对整部作品起到提纲挈领的作用，还可以刺激编导的创作激情，爆发灵感的储藏，使作品顺势成章，丝丝入扣，畅顺自如。那什么是一个好开头呢？正所谓“诗无定法，文无定局”，解说词的写作也没有一个固定的模式，但却可以有许多共识。我们不妨看看以下几种开头的思维方式：

（1）点明主题的开头方式

案例：专题片《"傻子瓜子"年广九》开头的解说词

这位，就是"傻子瓜子"的创始人年广九。80年代初期，就是他，凭着一把锅铲，在短短几年之间，炒出了百万之资，成了中国最大的个体经营者。

中国改革开放以来，自称傻子的年广九声名鼎沸，可以说家喻户晓。十几年间，他几番跌宕，数度沉浮，更使得小瓜子成了大话题，中国伟人名之曰："傻子瓜子"问题。

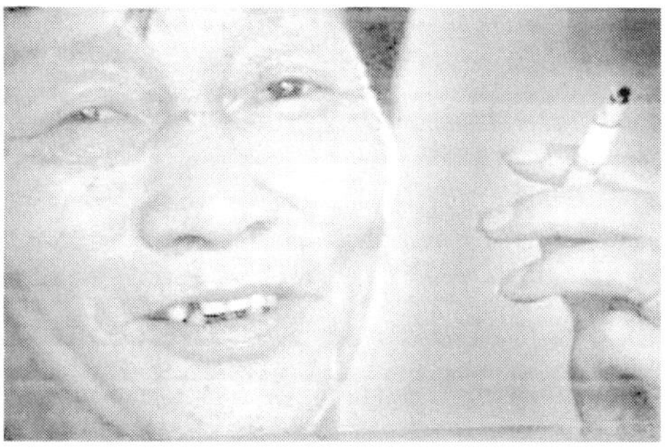

专题片·"傻子瓜子"年广九

人们曾关注傻子的过去，同样也关心着傻子的今天。是的，昔日弄潮的小商贩，风云一时的大明星，如今，被时代的风流抛向哪里了呢？1996年春节前夕，我们摄制组迎着冬雪走向芜湖，寻访"傻子"年广九。

该片顾名思义，就是反映著名的"傻子瓜子"创始人年广九带有传奇色彩的沉浮史。一开始，解说词三言两语、直截了当地道出了"凭着一把锅铲"，"炒出了百万之资，成了中国最大的个体经营者"的年广九，并让观众与摄制组一起去探寻年广九的沉浮史。

一部电视作品的时间长度是有限度的，它的开头更适合开门见山，三两句话就要直奔作品的主题，让观众一目了然。而那些洋洋洒洒、转弯抹角，让观众看了半天也摸不着头脑的开头方式，其结果肯定是事倍功半，费力不讨好。

（2）以精彩事件、强烈悬念为开头

案例一：专题片《危急时刻——东航飞机9.10成功迫降纪实》的开头

主持人（演播室）：你好，观众朋友，现在在我手里呢是一个MD－11型的飞机的模型，非常漂亮。1998年的9月10日晚上19：38分，一架载有120名乘客、17名机组人员的MD－11型客机在上海虹桥机场起飞。这是一次非常平常的起飞，但是谁又能知道经过3个小时之后，它却拥有了一次极不平凡的返回。接下来就让我们一起走进这个真实的传奇当中。

专题片·危急时刻——东航飞机9.10成功迫降纪实

解说：这架载有120名乘客、17名机组人员、编号为2173号东方航空公司的客机，于1998年9月10日晚上19：38分从上海虹桥机场正常起飞前往北京。飞机起飞后，由于一枚小小的螺栓在收放起落架的过程中断裂脱落，从而造成前起落架失效。经过机组人员3个多小时的努力和地面的全力配合，飞机终于在当晚23：07分成功迫降在上海虹桥机场。

案例二：纪录片《潜伏行动》开头的解说词

这是烈士刘进明的亲属，刘进明是被犯罪分子杀害的。这是1993年2月，摄制组随着海南武警警察小分队，在侦察犯罪分子刘进荣行动时抓拍下来的。烈士的妻子在向小分队哭诉丈夫当年被杀的情况。

纪录片·潜伏行动

抱孩子的这个是海南武警总队参谋长张宝光，小孩是烈士的女儿。

面对这场面，侦察小分队深感难过。

刘进明亲属几次给公安和武警跪下就要求说一句话："打死刘进荣，为大明报仇。"

一架客机起飞后，发现起落架失效，机上的100多名乘客的命运将会如何呢？它又是如何迫降成功的呢？武警战士是如何抓捕杀人凶手，将他绳之以法，为牺牲烈士报仇的呢？这些事件无疑都是扣人心弦的。把一些重大事件或是精彩的情节作为开头，无疑会给观众带来继续看下去的欲望，同时也是提高节目收视率的法宝。

（3）提出问题，让观众追寻答案的开头

案例：专题片《太白仙踪·太白之死》开头的解说词

从唐代以来，对于李白的死就一直众说纷纭。唐王定保的《摭言》说："李白著宫锦袍，游采石江中，因醉入水捉月而死"。元代辛文房的《唐才子传》也说李白是"乘酒捉月沉江中"。而《旧唐书·文苑传》却说李白的死是因为饮酒过度；唐代诗人皮日休在他的《七爱诗》中又说李白是患病而亡。那么，李白究竟是捉月沉江？或是患病不治而亡呢？

专题片·太白仙踪·太白之死

李白是一个家喻户晓的大诗人，他的死因至今没有定论。《太白之死》一片中，以"李白究竟是捉月沉江？或是患病不治而亡呢？"这一个问题为开头，不仅紧扣主题，而且充分调动了观众追寻名人之死因的探索求知心理，让观众一直追着看下去，可谓一举两得。

（4）概括式开头

案例：专题片《黄山奇观》开头的解说词

传说，在4500年以前，轩辕黄帝曾经来这里采药、炼丹。这里的72座山峰后来就有了“黄山”这个名字。黄山，是美的化身。诗人形容她像金色的莲花，画家称她为山水的故乡，游客说她是人间的仙境……黄山不愧是“天下第一奇山”。巍峨奇特的石峰、苍劲多姿的青松、波涛起伏的云海、清澈不竭的山泉……我们由此可以看到泰山的雄伟、华山的峻峭，看到衡山的烟云、庐山的飞瀑……

专题片·黄山奇观

《黄山奇观》一开头，即以简洁、诗一般的语言介绍了黄山名称的来历，概括式地赞颂了黄山的奇、黄山的美，在观众心目中树起了黄山奇美的概念和形象，提起了观众看下去的兴趣。

（5）抒情式开头

案例：纪录片《西藏的诱惑》开头的解说词

我向你走来，捧着一颗真心，走向西藏的高天大地，走向苍凉与奔放。

我向你走来，捧着一路风尘，走向西藏的山魂水魄，走向神秘与辉煌。

令人神往的西藏啊，多少人向你走来，因为“西藏的诱惑”，因为那条绵延的雪域之路；令人神往的西藏啊，多少人向你走来，因为“西藏的诱惑”，因为神奇的西藏之光……

纪录片·西藏的诱惑

西藏，多么神奇的地方，多么令人神往。画面是云海、佛塔、奔流的江水、绵延的山路，配上诗一般的解说，让观众随着作者一起，一下子就进入了那个神秘的地方，追寻那神奇的西藏之光。

抒情式开头，通过意义深远的镜头画面、精辟的解说、深情的叙说这几个元素的交合，渲染、烘托了开头的气氛，强烈地冲击观众的心灵，诱发了观众的情绪兴奋点，使他们的血脉随着作品的血脉一起流动，感情随着作品的节奏而跌宕起伏。

2. 解说词正文的写作

在写节目开头的解说词时，往往会费一番心思，当开头写好以后，接下来的内容就相对好处理一些，一般情况下，写作时注意下面几点就不会出太大的问题。

（1）要始终以画面内容为依据

没有画面依据的解说是“无源之水”、“无本之木”。所以要强化解说为画面服务的创作理念，解说词怎么写、写多少、如何用的依据都源于画面。从画面中寻找解说的切入点，然后展开解说，又回到画面中去。要坚决杜绝“声画两张皮”的弊病，这就是在操作的程序上应当先编好画面，后考虑解说词处理和安排的主要原因。

（2）语言要凝练概括、言简意赅

电视解说词与平面媒体的新闻稿件有很大的不同，新闻稿长短均可，而电视解说词要以短取胜，尽量做到紧凑简练、简单扼要，达到凝练概括的效果。句子要避免用长句，尽量用短句，句子太长了，观众听到后边，忘了前边，形不成完整的印象，容易引起观众的记忆混乱。因此要将长句尽量短化，一句话一般不超过七八个字，顶多十几个字，做到一事一报，笔无旁骛，点到为止。为了达到这一效果，还要注意将复句简化，将倒装句正化，将文言文转化为白话文。

一部优秀的电视作品的解说词一定是读起来朗朗上口，听起来通俗易懂，品起来回味无穷，语言的美感与画面形象结合得完美和谐。要做到这一点，写作中有很多处理方法。如“今年快六十岁的巴特尔老汉和他的两个大学毕业的儿子合伙办了一家牧场”这句话可以改成“巴特尔老汉快六十岁了，两个儿子也都大学毕业了，如今，他们合伙办了一家牧场”。将一个包含四条信息的长句子改成了四个包含一条信息的短句子，这样使观众更容易接受，是更合适的解说句型。

要记住一个原则：文字语言永远比画面少。因为电视是看的，不是读的。 在电视节目中，画面永远是主体。画面有的内容、画面能够表达的意念，文字语言都不必写。单位时间内，文字语言不能多写，但可以少写。在这方面用得最多的是现场声的过渡，有经验的编导往往会在一个场景的头尾留出几秒的现场声，让文字语言有一个淡进淡出的过程。

（3）语言要生活化、口语化

解说词的语言是介于书面语和日常口语之间的一种语言表述形式，是经过提炼加工的一种听觉语言。它去掉了口语中那些芜杂的成分，使之更准确、更精炼，但又充分吸取了口语中那些生动、活泼、流畅的成分，使之同观众的交流更为自然。

解说词是要让播音员去说、让观众去听的，所以选用词汇要尽量通俗易懂，朗朗上口，富有节奏，适合播音员配音。应尽量采用口头语言，以适应受众的听觉习惯。应写得亲切、自然、朴实，避免晦涩的词句，少用华丽的形容词，以增强可听性和亲切感。在撰写解说词时，编导最好将自己摆在同观众平等的位置上，采取与观众拉家常、说心里话的方式，娓娓道来，让观众感到亲切自然。有些人文章写得很漂亮，可放在电视文稿中就显得过于雕琢，文绉绉的一副学生腔或书卷气，会增加交流的障碍。英国广播公司要求记者把写好的稿件先念给打字的秘书听，边听边记，而不能直接拿给她看。在听的过程中，看其是否流畅顺耳，是否可能出现听觉的障碍，凡是观众接受中可能产生困难和误解的地方，都必须进行修改。

生活化的语言还往往凸显出强烈的时代色彩。如果解说词中出现“万元户”、“傍大款”等明显具有中国改革开放初期的时代色彩；“链接”、“闪亮登场”、“千禧年”等语言表述方式体现出世纪之交当代中国社会的氛围；“泡吧”、“网恋”、“PK”等词语的出现又晚几年；而“蚁族”、“蜗居”、“郁闷”、“给力”这样的词则是近年的流行词语。各个时期都有流传广泛的新词语，无不打上时代的烙印，而且已经成为老百姓约定俗成的生活化语言。这些词语一般不多见于文学形式，但用于解说不但可以增加生活气息，还能表现时代特点。

其实，人们在日常的谈话或交流中，经常利用语言词汇的声音和听觉效果，变幻出无比生动的语言表达方式，那种即兴拈来、暗藏机锋的生活化与口语化语言，是任何书面文字无法比拟的。我们从小的写作练习都偏重文字，所以，解说词的写作要摆脱传统文字写作的影响，发挥电视解说在生活化、口语化方面的特点与优势。

（4）语言要讲究声韵效果

讲究声韵是汉语的一大优点。在写作电视解说词时要利用好语言高低、升降、长短的变化，四声的相互配合，使之平仄交错、此起彼伏，从而产生轻松活泼、出神入化的韵律感。如：

许许多多的候鸟在这里恋爱，在这里成亲，在这里发展成一个又一个大家庭。到了深秋季节，它们就带着在这里出世的儿女，到遥远的南方旅行。

这段电视片解说词，注意了词组和句子末尾声调的配合与呼应，仄声“恋爱”和平声“成亲”、“家庭”相配；“季节”仄声，“儿女”平仄，“旅行”仄平，三者前后呼应，有起有落，有抑有扬，收到了声韵协调的效果，大大增强了解说词的可听性和亲切感。

既然解说词写作要讲究声韵效果，那么编导撰写解说词还要一字一句去抠它们的平仄声调吗？那倒不必。讲究声韵效果的简单方法就是语感，一旦语感不对，就需要寻找问题出在什么地方。比如“三天播完七十三亩田”，编导应该感觉到语感过于平淡，念起来显得底气不足。如果稍加改动，比如改为“三天就种完了七十三亩田”，声调就有了抑扬顿挫，语感就舒服多了。

由于古典诗文有声韵和谐的艺术特点，在电视解说词中引用古典诗文可以增强作品的声韵效果。如《话说长江》的解说词中，就引用了不少千古绝唱。在第一回《峨嵋凌云》中：

每当晴空万里，雾消天蓝，在金顶山环顾四周，如画江山尽收眼底。苏东坡有这样一首诗，猜想他就是在这个高处所得的灵感吧。峨眉山西雪千里，北望成都如井底；春风日日吹石清，五月行人冻如蚁。

在第二十集中，有一段150多字的解说，一连引用了四位诗人的名句。包括李白的“烟花三月下扬州”，杜牧的“春风十里扬州路”，徐凝的“天下三分明月夜，二分无赖是扬州”，张祜的“人生只合扬州死”等名句。引用这些古典名句，既增加了作品的文化内涵，又增强了语言的音乐性和节奏感。

我们稍加留意就可以发现，人们日常使用的大量成语典故、格言警句、民谚俚语之所以能够流传广泛，长久不衰，其中一个重要的因素就是抑扬顿挫，上口易传，如行云流水一般，富有韵律，声声入耳。

（5）语言要有机智性与幽默性

电视属于大众媒介，解说要吸引广大观众，必须要接近观众。机智、幽默的语言能够使观众产生兴趣，使人感到愉悦兴奋而加深记忆。如果能把深刻的道理用机智幽默的语言表述出来，使观众在出乎意料的欣赏状态下，对精彩的解说发出会心的微笑，不知不觉中获得一种知识和智慧的启迪，那是非常理想的效果。

运用夸张的说法可以产生机智幽默的效果。例如：

《小主人报》的编辑记者们，十四岁就要“退休”了。

机智幽默的语言往往还可以传递更丰富的信息。纪录片《皮黄情》解说词写道：

张师傅在家吃完饭，又细细品味起早已熟知的唱段，对他来说，看不厌、听不烦的是“皮黄”，对从不沾“皮黄”边的妻子来说，看不厌、听不烦的是一辈子的老伴。

通过这段机智幽默的语言，观众不仅知道了张师傅酷爱京剧，而且能体味到这老两口深厚的感情。

又如电视片《斗马》讲的是广西融水苗族地区的一项独特的民间体育活动——斗马，整个节目形成了幽默风趣的风格，其中解说词起了重要的作用。比如这样一组画面：曾经担任过当地斗马队队长的老农，在河边悉心地为自己的爱马洗澡。解说词是这样安排的：

马队长一辈子没给老婆洗过头发，却洗了一辈子的马尾巴。

画面中并没有出现马队长的老婆，替马洗澡也不关他老婆什么事，但这种幽默风趣的说法反衬出了马队长对自己坐骑的喜爱，以及对斗马这项运动的执着。

在解说词中运用机智幽默的语言往往需要编导具有丰富的想象力。例如纪录片《庐山散记》中有一组画面是几个游客在庐山仙人洞合影留念，解说词配合画面的形象内容，运用了轻松调侃语气：

虽然现在照相机越造越精良，但拍起照来，谁都要比比划划，折腾一番，好显示出使用傻瓜机的是个聪明人。

这段解说巧在编导在游客的照相动作与照相机的俗称之间找到了一种内在联系，这是编导想象力丰富的结果。

利用画面形象的趣味性将解说词写得具有幽默感也是一种创作思路。例如：

熊猫将永远带着深色眼镜向人们招手，向人们致敬。

它们（指黑颈鹤）身穿素服，头戴一顶红色小帽，长长的颈部有一个醒目的黑色脖套，世世代代，祖祖辈辈总是这么个打扮，永远保持着绅士的风度。

解说把一些既成的语言形式，或成语、或典故、或诗词，拆散开来重新组装，利用这些固定格式在观众中的影响，形成听觉上的自然认定趋向，也可以使观众感受到语言的智慧和魅力。如：

文静多姿的峨眉山，有小桥，有流水，没有多少人家。

语言的幽默是智慧的结晶，语言的机智是对语言环境的准确把握。幽默不是讲笑话、逗闷子，而是在电视特定的语境中对语言的巧妙运用。

（6）要掌握语言的修辞特点

电视解说除了要掌握一般写作共同的语言修辞方法外，还应该注意电视解说特有的艺术要求，借鉴特殊的语言处理方法。

以下介绍在解说词写作中用得较多的、符合电视特有艺术要求的几种修辞方法。

◎ 使用排比句和对偶句

通过排比句和对偶句语言整齐的排列或工整的对仗，可形成一种互相连带、依借和呼应的气势，或形成积累、延伸和对比效果，念起来韵律感强。如《西藏的诱惑》中的解说词：

西藏的诱惑，是那大自然动人的诗章，是那第三女神的圣洁，是那高山林海的苍茫，是那世界屋脊的满目纯澄，是离太阳最近的地方的那一束奇光。

一组排比句起到了抒发感情的效果。又如《春节之源》中的解说词：

男孩子喜欢过一个热热闹闹的春节，女孩子喜欢过一个安安静静的春节。

一个对偶句给观众留下了人们以不同方式欢度春节的想象空间。还如《庐山——别墅春秋》中的解说词：

1949年9月30日，蒋介石站起来，走了；1949年10月1日，毛泽东走进来，坐下。

“走了”与“坐下”形成对偶，朴素的表达意义却很深远。

◎ 词语重复

在写文章时，是很忌讳多次重复使用同一个词汇，或连续使用同一个句子，那样会显得作者词汇贫乏，即便同样的意思，也尽量换一个词汇避免重复。但在电视解说词中，为了达到一些特殊的听觉效果，经常把一个词连续地重复使用。

例如专题片《话说运河》中，画面是河流沿岸各个单位不断向运河里排放污水和垃圾。解说词运用了词语重复：

排放，排放，还是排放……

观众由此产生了对环境忧虑的紧迫感和危机感。

纪录片《邓小平》中，画面是邓小平当年下放过的江西新建县拖拉机修配厂住房的院子。解说词内容是：

每当黄昏落日之时，他总是围着软禁他的小庭院，沉思不语地走着，走着……

观众在听觉上形成了绵延不断的感觉，从而很容易联想到当时邓小平为国家命运忧虑与思考的情境。

纪录片《丝绸之路》中，画面是骆驼队行进在古丝绸之路的商道上。解说词说道：

骆驼慢悠悠、慢悠悠地行进在沙海中；驼铃响在静悄悄、静悄悄的瀚海里。

重复了“慢悠悠”，更感速度之慢，重复了“静悄悄”，更觉寂静无声，词语重复起到了放大或突出了某种意境和感觉的作用。

◎ 同义反复

在形容音乐或语言的听觉效果时，经常使用“余音袅袅”、“不绝于耳”、“言犹在耳"等字样，语言组合的回环往复，往往在观众感受中会形成久久回荡、萦绕耳畔、余音不断、挥之不去的感觉。所以，作用于观众听觉的电视解说词，经常采用同义反复，顶真回环的修辞方式。把某一个词组颠过来，又倒过去；顺着说，又反着说。比如“这就是呼啸的风雪，风雪的呼啸”就属于这种用法。

在实例中也不乏这种用法，例如画面是主人公在灶膛里烧热砖头取暖。解说词是：

隆冬季节，家里没有炉子取暖，砖，把脚踩在上面抵御寒舍的冷气，凉了再热，热了又凉。

其作用是强调了主人公特殊的取暖方式，凉与热的交错出现，强化了观众对艰苦环境的感受。

许多电视广告为了使消费者加深记忆，经常在广告词中使用这种修辞方法，比如“长城电扇，电扇长城”、“万事发，发万家”、“佳佳进家家，家家爱佳佳”、“吃好醋，好处多”都是这种类型。甚至连日本丰田汽车广告语“车到山前必有路，有路必有丰田车”也用了同义反复的修辞方法，利用了中国民谚，在听觉上也采用了“有路”和“车”的回环往复的修辞方法，取得了良好的宣传效果。因为这种方式好听易记，能给人留下较深的印象。

（7）要给观众“留白”

留白，是中国传统的美学思想，也是重要的哲学思想，它不仅适用于中国的绘画艺术，也适用于电视艺术。电视语言同样也需要“留白”，“留白”不但能营造出强烈的空间感，还能赋予作品广袤深远的意境，给人留下更多想象的空间。其含义有两种：一是不要把话说得过满，要给画面留下一些独立表意的空间，喋喋不休的解说词不仅喧宾夺主，使人感到厌烦，而且使画面独特的表现力受到限制；二是有时应该避免一些过于直白的说法，给观众一些思考、想象的空间。特别忌讳那些过于绝对的结论性语言，话说过了头，就会过犹不及，欲益反损。《焦点访谈》栏目一直坚持“用事实说话”的报道原则，就是这个道理。

解说词写作有一个“三字诀”——跟主题、贴画面、让出来。前两点好理解，所谓“让出来”的意思就是指解说词留白。

解说词合适的留白往往能调动受众的想象力，给受众深邃宽广的联想空间，其深刻而朴实的哲理也在若隐若现间诠释了出来，有“言有尽，意无穷”之美。《沙与海》中打酸枣一段，画面长达5分钟，解说词却仅有100多字：

离刘泽远家门不远的地方长着几棵沙枣树，是种植的还是自生的，谁也搞不清楚，也从来没人为它浇水，然而这几棵树每年都开花结果。

以下是大段的同期声和打酸枣的纪实。在这段看似平淡、极为简练的解说中，观众可以通过画面的内容联想到许多东西。想到刘泽远一家人也像这酸枣树一样，生命力极其顽强，甚至还可以联想到，更多的人也像这酸枣树一样，克服着生存环境的艰难而顽强地生活着，并且还能像这几棵酸枣树一样“开花结果”。观众如果能产生这些联想，当然是创作者所期望的，如果没有留白，而是直白地把这些联想的内容用解说词表达出来，就没有这种艺术意境了。

由于解说词受众多因素的牵制，不可能处处留白，留白只是利用电视片的声画叙事特色，在大量事实的铺垫和烘托下，在关键时点睛的一笔，收到“万绿丛中一点红”的表达效果。

解说词留白有诸多技巧，除了上述给观众的联想与思考留白以外，还有给各种因素的留白。例如给画面留白：在专题片《竹——说竹论美》中，画面是一只竹筏划向竹林深处的水中，解说词是：

我们被引入到仙境当中……

是什么样的一种仙境？描绘竹林仙境般的美景不是解说词语言的特长，所以解说词将这一描绘功能留给了画面来展现。

再来看一个解说词给情感体现留白的例子。在人物传记片《周恩来》中有一段画面：志愿军将士从朝鲜战场归国，周恩来设盛大国宴欢迎志愿军将士代表。解说词说：

周恩来总理那一天喝了37杯茅台酒，他醉了，有人说，这是周总理唯一的一次喝醉了。

解说不需要解释周恩来总理为什么喝醉了，因为“唯一的一次喝醉了”就足以体现他当时高兴、亢奋的情绪。

解说词还可以引用一些人们固有的知识、经验来给表意留白。比如利用历史常识的解说词留白，纪录片《让历史告诉未来》中画面是1949年蒋介石被迫下野引退后回到了浙江奉化溪口老家，解说词是：

临走时，乡中遗老问他：“何时能回来？”“三年吧。”三年真能回来吗？

别说是三年回不来，蒋介石一直到死都没有回来过——这是众所周知的历史知识，“三年真能回来吗？”的答案是不言而喻的。

在这部作品中还有一段，画面是天安门广场下半旗，解说词说：

1976年的天安门广场，三次降下了半旗。

我国领导人毛泽东、朱德、周恩来同在1976年逝世是历史常识，所以不用解释那一年天安门广场为何三次降下了半旗。即便是观众中有不知道这个历史常识的，留下了空白来让观众领会也是一种可以接受的收视效果。

（8）解说词中数字的形象化处理

电视节目的题材会涉及各个方面的内容，解说词当中也必然会运用到一些数字来传达信息。运用数字的目的是为了使传达的内容更准确、更有说服力，但解说词中数字的运用和一般文章又有不同，因为它是让人听的，而数字听起来是相当枯燥的，数字本身又过于抽象，同时，观众通过听觉一次性地感受数字，没有思考计算的时间，很难直接作出清晰的反应，留下准确的印象。特别是当数字的量比较大，数量单位比较陌生的时候，观众只能朦朦胧胧听到数字的音节，难以明白代表了什么意思。所以，如何让观众能够记住并理解数字所表达的意义，也是解说词写作中应注意的一个问题。

严格来讲，数字应该是越精确越好，因为精确的数字才能传达准确的信息。但从人们听觉接受的心理来看，越是简单的东西越便于记忆。数字也是如此，如果太复杂，是不容易被大多数观众记忆的，所以，为数字表达寻找一个可比量或参照物是有效的处理方法。

常见的方法是给数字寻找一个日常生活中人们熟悉的、看得见、摸得着的事物来比较，使枯燥的数字显得具体生动，使抽象的数字具有某种形象的感觉。给数字寻找一个可比量或参照物注重的是给观众传达数字背后的意义，数量的多或少本身并不重要，而是侧重于数量可能带给观众的震撼和感受，观众无需记住数字，只要意识到了“那么多”或“那么少”，表达的目的也就达到了。当然，要运用好这种方法，需要观众理解数字传达的意义，在特定的情境中数字表现的不仅仅是一个数的概念，它可能体现着一种精神，或表现了一种巨变，或蕴藏着一种力量，或鞭挞了一种丑恶。如以下例子：

纪录片《杨贵·愚公移山》表现的是“文革”期间，时任河南省林县县委书记的杨贵带领全县人民十年修筑红旗渠的故事。解说非常简明地介绍了这个巨大的工程：

为了修建这条长1500公里的红旗渠，当年十万修渠大军，削平了1250个山头，凿通134个隧洞，总长48华里，架设了150个渡桥，总长13华里。如果将修筑红旗渠所挖砌的土石方，垒成宽两米、高三米的墙，可以纵贯南北，将广州与哈尔滨连接起来。

我们可以注意到，这段介绍主要是由一些关键数字组成，而土石方的数字如果念起来会是一个巨大的天文数，观众也难以形成对工程规模的具体概念，通过“纵贯南北”的墙这一参照物，观众不但能够想象到红旗渠工程有多么浩大，而且可以领悟到数字背后凝结的一种精神。

同样的道理：

建于30年代的24层的国际饭店作为上海最高建筑独领风骚50年，而现在，却只能排在900名以后。

通过数字参照物形象地表现了巨变。再如：

现在世界上的人口增长的速度相当于每天一个林德兰，每周一个伯明翰，每月一个伦敦，每年一个德国。

通过数字参照物使人感到震撼。

如果在解说词中提到历史年代，不能仅仅出现一个年代序号，因为观众没有时间思考计算、查找到底是什么年代，可以在介绍年代序号的同时，进一步用这个年代著名的历史人物或历史事件作参照。比如，提到公元755年，可以补充说是唐代大诗人李白生活的年代，或者说是“安史之乱”爆发的年代。这样进行形象化处理会更加生动。

3. 解说词结尾的写作

许多人往往对作品结尾的处理不够重视，或是舍不得下功夫、费点神，每到结尾之处，不是弄几句漂亮的口号就是来几句廉价的祝福。有的则由于前面的写作耗费了不少精力，结尾时便草草收场，不想多作推敲。有的则由于整部作品的谋篇布局还未考虑成熟，便匆匆落笔，到结尾时自然茫然失措，不知如何收场。

所有这种情形，主要原因就是作者对作品结尾的意义和作用认识不足，因而重视不起来。诚然，一部电视片的优劣并不主要取决于结尾的成败，但如果作品结尾处理得高明巧妙，不仅可以强化作品的主题，提升作品的完美性，还可以增加作品的艺术魅力，甚至还可以弥补作品核心部分的不足之处。所以，我们千万不可忽略作品的结尾，要把结尾作为一部作品整体架构必不可少的部分来加以进行精心的艺术处理，使观众得到一个难以忘怀的印象。

电视节目结尾的解说词通常有以下几种写法：

（1）终点式、自然式结尾

终点式、自然式结尾，即用事件的结束或人物命运的终结作为结尾。这是按照事物的发展规律自然性地结束，使作品显得很完整，完全满足了观众需求完整的心理。这种结尾特别符合电视观众那种“看戏看全套”、“故事要有头有尾”的欣赏习惯。

案例：专题片《王莹》结尾的解说词

她死的当天，遗体就被匆匆火化。没有哀乐，没有鲜花，没有亲人最后的告别，甚至连死亡书上的姓名都没有，只有一个监狱囚徒的号码——6742。一个杰出的艺术家，一位坚贞的革命家，一代才华横溢的女作家，就这样被淹没在一个毫无感情的数字里！对艺术、对人才的摧残就是这般轻易！这般无情！这般冷漠！历史又重新回到它应有的轨迹。1979年7月6日，文化部终于下达了为王莹平反昭雪的文件。她去了，默默无闻地去了。她被埋葬在一片冷漠的石头中间，她绚丽多彩的过去和辉煌无比的功绩已交给了历史。而历史无论怎样被扭曲、被篡改、被粉饰，但终归要还原于真实的。夏衍同志说过：“这样的同志是不应该忘却、也是不能忘却的。”

《王莹》是一部介绍女艺术家王莹一生经历和事迹的专题片。片子的最后，说到王莹受迫害致死，并对她作了总的评价。片子的主人公逝世了，这部片子就自然完结了。

（2）总结式结尾

顾名思义，总结式结尾就是对一部电视作品所要阐述的内容和所要表现的主题在片尾最后加以总结，使观众对整部作品有一个清晰明了的总体印象，或者是通过这种结尾点明和强化作品的主题。特别是由于电视传播不可重现的局限和短处，总结式结尾更有利于观众对作品主题和内容的认识。

案例：专题片《唐山，生命之光》结尾的解说词

一座座高楼林立，富有现代色彩的新型城市，就像蒙难后复苏的再生林，屹立起来了。

震后10年，新唐山以世人惊愕的瑰丽雄姿展现在大地上，展现在世界五颜六色的目光里。

新唐山犹如烈火中再生的凤凰。你曾无辜地经受了大毁灭的磨难，可你没有哀号，没有悲泣，一片茂密的芳草地化作疮痍的焦土。

毁灭后的崛起，使你具备了山的挺拔、海的气度，你更加慷慨地使出了自己的奉献。

一个毁灭后再生的新城出现，仅仅用了10年时间，这是宇宙中最困顿的生长，是一步一个飞跃的决然奋起；是生命勃发在血性的大地上创造的奇迹，是旷古洪荒的悲剧里显示的崇高之美，豪壮之美。唐山，像历史的巨轮，再造着盘古开天的雄壮。唐山，荟萃天地的灵气，放射着永恒的生命之光！

《唐山，生命之光》是一部反映唐山人民面对恶劣的自然环境以及各种天灾人祸浴血抗争、重建自己美好家园的电视专题片。该片的结尾展现了唐山的崭新面貌和瑰丽雄姿，并由此发出了创作者对唐山人民豪情壮志的赞美。

（3）启发式结尾

启发式结尾与前两种结尾完全不同，它往往并不以事件的终结作结尾，也往往不是以事件或人物作一个总的概述为结尾，而是神来一笔，在结尾处提出一个问题让观众思考，或是在结尾处揭示事件矛盾或人物命运的发展动向，以达到“柳暗花明又一村”，或是“言尽意未穷”的艺术效果，使作品容量更得以扩张，让观众得到的启示更为丰富多样。这种结尾方式运用得好，往往会收到比前两种结尾方式更有震撼力的艺术效果。

案例：专题片《祖国不会忘记》第三集《不折的翅膀》结尾的解说词

据说，美国宇航员从太空遥望地球，中国的万里长城是用肉眼看到的景物之一，他们称之为最伟大的奇迹。

我们为长城自豪！

我们能仅仅为长城自豪吗？

我们能让千秋万代的子孙仍然仅仅为长城自豪吗？

该集讲述了我国科学家为核弹事业鞠躬尽瘁，讲述了“文化大革命”对我国国防事业的破坏，但片子的结尾并没有按照常规的方式去总结一番，而是笔锋急剧一转，用如此强烈反问的排比句作为结束。这短短的几句解说词，看上去似乎与片子前面的讲述毫无关联，但细想之下，却又是有深刻的内在联系。排比递进式的反问，答案似乎是不言而喻的，但又给观众以强烈的心灵震撼：对劫难般的“文化大革命”的控诉和愤慨、对祖国古文明的自豪、对落后现状的反思。通过这种特别的启示式结尾无疑收到了创作者所要达到的最佳艺术效果。

写作电视作品结尾的解说词，若要细细划分，还可以举出一些。如首尾呼应式、抒情式、呼吁式等等，但大致上都可以归纳为我们上述介绍的几种方式当中。

需要提醒大家的是，不管是采用哪一种方式结尾，我们都要把创新放在首位，切忌拖沓和无病呻吟，让观众感觉到该结束时就结束，也不要空洞地议论抒情一番，而应该是自然而然的有感而发。

（四）解说词的表现形式

由于电视节目类型的不同，解说词在不同类型节目中也有不同的表现形式，从而形成了不同的语言风格。具体的表现形式如下表：

电视解说词的表现形式类型表

序号	类型	语言特点	适合片种	节目举例
1	新闻体	以报道社会生活中的真人、真事、真情为主，解说词体现出真实性、时效性和信息性等新闻体的特点。	新闻报道	《焦点访谈》
2	叙说体	叙事文体。以事物的客观实际为线索，语言自由、流畅、生活化、亲切化。由于较多给画面与同期声留白，解说篇幅相对较小。	纪录片 专题片	《沙与海》 《再说长江》
3	抒情体	以优美的、诗化的抒情语言，抒发真挚、深厚的主观情感。以独特的节奏、韵律，给观众以语言的美感。充满了文学性。	风光片 电视散文	《江南》 《边城印象》
4	政论体	夹述夹议的议论文体，以思辨性与哲理性促发观众思考。观点明确，文风犀利，旁征博引，时空转换频繁。主要采用的是文字思维，电视特点不明显。	政论片 专题片	《东方之光》 《大国崛起》
5	讲稿型	以传播知识为主题，解说词承担主要的信息传递任务。用词造句通俗易懂，深入浅出，不需要太多的想象和联想，也不需要太多的文学色彩。画面只是知识的图解。	电教片 科教片	《柑橘病虫害防治》 《走进数字化网络时代》
6	不限	语言充满生活韵味，较多运用充满机智、幽默的生活化语言	娱乐节目 体育节目	《斗马》 NBA赛事

文学作品创作有“文无定法”之说，解说词的写作也一样，并没有硬性的规定和法则，个人可以形成自己的创作风格。需要强调的是：解说词写作是以文字为基础，要写好解说词首先要加强文学素养，锻炼好文字功夫；解说词的语言是以画面为基础的，在写解说词的时候，一定要有画面的概念，要形成与画面的有机结合；解说词是“集声色之美，兼视听之长”的电视媒体中重要的听觉载体，写作的内容一定要考虑听觉效果。只有这样，才能创作出优秀的电视解说词来。

一般情况下，解说词在完成以后，还要根据解说词调整之前编辑好的内容，包括画面、同期声和音乐都要考虑，以达到“浑然一体”的效果，这也是前文提到的“精编”的过程。

到这里，一部完整的电视作品即将完成，剩下的就只有为节目形式做修饰的包装工作了。

单元学习小结

在前期拍摄的基础上，后期编辑是电视节目的再创作阶段，也是电视节目最后定型的重要环节。

本单元分两大部分。第一部分是依照电视后期编辑的流程，阐述了节目编辑中的素材取舍、镜头组接原理和技巧、同期声编辑、音乐与音响编辑等基本知识与技能。蒙太奇是影视节目的基础语言，因此本单元重点对蒙太奇理论中的表现形式作了较为详细的介绍，并通过大量案例帮助理解蒙太奇语言的特点。

本单元的第二部分重要内容是解说词写作。语言文字是思想的载体，解说词创作是电视节目制作流程中不可分割的一部分，一名电视编导如果想通过自己的作品来表达思想，就不能缺乏解说词的创作能力。本单元阐述了解说词的功能性、个性鲜明的特征以及解说语言的修辞特点。通过大量的案例说明来强化解说词“为看而写，为听而作”的创作理念。

☞ 实训项目

实训项目： 电视节目后期编辑

实训方法： 案例法、头脑风暴法、实操法

实训条件： 录像机、非线性编辑系统、监视器、录音间、笔记本电脑（自备）等

实训要求：
1. 细致审看画面素材和整理采访同期声，并做好详细记录；
2. 选取上载的素材要做到“好中选优”、“优中选优”；
3. 编辑时画面运用合理，剪辑点准确，符合编辑原则；
4. 解说词写作符合电视传播的特点和要求；
5. 精编时处理好画面、同期声、音乐之间的关系；
6. 节目整体效果要流畅、完整。

实训步骤：
1. 审看画面素材；
2. 整理采访同期声；
3. 编写剪辑提纲；
4. 选择性上载素材；
5. 节目初剪；
6. 撰写解说词；
7. 录制并上载解说词；
8. 结合解说词精编（包括对画面、同期声、音乐的处理）。

实训成果：

一部完整的、但不含任何包装元素的电视节目。

成果评价：

小组互评、教师点评，将评价等次（分数）记录在册。

学习单元六
节目包装与合成

学习目标

（一）知识目标

1. 电视节目包装元素
2. 电视节目包装原则
3. 片头创意理念
4. 字幕设计理念
5. 色彩表意功能

（二）能力目标

1. 能够运用特效技术进行节目包装
2. 初步具备设计宣传片、片花、角标的能力
3. 能够运用声音元素进行节目包装
4. 掌握声音合成的技法
5. 掌握抠像技术
6. 掌握色彩设计的能力

任务描述

任务：电视节目包装合成

无论哪种类型的电视节目，在节目编辑完成之后，都要对其进行一些必要的包装与合成，这也是创作电视作品的最后一个大的环节。包装合成的主要工作内容包括：片头和片尾的创意与制作、标识的创意与制作、片花的制作、画面色彩的调整、字幕的设计与制作、特技画面合成、声音的合成等。这些工作从表面看都是一些技术层面的内容，但实际上，都需要一定的创意，大多数情况下，这种创意往往来自于编导或主创团队讨论的结果。所以，作为编导，千万不要忽视节目包装与合成这个最后的创作环节。

通过完成以上工作任务，使学生掌握电视节目包装与合成的一般方法和技巧，同时为“电视节目编导”课程的全部实训项目画上一个圆满的句号。

案例：大型纪录片《我爱你中国》

大型纪录片《我爱你中国》是新中国成立60周年之际，由北京卫视主创并播出的一部优秀的纪录片。作品以诉诸情感和心灵的方式，以个人化的视角，还原了新中国成立60年来不同年代的国民记忆，呈现了一代代中国人与共和国水乳交融的燃情岁月和心路历程，在跌宕起伏的人生命运中去追寻中国人不灭的“现代化”变革梦想和民族复兴情怀。它是一部让所有经历过、经历着青春的人都能产生强烈共鸣的怀旧青春大片，同时也是一部书写国家变迁史、社会进步史和国民心灵史的影像史诗。《我爱你中国》被称为是近年来同类题材电视历史纪录片的精品。播出后得到了电视观众的一致好评，尤其是作品的包装设计理念和制作，给人耳目一新的感觉，在电视制作群体中产生了共鸣，主要表现在片头和片尾的设计与制作方面。

大型纪录片·我爱你中国

从上述的案例我们可以看出，一部成功的电视作品，除了内容一定要精彩以外，作品给予人们的视觉感受也是不可小视的。从节目的整体情况看，包装水平的高低同样影响着电视节目的质量，一般情况下，包装的创意和基调也是由编导确定的。本单元我们主要就节目包装设计的原则、方法和技巧以及合成作详细介绍。

一、节目包装

一个产品在制作成功以后需要包装，电视节目亦是如此，在完成编辑之后同样需要包装。从传播学的角度看，视觉冲击、形象刺激是吸引观众的一个重要因素。观众选择或更换频道，基本上是在看到节目的几秒内做出的决定。在极短的时间内，是否有精巧的包装对一个电视节目内容的传达而言，会给观众留下不同的第一印象，关键的第一印象往往决定了是否能吸引住观众。如果不对节目进行吸引眼球的策划包装，在激烈的节目收视率竞争中，即使是很不错的节目也容易被观众所忽视，使其被淹没在电视节目的海洋中。所以，编导一定要重视节目包装这项工作。

（一）节目包装的概念

“包装”原指对产品进行包裹，以达到保护、装潢和美化产品的作用，具有审美和提示功能。之所以把包装拿过来用到电视上，是因为产品的包装和电视的包装有共同之处。它的定义是对电视节目、栏目、频道甚至电视台的整体形象进行一种外在形式要素的规范和强化。这些外在的形式要素包括声音（语言、音响、音乐、音效等）、图像（固定画面、活动画面、动画等）、颜色等诸要素。其作用是：突出节目、栏目、频道的个性特征和特点；确立并增强观众对节目、栏目、频道的识别能力；确立节目、栏目、频道的品牌地位。

（二）电视节目包装原则

要想对电视节目进行合理、有效的包装，首先要了解节目包装的一些原则。

1．统一性

电视节目包装一定要遵循统一性原则，否则就失去了包装的意义。统一性原则包括三个方面：第一，节目的包装要素无论从声音、形象、色彩来讲都应该相对统一；第二，与频道整体形象设计的统一，例如湖南卫视的整体形象定位是“快乐中国”，那么频道所有节目的包装都应该符合这个定位；第三，与栏目形象设计风格的统一。有些栏目包括若干单个节目，节目的包装应该与栏目的形象设计统一，例如杂志型栏目包括若干个板块（子栏目），各板块节目的包装应该在遵循栏目统一形象的基础上，再根据自己的特点来突出特色。有的节目包装单看可能不错，但与整体形象设计发生矛盾，那就应该无条件地服从统一的原则。

2．规范性

节目包装工作是一个重要的，具有统一性原则的工作，有强制推行的必要。对于包装要素，频道与栏目一般都有具体细致的规范性要求。在节目包装设计与实施过程中要坚决执行这些规范性要求。

3．渐变性

任何事物都不是一成不变的，包装也是如此。但这个变化的过程应是一个渐变的过程，而不是突变。因为观众对以前的包装已有概念，突变有可能影响观众的接受程度。

4．超前性

主要指设计理念和技术手段的超前。包装一定要时尚，精致，别具特色。电视技术的发展日新月异，要运用最新的技术手段进行包装。

（三）电视节目包装元素

1．节目标识

标识是一种具有象征性的大众传播符号，它以精炼的形象表达特定的涵义，并借助人们的符号识别、联想等思维能力，传达特定的信息。无论是什么电视节目，都有一个基本的形象标志，这是构成包装的要素。电视节目的标识一般是图形、文字和数字的组合，在不同的情况下，形象标志有各种变化，但包装构成的要素一般是比较稳定的。好的形象标志，能使人过目不忘，使观众快速判断出自己看的是什么节目，便于观众一下子就捕捉到想要看的节目，所以形象标志设计对于电视包装是非常重要的。它的基本要求是醒目、简洁、特点突出、有时代感。

中央电视台·纪录频道标识

2．片头创意

片头是一个节目的门面，也是从一开始决定是否能够吸引观众收看节目的点睛之笔，好的片头时间虽短，但画面、色彩、动作、音乐构成的综合效果足以使观众锁定频道。在电视台，片头制作一般由专人完成，但编导应该拿出创意方案，因为只有编导才充分了解节目内容与构思。

片头的表现风格是多样的，全三维、二维、实拍与CG技术结合等较为常见。

片头创意应包括以下方面的因素：

◎ 内容因素

片头创意要与节目整体风格一致，准确地表现节目的内容和相关信息，给受众以深刻而鲜明的印象。例如，娱乐类电视栏目的片头色彩较为鲜艳，节奏明快，其场景、气氛都与栏目风格相谐调；新闻、专题类栏目的片头则更需庄重、严肃，这类栏目片头多采用蓝、红、黑、银等色调映衬出栏目严肃的气氛，旋转的地球等虚拟道具则寓意节目的性质。

片头都比较短，多则十几秒少则几秒，这就要求在很短的时间内能够浓缩节目精华，甚至能够包含节目的定位和节目导视内容。

◎ 艺术因素

对意境的追求是艺术作品的最高境界，有一些片头虽然在场景、造型、色彩、环境气氛、动作设计上都很漂亮，但总让人感觉空洞无味，缺乏感知上的共鸣和心灵深处的联想，这就是我们所提到的意境。要把创意思路的重心放在作品深层次的内涵和寓意上，要能够浓缩精华，要有艺术感染力，这是片头创意中最难的因素。

◎ 形式因素

片头设计并没有固定的模式，要充分发挥自由创作、超越现实的优势，充分发挥设计者的创造力、想象力，要摆脱传统的字幕片头动画带来的思想束缚。要运用最先进的包装技术，设计出一个精彩而又具有个性的片头。

◎ 视觉因素

流动的视觉元素有些是来自生活的灵感，有些则来自设计师的创意和对现有素材的处理。合理地利用视觉元素，可以增强可视性。一个节目的片头不仅要折射出节目的属性，而且还要具有很强的观赏性，要让观众眼睛一亮，以有效提高观众的收视热情。创意时不仅需要考虑整个片头的艺术风格，还要考虑实现艺术风格的技术手段，以强化视觉语言的冲击力。

◎ 听觉因素

电视节目中的声音包括音乐、音响、解说、对白等因素，加以利用都可以成为包装因素。

音乐在一部电视节目片头中的作用极其重要。片头的节奏感首先来自于音乐，所以一般情况下有了大体的想法后首先要根据创意来寻找适合的音乐，形成音乐小样，然后依据已有的音乐小样控制画面效果，达到音画同步的效果。

◎ 特效因素

特效包括文字特效、光的效果、三维空间特效以及综合特效。特效的应用是设计者完成一个炫目片头的手段。通过特效应用、构图处理和色彩表现的完美结合，才可以制作出令人叹为观止的片头。

3．文字设计

文字设计是电视节目包装中的重要元素之一，除了传达信息的基本功能之外，它经常起到决定整体效果的关键作用。

随着人类文明的不断进步，中国汉字变得越发完美和规范，它具有结构完整，又变化无穷的鲜明形象。电视节目包装中的文字除了传递信息，还呈现出各种形体美感，这种积极的表现能力就是文字设计。文字设计在电视节目包装中通过现代技术手段和独具匠心的创意形成节奏、图像和线条，这种唯美的听觉和视觉形象有力地叩击观众的心扉，并使之留下难忘的印象。

字幕设计包括两大构成元素：文字和底图。在字幕系统中，文字是传递信息的主要载体。例如：一条简洁的新闻标题、一位嘉宾的职业和姓名、一个栏目的名称等等。底图设计是为文字服务的。由于电视画面是动态的，致使字幕使用时的背景画面在明暗关系上有着极大的不确定性和随机性。为了避免因为背景画面明暗层次不同而影响文字的清晰显示和准确识别，通常包装设计师都会在文字底下加上衬托底图。底图在图形设计、色彩搭配、运动方式等方面，应与节目整体包装风格相一致，力求在衬托文字信息的同时，也反映出节目品牌识别的信息。

在作为包装手段的文字设计中，应注意以下几个方面：

◎ 选用认读性高、与节目风格相适应的字体

每种字体都有独特的结构特征，还可以有不同的粗细和宽度，各种文字经过设计组合形成千变万化的视觉效果。在设计中应注重文字的可读性。因为它的根本目的还是为了更好、更有效地传播与沟通信息。以新闻、专业知识内容为主的电视节目，包装中文字

应使用一般字体，变化修饰少，即使是文艺类节目，包装中也要依据文字变化的规律，不能过于修饰而导致难以识别。

不同字体将带给观众不同的心理暗示和主题意味。黑体比较庄重，篆体比较有文化底蕴。应该根据节目风格来选用合适的字体。

◎ 考虑与节目内容相匹配

电视节目包装的制作，必须从整体效果出发，文字设计也不例外，需形成统一的整体设计效果，并与节目内容相匹配，更注重思想观念的传达。例如中央电视台科教频道的片头是许多字母和元素形成流动的红色线条集中到一点组合成的形象标志，标志中红色的字母与白色的背景形成强烈对比，字母中央的元素符号代表科学，它轻快有节奏地流动代表科学教育代代传承。

◎ 善于利用书法字体的特点进行构图

中国书法具有悠久的历史，是民族文字中特有的艺术，设计中要善于结合节目内容性质、特点，充分利用书法字体的形式、色彩、位置进行构图。例如篆书古朴高雅，雍容大方，线条具有很强的装饰性；行书体式连贯，笔画回绕，笔意奔放流畅，表现了强烈的运动感。“中国埃及手拉手文艺晚会”的节目角标用了篆书表达了手拉手的含义。中国和埃及都是文明古国，都有古老的象形文字，灰色的古老文字与背后色彩斑斓的实际场景产生了强烈的视觉冲击力，设计产生了多种含义，设计的概念得以延展，不仅表示两个文明古国的“手拉手”，同时也表示两种文化的交流与融合。在制作节目名称时，书法字体的魅力也表现得很充分。如凤凰卫视《秋雨时分》节目，由余秋雨教授主讲文化的话题。在包装文字上用了手写体的“秋雨时分”四个字，既表现了节目的文化内涵，又拉近了专家与老百姓的距离。

凤凰卫视 · 秋雨时分

◎ 图形、图像与包装文字的组合设计

电视节目包装中，文字常和图像配合起来使用，用照片、象形文字、符号等来说服和吸引观众，能提高视觉传达的效果。图像有不同风格并能传达不同信息，从写实主义到象征主义、抽象主义等，每种模式都有自己的使用价值和美学价值，设计师根据节目内容要求挑选合适的图形配上合适的文字共同完成设计任务。电视节目包装中好的图文组合很具视觉冲击力，吸引观众坐下来接着看下去。在央视十套《走近科学》节目片头中，“爱因斯坦”、

中央电视台 · 走近科学

“电灯泡”等图像代表科学的各个方面，这些图像和音乐联系成了一个整体，只要深入理解，就会发现其中微妙的逻辑关系，文字在最后出现，但并不妨碍信息的传达。凤凰卫视的《时事直通车》节目包装中，文字、直线和斜线组合在一起，观众可以马上把直通车的文字和直线、斜线联系起来。通过清晰明确的视觉形式和文字组合，观众的眼睛在图和文之间来回跳动，信息传达的有效性大大加强。

凤凰卫视・时事直通车

图像和文字相结合的信息最容易被解读，图像与文字互相补充来传达信息。凤凰卫视的《全球快报》节目包装中，用世界地图作为背景，文字在画面的第一层出现。这种图文结合是很有效的传播形式之一，图像的陈述性能帮助观众理解文字，文字的叙事性能帮助观众记忆内容。

凤凰卫视・小莉看世界

◎ 文字设计体现节目特色

一个节目如果形成了自己的特色，文字设计也是体现这种特色的重要载体。文字设计可以成为强化节目身份的符号。例如凤凰卫视的《小莉看世界》，节目包装中有主持人的形象，蓝色背景上是弯曲变化的白色字体，产生均衡与对称，充满律动美感，屏幕画框黄橙色的暖色与电视台色彩基调相吻合，文字、图形、色彩紧密地结合在一起，突出了主持人，色彩和文字的搭配显示出主持人优雅、冷静的气质。又如《戈辉梦工厂》节目包装同样是黄橙色背景，主持人是黑色的剪影，色彩对比强烈，再加上视频特效技术改变真实的色彩，创造了一个玄奥迷人的视觉形象，由于色彩的衬托，文字鲜明、抢眼。

◎ 文字设计隐喻节目创作理念

在电视节目包装的文字设计中还可以隐含编导对节目的创作理念。在一些电视作品中，创作者不直白表述自己对节目的理解，而希望观众自己去理解节目的主题内涵，这时就往往通过文字设计来达到启发观众去思索的目的。例如纪录片《幼儿园》的片头字幕：“或许是我们的孩子，或许就是我们自己”，隐喻了编导“儿童世界是成人世界观的折射”的创作理念。纪录片《杨贵・愚公移山》的片尾字幕：“愚公移山的故事之所以被人们一次又一次地传说，从来不是愚公因为移走了哪座山，也不是愚公为什么要移那座山……”省略号由观众自己去填空，而创作者自己是有答案的，这个答案就是通过杨贵带领十万林县人修了十年红旗渠的故事，领悟一种人类十分宝贵的“精神”。

现代电视技术的发展为增强电视包装的视觉效果提供了便利，我们应该重视电脑技术与文字设计结合，提高整体包装的功能诉求，加强包装的意义。现代感的电视节目包装上的文字也应富有时代美感，包装中文字与画面有机结合，人们通过图像化的文字快速接受信息，电视节目的名称与精美图像组合并配音乐，形成动态画面，使得电视节目内容通过图像化的包装快速地在新的维度上传达出来，可以通过全新的包装文字设计的直观性获得新的阐释。不仅帮助体会节目的内容，更让人对深层面的问题进行思索，由表及里，在瞬间获得感悟。

4. 色彩调配

色彩是电视包装中的一个重要表达元素，它与电视包装的质量有着密切的关系，合理的色彩搭配能使电视节目更具吸引力。在好的电视包装中，色彩应和声音、形象设计结合成一个有机整体，塑造电视形象和品牌。

色彩调配的核心问题有两个：色彩设计与电视节目的贴切性；色彩设计自身的协调性。贴切性表现在色彩设计作为电视节目包装的一部分，应该直接表达电视节目的风格主张与理念诉求，必须贴切地反映出节目的内容特性、节目理念。例如：大多数新闻节目都是选用蓝色的主色调，凸显一种冷静、客观、公正的形象；文艺节目在一般情况下是暖色调，色彩相对艳丽一些；生活服务类节目采用淡蓝、淡黄为主的基调是比较合适的，表现纯静、温馨、时尚的节目氛围。协调性表现在色彩的美感上，调和的颜色能够使人产生愉悦、舒适的感觉。节目包装的颜色调配可以是单一色彩体系，也可以是复合色彩体系，这要根据节目的需要进行选择。采用单一色彩体系是以某一种颜色作为主色调，配以其他辅助色的搭配方法，其优点是比较容易建立对电视节目的形象识别和色彩记忆。采用复合色彩体系要注重色彩对比规律的应用。在色彩设计过程中，主要是要解决如何将两种以上的颜色组合搭配的问题，要求既调和又鲜明，既抢眼但又不刺眼，能与整个节目、栏目或频道的基调相吻合，并能保持与栏目、频道风格的协调性。

电视作为一门视听艺术，首先离不开光和色。色彩担负着渲染气氛、深化主题、表达情感的重任。编导应该认知与体验色彩传达感情的作用。如中央电视台宣传片“传承五千年文明”的色彩表意：五千年文明单纯用几个画面是很难连接和表现出来的，于是，它的主色调是大海一样的深蓝，预示中华文化是一种海纳百川的文化。如凤凰卫视中文台的台标创意：凤凰是中国古代传说中的百鸟之王，和龙一样是代表汉族的民族图腾。台标设计把凤凰的图案与色彩运用结合起来，以“黄土文化的本质”定位，用淡黄色为基本色调，用红色凸显人文理念，深刻地展现了中华文化的精神内涵，也营造了更显独特的地域文化特性。

凤凰卫视・台标

色彩表意参考表

	红色	黄色	绿色	青色	蓝色	紫色	白色	黑色	灰色
自然形态	火焰 鲜血	阳光 果实 叶子	森林 草地 春天	深山 发丝	夜空 云朵 海水	晚霞 花朵	白云	夜空	草木 灰烬 阴沉的天空
政治	革命 暴力 战斗 胜利	皇权 威严 权威	和平 安定	自由 压迫	自由 正义	权利 宗教	光明 平等 正义	否定 批判	压抑 迷茫 对抗
社会	进取 积极 革命	丰收 发展	生态 生命 生机	责任 义务	平凡 义务 责任	权贵 邪恶	死亡 卫生 宗教	终止 宗教 邪恶	平庸 暗淡
文化	吉祥 喜庆 性爱	神圣 宗教 高贵	朝气 希望 生命	神秘 高洁 悠远	单纯 理想 神秘	神秘 浪漫 梦幻	纯洁 虚无 缥缈	庄重 高雅 神圣 正义	明洁 典雅
视觉效果	澎湃 热烈 躁动	明亮 醒目	柔和 清晰	深远 宁静	深远 宁静 广阔	华丽 沉稳 优婉 持重	明朗	压抑	雅致 素洁

5.包装中声音的运用

构成视频声音的主要元素有音乐、人声、音响。声音在电视包装中起着非常突出的作用。音乐有听觉识别功能，所以电视栏目都有自己的标志音乐，这是使本栏目区别于其他栏目的重要标识之一。比如每天晚上七点钟，我们只要听电视而不用看电视，就知道《新闻联播》开始了。与其他电视音乐相比，电视节目栏目的片头音乐、片尾音乐和宣传片音乐一般都是相对固定的，需要专门来选取或制作。在好的电视节目包装中，音乐应和形象设计、色彩搭配成为一个有机整体，最好能使观众用听觉识别。特别是系列电视节目，更有形成音乐形象特征的必要。旋律尽可能简洁，力争过耳不忘，常听常新。

巧妙运用音乐是节目包装艺术再创作不容忽视的元素。运用音乐包装电视节目可以烘托气氛，升华主题，丰富节目的感染力。音乐的运用不是服从画面，而是服从内容，优美的画面不一定就要有优美的音乐，而应该根据内容的需要，用得恰到好处。真正起到深刻揭示事物或人物内在的品格、烘托情绪和情感的作用。如新疆电视台的纪录片《迟来的割礼》，片头运用的音乐元素成功地烘托了气氛，与片名字幕同步的是一声维吾尔族民歌中的长调，虽然音乐的时长不超过10秒钟，但一下就把观众带入了新疆维吾尔族那特有的人文环境中。惠州电视台制作的一部关于“春蕾”计划的宣传片，主题是呼吁社会各界关注和帮助失学的女童，片中音乐选用了一段吉他和弦。整个片子的情感就被这段音乐牵动，配合画面，苍凉与无奈油然而生，令人同情，片子的主题自然也得到了充分的表达。亚洲电视本港台播出的译制片《哭泣的森林》中采用了非常拟人化的配音和优美的音乐，将动物比作人类，拉近了人与动物在情感上的距离，激起人们自觉保护动物、保护自然的意识。片子的音响经过包装的再创作，达到升华主题的效果。

人声是指视频设计中人物的对话、解说词等。在电视包装中，频道标识符号片、频道形象宣传片、节目宣传片等都对人声具有较大的依赖性。人声解说词对频道宗旨、栏目定位、节目内容和风格等信息的表达，起着不可替代的作用。同样的画面和镜头，配上不同的人声解说词，观众接收到的信息是完全不一样的。

采访中精彩的语言片段，节目中意味深长的人物对白都可以用来包装节目：

《颍州的孩子》片名出现之前有一段引子，用了两段人物对白：一段是采访中与一个小女孩的对话："你知道自己得了什么病吗？""艾滋病。""为什么会得这个病呢？""抽血。"另一段是一个小男孩哭着说："同学讲的，你妈死了，你爸也死了，你们家几个都病了，所以我不跟你玩。"这两段语言之所以提炼出来用于节目的引子部分，就是因为这是作品中两段最令人震撼的语言，既说明了艾滋病的病因又表现了艾滋病儿童受歧视的悲惨状况，一下子就激起了观众对作品的收视欲望。

专题片《腿的故事》讲述的是全国冠军、原国家艺术体操队队员、现深圳艺术体操队的断腿教练王琦红自强不息的故事。她因为17岁那年得了骨癌被迫截掉了右腿，但身为残疾人的她在三年之后竟奇迹般地当上了深圳艺术体操队教练，而且带领队伍获得了全国冠军。编导将采访主人公的一段同期声作为宣传片和作品的结尾："其实我很多时候会把我17岁以前的生活当作上一辈子的生活，这是一个完全不同的界限，我会站在一个第三者的角度去看我原来的生活，我不会觉得酸酸的也不会去怀念，没有那么多的想法，只是我知道，有过这么一个过程。"这段话用于宣传片的作用在于能给观众带来悬念：为什么要把17岁以前的生活当作上一辈子的生活？期望通过节目得到答案。这段话用于片尾则凝练了王琦红自强不息的人生观，从而升华了作品主题。加之对这段话进行了人工混响包装，显现出空间和距离，制造出一种内心独白形式，效果明显。

6．打造主持人

主持人是节目品牌的形象代言人，电视节目应凸显节目的代言人。在电视节目包装中打造主持人实际上是宣传形象代言人的一种手段。一个具有收视率的节目应该把主持人打造成为一位明星主持，反过来一位明星主持也可以通过观众对他的认同而带动一个栏目的收视率。以凤凰卫视财经节目的宣传片为例，主角是该栏目的主持人曾子墨，她在讲述节目风格的同时，时而在高处远眺，时而在丛林中前行，同时揉入各种造型特写，强化了该节目的代言人这一屏幕形象。主持人被作为电视节目品牌的一个符号进行包装宣传。品牌栏目与明星主持是相辅相成，相得益彰的。品牌栏目凸显的是内容，明星主持凸显的是表达，二者缺一不可。品牌栏目好比名牌商品，明星主持人就相当于产品商标。以前很多电视媒体都缺乏自我打造主持人的意识，而现在大家都意识到了打造主持人对于节目的意义，许多品牌节目就是通过明星标识得到不断攀升的收视率。所以打造主持人不应该只是依靠主持人的个人努力，而应成为每个编导的自觉行为意识，在节目包装中打造主持人形象是这种行为意识的直接表现。

凤凰卫视主播　曾子墨

主持人的主持风格特点是形成个栏目之间不同风格特点的重要因素，所以节目在包装节目、打造主持人时要注意表现主持人独特的个性化风格，以此达到强调节目独特风格的宣传效应。

7. 片花制作

节目片花一般用于节目播出间隔时间，时长多为3-5秒，常常是栏目片头的浓缩剪辑版。节目间隔片花的设计，在图形信息表达上，主要突出节目名称和节目标识等信息。

专题节目《百战经典》· 片花

节目片花的制作目的，主要着力于两个方面。一方面，间隔片花是控制节目内容播放段落和节奏的重要手段。常见栏目每期节目时长10-30分钟不等，很多栏目，特别是新闻综合播报、人物访谈、故事纪录类栏目，每期节目常常根据主题线索的变化，可分为许多段落和小主题。如新闻类栏目，可分国际新闻、国内新闻、时政新闻、体育新闻等等；人物访谈栏目，节目编导可能根据被访者的成长经历、命运变幻来分出各个小主题段落等。当节目需要停顿、转折时，片花的使用能起提示、调剂和改变节奏的作用。另一方面，间隔片花是控制频道编排结构和商业广告播出的重要方法。节目正常播出中，经常要被插播广告打断，广告前后硬切节目内容会十分生硬，常见的手法就是插入栏目间隔片花，再接入节目，以弥补广告对节目播出流畅性的影响。

片花的画面构成一般不刻意追求表达内容与某一期的具体联系，而讲究具有栏目系列形象的象征性。制作方面则往往以实拍与电脑动画结合完成。

8. 角标设计

角标作为节目的形象标识，其作用不仅是一种装饰点缀，打造节目品牌形象与观众识别是它更重要的功能。

在角标的设计过程中，有两个方面值得关注：一方面，角标的设计可静可动。平面静态的角标在过去很长一段时间内为众多电视频道所使用。随着电视技术的发展和角标商业利益的开发使用，平面静态的角标开始运动起来，动态的角标开始大量出现。动态角标通过丰富的图形视觉效果，有助于强化栏目在观众脑海中的记忆。角标的设计选择静态还是动态，取决于节目的风格和频道整体包装效果的要求。另一方面，角标的设计，承载着节目与频道的品牌信息。节目名称和标识被图形化是角标设计的主要着力点。此外，角标设计还承载着信息。在动态角标的设计中，其色彩的搭配、字体和图形元素的设计风格、运动方式的使用，都被统一规范，并主动遵循频道的整体包装风格。例如旅游卫视拥有30余档栏目，其角标设计风格规范而统一。不仅在在图形上借助于频道的辅助图形，而且在动作方式设计、栏目名称设计上都统一规范，遵循频道的整体包装风格。

河北省群众歌手擂台赛·角标

9.片尾包装

片尾包装为很多人所忽视，认为不过是上个字幕、弥补时间而已。但实际上片尾也是体现栏目和节目特色的一个重要窗口，是整体形象的必要组成部分。片尾画面除了上字幕外，还可以对节目内容作简单回顾，也可以干脆利落地直接以节目内容的渐隐作为开放性结尾。为了增加节目的信息量，有的栏目片尾会接着提供其他信息，比如主持人之间的谈话、节目本身涉及的MV、节目中一些没有使用的素材等。电视连续剧《水浒》每集的片尾都是运用了电视剧拍摄场景的一组画面，增加了节目制作过程的信息量，不失为一种创新手法。

由于节目类型不一，片尾风格也各异。新闻类节目结束时多短促有力，服务类栏目结束时多轻松随意，娱乐类栏目结束时多活泼跳跃。不论是哪种风格，片尾画面形象构图都要注意与字幕协调，音乐也要尽量与片头、片花的风格保持一致。

对节目进行包装也很像替自己的孩子设计一件新衣服，既要有合适的设计方案，又要有精致的做工。合适的设计方案指包装必须符合栏目的特点和风格，突出自己的个性，因

电视连续剧《水浒》·片尾

此节目包装工作也是最讲究创意的。片头要使观众感到有极强的视觉和听觉的冲击力；片中的特技要使观众感到美观、自然；宣传片要突出主题、信息丰富、构思新颖。精致的做工要求编导有比较好的审美意识，尽量多掌握一些电视节目的包装技巧，在艺术上有精益求精的追求。

包装好节目必须以一定的技术作为保障。为什么以前的节目包装不行，这与当时的电视制作技术水平有限和运作机制的不顺是有很大关系的。

在电视节目包装设计中，编导要特别注意三个方面的问题：

首先，要明确电视节目包装的创意与制作是一项艺术与技术结合紧密的复杂工作，工作流程中往往涉及多方面的因素，编导难以独立完成，需要摄像、制作、音乐、动画等部门密切合作及时沟通才能完成好。所以要求编导的知识涵盖面广、创作理念新、协调能力强。编导一定要明确自己在包装中的职责，虽然有些工作是由其他专业人员来完成，但你一定要介入节目的整个包装流程，特别是对各包装元素都要有自己的设计方案，因为他们都是为你的节目包装服务。

其次，任何艺术作品都是可以通过临摹来学习和进步，电视节目包装也是一样，很多包装元素可以通过模仿、借鉴来完成，所以平时多看多想一些好的包装方式对开阔眼界大有益处，一旦需要的时候随时可以借用别人的成功经验。当然，最好是把握好包装的精神内涵，学习成功的制作理念，而非克隆表面的光影效果，要做到看不出临摹的痕迹。

最后，要尽可能熟悉一些电视包装软件。电视节目包装中主要是运用实际拍摄元素、3D元素以及平面元素，再通过包装软件将这些元素进行特效的处理与合成，可见包装软件在整个电视包装中占据了非常重要的地位。

延伸阅读

包装软件简介：

在电视节目包装中经常会使用到的软件主要包括三个方面，分别是平面设计软件(如 Photoshop、Illustrator等) 、2/3D动画软件(Flash、、Max、Maya 、XSI等)和后期合成软件(After Effect、Digital Fustion、Combustion、Shake等) 。

在电视节目包装中，After Effect是一款现今为止使用最为广泛的图形视频处理软件，它具有操作简便，可与大多数动画软件兼容，支持Photoshop、Illustrator等平面软件文件格式，特效插件多，图像处理速度比较快，适合做多层的合成效果等特点，非常适合作为电视包装软件使用。

二、节目合成

电视节目合成是对节目中画面、声音、文字等元素进行综合处理；为节目配解说、音乐和音响效果，将这些分别处于非编系统中不同轨道上的声音、图像等按播出要求合成在一起。还要认真全面地对节目检查、把关，是节目制作流程的最后阶段。这一阶段需要对节目中各种元素综合考虑，根据节目的整体方案对各元素分别进行处理，以达到声画结合的最佳效果。

（一）特技画面

“特技”一词就是特殊技巧的意思，指的是特殊的画面效果。特技画面是指运用电子特技设备对电视图像进行特殊处理和组接的制作方法。特技画面可以对拍摄的正常画面图像进行各种放大、缩小、拉伸、压缩、分割、扭曲等变形处理，使其产生特殊的视觉效果和艺术效果。也可以使画面之间的组接呈现出与硬切不一样的形式，包括淡出淡入、叠化、叠加、划变等多种形式，电视特技极大地丰富了电视的艺术表现力，成为重要的电视创作方法之一。

在节目合成阶段，要根据节目的需要完成所有的特技画面。前面已对常用的特技画面做了介绍，以下就什么情况下该选用何种特技以及技术要求作一个概述。

1．淡出淡入——节目的段落符号

一个电视节目如同一篇文章，需要有起承转合的段落结构安排。除内容上的发生、发展、高潮、结局的结构外，要使其在形式结构上有一个清晰的段落间歇，通常使用的特技手段就是淡出淡入。具体地说，在两种情况下可以选用淡出淡入：一是用于时间流程的间隔与转接。一般用在以时间流程为顺序的节目段落剪辑手法上，以画面淡出结束前一个时间段落所进行的动作与对话，再由淡入开始下一个时间段落所进行的生活流程。在节目叙事中，要经常对现实时间进行压缩与省略，去除无关紧要的繁琐环节，这就使得一部作品中运用淡出淡入的特技手法较多。但要避免连续的短段落使用淡出淡入，这样会显得整体布局比较琐碎。 二是用于空间的转换与分割。即以淡出淡入的方式来间隔不同的空间、人物、地点，使段落结构简洁清晰。在中央电视台拍摄的纪录片《远在北京的家》中，摄像机随小保姆的足迹一会儿在京城，一会儿在乡村，空间的转换均用淡出淡入分割，这样既明确了段落结构，又可以最大限度地节省一些单纯的说明性解说和交代场景的镜头，从而直接切入人物或事件本身，让镜头始终观照富有现实内容的人物命运。

在技术上，淡出淡入主要是注意特技时间的把握，黑场时间过短视觉会不舒服，甚至会有夹帧的感觉；黑场时间过长又会有松散、拖沓之感，一般整个淡出淡入过程应在2–4秒内完成，个别特殊情况除外。

2.叠化——节目的情绪符号

叠化是两个镜头之间组接时常用的方法，与硬切相比，会显得画面比较柔和。所以在电视节目中大量使用。例如在风光片中使用叠化，会使一幅幅画面中的山水更显秀美。叠化有时也称作“软过渡”，当前后镜头组接不畅、镜头质量不佳，比如镜头运动速度不均、起落幅不稳等，都可以借助叠化冲淡这一缺陷。如果将画面重叠部分延长下去，就转变成了叠加效果，能产生另外的意义，可以突出一种回忆、思念等主观情绪色彩，由二重叠化到三重叠化甚至更多，情绪的读解功能会更强。所以叠化的功能作用除了普通的画面组接之外，延长时间的叠化可以表现现实与往昔、真实与梦幻、思念与渴盼之间某种情绪的抒写与张扬，或者由此产生喻义与联想，拓展画面的时空界限，对深入揭示人物的内心世界起到可视可感的直观作用。

叠化的作用还体现在镜头连接后的情绪效果上。如果利用前后镜头的相似性叠化，镜头连接就会表现出一种主观意念。比如，前一个镜头是一棵枝繁叶茂的大树，后一个镜头是这棵大树被锯断只剩下了一个大树墩。采用叠化前后两镜头就建立起了很密切的关联，表现了对乱砍滥伐破坏生态的惋惜情绪。又比如，一个女孩孤独地走在田间小道的镜头与乡间小学书声琅琅的全景长时间叠化，那么在女孩和学校间就建立了一种蒙太奇关系，激发人们对“希望工程”的联想。

将一组镜头连续叠化，适合营造氛围、深化情绪。比如，在片子结尾处，一个人由近至远离去，剪辑时，取这个镜头的近景、中景、大全景三个片断叠化在一起，这样看似变化不大，但是利用叠化，可以强化他越走越远、不会停止的意蕴。

多重叠化（或者称多层套叠）是丰富画面效果的特殊用法，它是指3个以上的镜头重叠在一个主体画面上，常常被用来表现变幻莫测、信息丰富或者幻觉想象等情形。一般的非线性编辑系统的设计只设置两层活动视频，另外再加上一层图文字幕。如果要做复杂的片头、广告、MTV等，需要多层的画面合成及特技，可以由其他软件来完成，然后再调入非线性编辑系统中输出。

在现代电视节目的片头或宣传片中，利用电脑技术，大量采用了多层套叠的方式，也就是在确立基调的画面的各个局部叠化多种形象，在单位时间空间内展示丰富的信息量。

在使用叠化方式时在技术上应注意以下几点：

◎ 由于叠化的过程有2–3秒左右，所以进行叠化的镜头也必须适当地延长。

◎ 叠化速度不同产生的情绪效果不同，叠化速度快慢实际上体现为镜头重合的时间长度。速度越慢画面的舒缓、柔和程度就越高，但一次叠化过程最慢也不能超过7秒。

◎ 进行叠化的镜头稳定性要强。

◎ 要把握好叠化转换的时机，注意人物、物体之间的空间关系和动作的衔接。

◎ 若在运动物体的镜头之间叠化，应注意运动的方向。

◎ 作叠化处理时，两个画面的内容都能清楚地看到，因此，需要根据表现重点和构图的要求选取叠的方式。如大小相叠，远近相叠，重点叠等。两个相似性镜头不宜叠化。

3. 多画面——节目的补充符号

在有限的时空内，同时出现两个或多个不同内容的画面，可以产生多屏分割效果。

在以人物访谈为主的电视节目中，这种特技画面比较常见。一般是以被采访对象的画面为主视点，将谈话的内容运用活动图像或图片的方式叠加在被采访对象主画面的某一局部，做流动处理。这种多画面叠加在一个主画面上的特技方法，既对主画面起到了注释说明和补充的作用，又拓展了画面内容，增大了单位时间内的信息含量。还有一种情况比较适合运用多画面特技，就是表现同一时间里在不同空间发生的关联事件。例如北京申奥成功举国欢庆的场景，采取多画面分别表现北京、上海、广州等地以及海外华人的庆祝活动，相当于平行蒙太奇的效果作用。又例如两个电视台在不同的地方录制同一内容的节目，身处两地的两位主持人围绕同一话题主持节目，都可以采用多画面形式。画中画也是多画面的一种表现形式，即在一背景画面上叠加一幅或几幅比背景画面尺寸较小的画面，叠加和被叠加的画面既可以是静态图像又可以是动态图像，而且叠加画面可实现缩放、旋转、任意方向运动等特技，当然被叠加画面根据需要也可实现相应特技功能。

中央电视台・时空连线

4. 划变——节目的动感符号

划变的方式很多，常用的有：

◎ 水平划变：使下一个画面的垂直边界向左或向右将上一个画面划出。

◎ 垂直划变：使下一个画面的水平边界向上或向下将上一个画面划出。

◎ 对角划变：使下一个画面沿某一方向折线边界将上一个画面划出。

◎ 圈变：使下一个画面沿封闭图形边界将上一个画面划出。

◎ 软划变：使两个分画面边界变得模糊、明暗渐变。

划变的转换也是一个画面渐变过程，但比"淡""化"的动感更明显，体现了画面的一种流动效果。

虽然划变特技都是为了体现动感，但不同划变方式的动感效果是有差异的，应根据节目需要来选择划变方式。例如对角划变的动感效果是最强的，适合于表现大的时空转换；水平划变与垂直划变使上下镜头的关联比较强，一般用于叙述一个事件流程中的时空压缩，同时保留了上下画面之间严密的逻辑关系；软划变边界感觉比较柔和，不太引人注意，从而突出被划变的对象。与“淡”和“叠”一样，在操作中要根据节目内容控制好划变的速度。

5. 定格——节目的强调符号

定格可呈现宛若雕塑的静态美，用以突出或渲染某一场面、某种神态、某个细节等。

在电视节目的实际运用中，定格多被用在矛盾冲突比较激烈或情节跌宕起伏时，将那些转瞬即逝或有特殊意义的情景固定下来，以引起观众的注意力。从连续活动的图像中突然固定住一幅静止的画面，自然有强烈地强调画面内容作用，能给人留下深刻的印象。有人把定格作用比喻为“时间的特写”，当然这里是指观众的心理时间，因为自然流逝的时间是不可能定格住的。在节目中，定格手法还有一个用得较多的地方就是片尾，节目的最后一个镜头用定格特技作为结束的例子屡见不鲜，它便于将注意力集中在作品中最强调的事件或人物的画面上，使观众留有回味或思考。电视的特点之一是画面的流动性，在众多的流动画面中突然出现一幅静止画面，其强调作用是显而易见的。

根据镜头剪辑的需要，定格处理可由动（活动画面）到静（定格画面），也可由静（定格画面）到动（活动画面）。使用定格应注意两点：一是定格帧的选择应有典型意义，画面内容要有代表性，画面造型要有感染力，可以说要选择一帧艺术的精彩瞬间来定格；二是定格时间要控制好，电视艺术毕竟不同于图片艺术，再精彩的静止画面，如果时间延续过长也会影响电视流动画面的艺术特质。

6. 抠像——节目的点缀符号

抠像是吸取画面中的某种单一颜色（通常是蓝色或绿色）作为透明色，将它从画面中抠去，从而使背景透出来，形成二层画面的叠加合成。例如先拍摄在单一色彩的背景下的人物，然后通过后期的技术手段，把背景单一的颜色抠掉，并重新换上其他视频素材作为新背景，形成神奇的艺术效果。制作一幅能从视觉上给人强烈冲击的背景画面，无疑能够给节目起到锦上添花的点缀作用。例如给新闻节目主持人背景配上抠像背景，就可以围绕主持人播报的特定主题(如资讯、经济、农业、IT等)，把相关内容画面作为背景而起到提示作用，加深观众印象。

抠像前后

目前电视台中很多流行的虚拟演播室，也是采用抠像的手法制作出来的。比如中央电视台的《同一片蓝天》、《欢乐家庭》等栏目，使用的就是虚拟演播室。与传统抠像的区别是：传统抠像只是把主持人置于二维背景，而虚拟演播室技术则是将主持人置于一个三维的立体布景当中，给观众带来全新的视觉感受。

有了抠像特技，可以很容易地实现普通人在宇宙中飞翔，鱼在陆地上行走，真实演员与动画明星同台献艺等这些不可能在现实生活中出现的神奇景象。

如果要对前期拍摄的素材进行抠像，首先就要把拍摄人物时场景的布置放在首位。此时场景的布置要考虑到三个因素：背景的干净、用光的均匀和对人物拍摄的构图。背景的干净是最为重要的也是最容易被忽略的细节。在拍摄抠像画面时，用作背景的背景布，不能有过多的褶子，同时背景布本身也要尽量保持清洁。否则在后期制作的过程中，抠像工作会因为背景画面颜色的不统一而降低质量，甚至无法完成。与此同理，在拍摄时，用光也要时刻保持均匀。背景的干净与用光的均匀，都是为了保证背景画面色彩的单一性。由于在单一背景下缺少参照物，因此对人物的画面构图心里一定要有数，同时人物的动作不要过大，以免肢体超出取景的范围。

现在的非线性编辑软件大都能做抠像特技，而且还可以对背景进行一些修改。万一拍摄时背景颜色不大干净，光线不够匀，只要仔细地选取色键颜色，反复比较，并用放大镜在样本窗里放大，用手形工具拖到各个位置仔细观察，一般也能抠干净。如果当画面大小不合要求时进行抠像，如人物没完全在合成画面的位置中，可以将画面缩小或放大，或者重新放置于另一个位置，再与背景进行合成，也就是进行两次抠像，这样也能调整到正常效果。

7. 动画——画面的拓展手段

现代科学技术的发展为电视节目制作开辟了广阔的前景，电子动画在电视节目中的运用充分表现了这一点。动画使电视屏幕变幻莫测，美妙神奇，大大拓展了电视画面的表现能力。

电视节目中如何运用动画特技，可考虑以下因素：

◎ 动画形象地解释抽象的道理，解释事物的内部结构，直观地再现肉眼看不见的微观变化。

科教片·生命的初吻

以动画特技展示科学过程或设备装置的内部结构，既形象又逼真。一般说来，复杂的技术过程，隐蔽的内部结构，微妙的事物变化，肉眼看不见的微观世界，都不容易用普通画面表现。采用动画特技不仅能生动地演示曲折的技术过程，再现枯燥的组织结构，形象阐述复杂的科学道理，放大微观世界的变化，而且动画特技使抽象的道理形象化，枯燥的理念视觉化，极大地拓展了画面表现力。

◎ 动画特技适合于表现真人实景不易表现的题材。

比如，分析一起银行抢劫案，劫匪潜入银行的线路，在什么位置打死保安人员，如何劫走巨款，又在城市的什么位置得到接应，数次弃车换车的情况，以实景表现就比较困难，单用解说叙述又不够形象，但是如果用动画特技手法就一目了然，而且形象生动。

◎ 动画与实景相结合，可以增强动画效果的真实感和可信度。

动画特技有好的一面，也有不足的一面。动画特技毕竟是人工合成或电脑绘制的，给人的第一印象是脱离现实，实景与动画结合可以弥补动画手段这方面的缺陷，如果节目需要，用这种方法可以增强节目内容动画的真实性与可信度。目前，很多电影和动画片都采用了动画与实景相结合的方式。

中央电视台·阿里山小火车翻车

动画片·小胖妞3

动画不仅仅是一种特技手法，也是一种综合艺术门类，一种集合了绘画、数字媒体、摄影、音乐、文学等众多艺术门类于一身的艺术表现形式。所以在电视节目制作中运用动画特技是一项专业性很强的工作，一般需要动画专业技术人员来完成，但节目编导需要参与创意，以便专业人员能够根据节目需要完成特技。

从制作技术来看，动画可分为以手工绘制为主的传统动画和以计算机为主的电脑动画；按动作的表现形式来区分，大致分为接近真实动作的“完善动画”（动画电视）和采用简化、夸张动作的“局限动画”；从空间的视觉效果上看，可分为二维动画和三维动画；从播放效果上看，还可以分为顺序动画（连续动作）和交互式动画（反复动作）；从每秒放的幅数来讲，还有全动画（每秒24帧）和半动画（少于24帧）之分。作为电视编导，不一定要求掌握这些技术，但有必要了解动画的一些基本概念与知识，知道怎么利用动画形式去为自己的节目服务。

在电视节目中采用特技画面时应该注意两个问题：一是不要滥用特技形式，偏离节目意义。不要因为特技画面的华丽、炫耀、新奇的效果，不顾节目内容而一味滥用特技，纯粹为了特技表现而使用特技，如果这样，特技在节目中将失去其最重要的价值。二是不要单纯追求视觉效果，忽视节目内涵。盲目追求特技形式的新、奇、特效果，过分花哨处理，画蛇添足，很容易造成视觉混乱，失去中心，无法真正表达主体内容，对表现节目内涵不利。

（二）声音合成

声音合成就是将解说词、各种效果声和音乐依照画面的位置和长度分别加以确定，三者最终有机地混为一体的节目制作过程。

声音合成的基本原则是：声画呼应、强弱得当。

1. 声画呼应

在电视节目中，声音的各个成分与画面之间有着不可分割的密切关系。声音离开了画面，或者说不与画面呼应，就失去了它应有的作用。

虽然解说词不完全是对画面的注解，但解说词的出现必定是依照画面而行。最容易出现的问题是解说词过长，超出了这段画面的时值，遇到这种情况应当缩减这段解说词，否则就要增加画面长度。

效果声必须同场景或动作相呼应。环境有环境的声响，动作有动作的声响，镜头素材中的同期效果声一般没有对不准的问题，但是后期配的效果声和模拟效果声就有与画面中环境或动作是否吻合的问题。剧情片的后期配音更是需要有“对口型”的工作，如果口型没对准，会产生虚假效果，有时还会弄出笑话。其他效果声，枪炮声、刀剑撞击声都要与画面动作相呼应。而发生部位不大明显的宏观场面性的效果声，则主要与场景相对应即可，如公路上的汽车声、农贸市场的嘈杂声、大轮船的汽笛声等等。

音乐是比较抽象的艺术形式，既不像画面那样清晰可见，也不像文字那样具体、准确，所以在节目合成时，音乐不一定需要与每个画面相配合，但必须同节目的段落相呼应。音乐绝大部分都是成段地使用，它是依据节目的段落起止来配合使用的，音乐与画面段落之间要构成同起止的呼应关系。

2. 强弱得当

节目合成的任务之一是将声音的三个成分结合在一起，最终成为一个有机的整体。在节目制作过程中，音乐、解说、同期声这三种声音是分别录制的，在编辑时需要完成将这三种声音合成的制作程序，需要把粗编时分别录在不同声音轨道上的这三种声音合到一个声音轨道上，因为最后的成品只允许一个声道有声音。

根据节目画面内容的需要，声音的各个成分有时是单独存在，有时是两项存在，还有时是三项同时存在的。这就提出了一个问题，当有任何两项以上成分同时出现在声音中时，如何分别主次？所谓主次的区别在声音的处理中就是指强弱的变化。音量强的为主，音量弱的为辅，任何时候人声（解说、对白）、音响、音乐的三种声音成分都是有主有次的，而不是旗鼓相当、喧宾夺主的。

一般情况下，以解说词或对白形式体现的人声在声音元素中都应该是最强的。这里所指的强是指最佳录音电平——最大而不失真。解说与对白无论何时出现，也不论是伴随效果声或是音乐声中出现，都要保持声音的响亮和表达的清晰。因此，凡是解说、对白与其他成分同时出现（并存）时，总是要将效果声或音乐的音量压低（电平降低）。降低的程度以具体节目中的需要为依据，至少要降低到不影响解说或对白的清楚表达为准。

当音乐与效果声同时出现时，往往是压低音乐加强效果声，这是因为效果声所表现的是某种真实的事物，而且从长度来看，效果声往往比音乐的时值要短。强弱比例同样要求弱音至少要保持在还能听到的程度。

综上所述，一般情况下，声音成分中的人声，包括解说与对白在声音的主次上排行第一，不论何时，同谁并存，总是音量最强的元素。其次是音响效果声，当与解说或对白并存时应稍弱，当与音乐并存时，音量可稍强于音乐。排在最后的是音乐，不论同谁并存，都需要降低音量，突出对方。

（三）字幕运用

在电视屏幕上显现的文字被称为字幕，它是电视屏幕上文字的总称，也是电视屏幕信息的重要组成部分。字幕作为电视视觉语言的重要组成元素，不仅具有补充、配合、说明、强调、渲染、美化屏幕的作用，而且还具有画龙点睛、为电视节目增光添彩的艺术效果，成为电视艺术领域不可缺少的重要组成部分。随着计算机技术、多媒体技术在电视节目制作领域的广泛应用，字幕在修饰和包装电视节目中起着越来越重要的作用。

我们应尽可能地将电视节目中的字幕制作得合理规范、特色鲜明，那种千篇一律的白底黑字显得过于苍白，已经不适应现代电视的要求。因此，丰富字幕的表现形式，让字幕变得“鲜活”起来，成为电视节目合成追求的目标之一。

1．字幕的种类

电视节目中常见的字幕形式主要有以下几种：

◎ 片头、片尾字幕（制片人、编辑、技术人员、监制、频道）；

◎ 同期声字幕（采访）；

◎ 标题字幕（节目主题、故事名称、段落提示）；

◎ 说明性字幕（时间、地点、人物、职称）。

2．字幕设计

由于电视屏幕的限制决定了电视节目的表现手法和叙事结构是以人物和景物为主体的，字幕只能用作说明、修饰画面的一种辅助手段。不同类型的字幕制作方法和要求也是不同的。

◎ 单纯的字幕

没有其他画面的字幕是比较单纯的、较能吸引观众的字幕。这时，编导所要做的是给设计好的字体安排位置、间距和大小，要基本遵循“大字体小间距，小字体大间距”的原理。这种单纯的字幕大多是在片子的起幅和落幅时，以淡入淡出的形式出现为主。

◎ 标题性字幕

标题性字幕通常用于片首，以5–10秒为宜，用以表明电视片的主题思想和内容。标题性字幕多用彩色的字，不同的色彩标题所表达的情感和气氛不同，使画面产生的艺术效果也不同。有的深沉凝重，有的质朴富有生气，有的清新活泼，标题性字幕要根据电视节目的题材形式、表现风格以及画面色彩、节奏、情绪的需要，量体裁衣，合理选择，增强作品感染力。可以把字侧过来，可以把字图像化，也可以让字发光，甚至可以将人性化的动作赋予文字。如一些少儿节目的字幕，常选用少儿手写体，颜色一般以艳丽为主，字幕的构图分布以及入屏出屏方式，采用夸张或拟人手法，尽量让字幕活起来，利用特技逐字跳、滚、飞、转等进入画面，富于变化，突出重点，要充分展示“天真、欢快、活泼、健康向上”的内涵，给孩子们一种美的享受，并产生亲切感，收到较好的艺术效果。

◎ 说明性字幕

说明性字幕要简洁大方，清楚易懂；字体应以方正规矩的黑体、简体、圆体为主。最好不用彩色字，以白字黑边为好，适应于任何背景颜色，使画面和字幕显得干净明了，又不失其严肃性。字号不宜太大，在30—36号之间较为适宜。

说明性字幕的播出位置，要根据说明对象的位置来确定。一般时间、地点、年代多放于屏幕下方（居中横放），人物名称和职务多根据所要说明的人物确立中景或全景（字幕竖播）。如有大量说明性文字时，多采用渐隐渐显或滚屏方式处理。这两种方式的文字信息容量较大。

说明性字幕的播出时间一般要根据篇幅大小来定，以观众能够看清的时间作为出画的依据。

◎ 片头、片尾字幕

片头字幕即片名字幕，在任何一个电视节目中都是不可少的。它如书名一样，观众从观看片名字幕中了解到电视节目所要介绍的是属于哪一方面的内容。如新闻类节目，字幕要严肃、简洁，字体以方正规矩的黑体、圆体为主。

片尾字幕包括监制、策划、制片人、编导，以及摄像、编辑、包装等技术人员。为了体现对制作人的尊重，字体要以清晰美观大方为准则，职务、名称最好选用两种不同的字体，以示区别。字号、职务一般选用30—32号间的字；人名一般选32—36号之间的字；字幕颜色不要与画面衬底色彩太近。字幕要清晰易辨，滚屏速度不要过快。

◎ 同期声字幕

各个地方的语言差异较大，有的与普通话相差甚远。给采访同期声配上字幕，可以消除语言障碍，让各地观众了解、熟悉节目内容，并有可能与此产生共鸣，达到更好的传播效果。同期字幕一般以黑体为主，字色为白色，字号一般在24—28之间，播出方式以硬切为主。字幕内容和声音要完全吻合，不能有错别字。

◎ 滚动字幕

滚动字幕我们又称“飞字”，一般位于屏幕的最下方，从右至左滚动，内容大多为节目内容外的一些信息，如节目预告、节目时间更改、各类通知等。有的新闻节目会播一些各大报纸的摘要、国际快讯、天气预报等等。有的专题节目根据需要也可采用这种方法进行内容的补充或强化。字号一般在24—26之间，可以加衬底提示观众注意，但要与主体画面搭配协调。

3. 添加字幕时应注意的主要问题

◎ 不能有错别字和非规范字。错别字和非规范字的出现会严重影响节目质量。

◎ 字幕篇幅不能过大。字幕虽然重要，但只是对图像和声音的补充，只能起到辅助作用，不宜大段出现，影响电视的特性，毕竟电视不是以文字见长的艺术形式。

◎ 一切字幕都应该以节目的需要来合理选择。例如字幕节奏的快慢选择，在一般情况下，可读性字幕的节奏，每分钟以200—220个字为宜，片名字幕可控制在每秒钟两个字左右。

4. 字幕与画面的配合

字幕是电视节目整体艺术构成的重要组成部分。如何使字幕形式在视觉上吸引人？如何使字幕真正成为画面构成的重要元素？如何使字幕本身构成优美的画面？这些问题都牵涉到在节目合成时字幕与画面如何配合的问题。

◎ 字幕颜色设计

不同颜色的字幕表达不同的情感和气氛。白色的字幕显得客观、真实、准确；红、橙、黄等暖色字幕给人以温暖、热烈的感觉；青蓝紫等冷色则使人感到沉静、深远，或使情绪趋于压抑、消沉；绿色使人感到心境平和、宁静轻松。所以新闻片一般以白色字幕为主，旨在强化内容的真实性和报道的客观性。

文艺节目、少儿节目以及广告的字幕可根据内容选择多种颜色与字体变形处理，还可以选择特技手段使字幕的颜色交替变化，呈现一种梦幻之美、闪烁之美，用于展示童话世界的美妙、现代科技的神奇和休闲娱乐的轻松活泼。

中小学生口头作文电视大赛·阳光少年

在一般的节目中，字幕颜色的选择应注意保持统一的基调，切忌随心所欲乱用颜色。比如，有的节目连续采访四个人物，分别打出四屏人物介绍的字幕，但却使用了四种不同颜色，这就很不合适，使节目显得粗俗、平庸，格调不高。所以从整体上说，字幕颜色的设计应力求清新醒目，协调一致，并突出与节目内容相匹配的主色调。

◎ 字幕的背景设计

注重字幕的背景设计，要根据节目的需要精心选择一些简洁的线条和清新典雅的图案，包括线条、色彩、点面组合的形式，并遵循一定的规律发展和变化，创造出颇具艺术韵味的节奏感和韵律感。选用相宜的线条和图案构成字幕的背景，不仅赋予字幕以形式美感，而且能为字幕增添艺术氛围，提高字幕的艺术品位。但同时要注意，不可选择太艳丽、太花哨的线条和图案，背景只是一种陪衬和烘托，目的在于美化字幕，切不可喧宾夺主。

◎ 字幕的排列方式和位置

电视节目中最为常见的字幕排列方式是横向排列，迎合人们阅读文字的习惯，在特殊情况下才会考虑竖向排列与斜向排列。字间距一般是相等的，个别情况才会出现字间距不相等。字幕大小主要是根据不同字幕种类来确定，由大至小的顺序应该是：片头字幕、标题字幕、片尾字幕、说明性字幕、同期声字幕。

字幕在画面中的位置应该是灵活多变的，与画面中的景物、物体、人物一样没有一成不变的固定位置，既可以集中在某一区域，也可以占据画面上的两三块位置，甚至形成点状分布。但是同期声字幕一般设在屏幕下方居中位置，这样尽量避免了对画面的影响。现在16:9的遮幅式画面都是把解说、对白等人声字幕内容打在遮幅的下方位置，使画面与字幕完全分屏，最大限度地减少字幕对画面的干扰。

◎ 用光线对字幕进行辅助造型

光线是一支神奇的画笔，光线的变化可以形成不同的影调、色调和造型的字幕。光线在字幕上流动，宛若一股流动的碧波；字幕的一侧显现出一片投影，如同画幅外投射一束阳光。光影在字幕上的变化，体现出一种流动和韵律美，一种立体感。

◎ 适时为字幕加边框

为单个字体加边，可以使肩架结构不稳定的字变得均衡平稳，使笔画密集的字体变得清晰可辨，使平面字体呈现出一定的立体感。为一组字幕加边加框，则有明显的装饰意味和整体感。特别是在设计节目和板块名称时，为字幕加上相宜的边框，可以使之更醒目、更突出。

中央电视台法制频道·宣传片花

5. 字幕与解说的配合

字幕不仅要与画面相配合，也要密切配合解说词传达信息。字幕与解说词的配合主要体现在帮助解说表意和强化记忆两方面。

例如当节目内容涉及中国历史上的典故、传说时，单靠解说词表述可能使得观众听得懵懵懂懂，似是而非。如孔子曰："学而时习之，不亦说乎？有朋自远方来，不亦乐乎。"这段话若不借助于字幕将字和词呈现在屏幕上，观众就很难正确理解其中的内涵。又如，在一些意境深远、抒情言志的风光片中，解说经常会吟诵几句触景生情的妙语佳句。如"沾衣不湿杏花雨，吹面不寒杨柳风"，"窗含西岭千秋雪，门泊东吴万里船"等。在解说词娓娓道来时辅以字幕，观众可能才确切体味每一字词的准确含义，从而更能领悟到其中的优美意境。

在不少新闻或专题节目中，有时会牵涉一些数字概念，像年产量、纯利润、百分比、增长幅度、人口比例、占地面积等。这些看似统计得十分精确的数字概念，通过解说报道出来观众是很难记住的，数字越精确，观众能记住的可能性越小。有必要以适当的字幕或图标形式呈现在屏幕上，结果就会完全不一样，观众耳听眼到，大大增加了记忆这些数字的可能性。

虽然解说与字幕在节目中的主要功能都是表意，但遇到上述情况很有必要解说与字幕配合，形成听觉与视觉双通道传递信息，观众才能领会其中的含义和意境。

在字幕的运用方面，一名电视编导应该给自己的作品确定一个基调，然后通过各种不同字体、不同大小、不同色彩的组合，字幕不同的出入画面方式、节奏以及与声音之间的搭配来尝试它的风格倾向，形成总体的情调和感情倾向。好的字幕运用应该是整体上的协调和局部的对比，于统一之中又具有灵动的变化，从而具有对比和谐的效果。这样画面才会产生视觉上的美感，符合人们的欣赏心理。

三、检查成片

节目初步完成后，应对成片进行全面检查。这项工作就像是在产品出厂前需要进行质量检查一样，不能让它带着瑕疵流入市场。

全面检查电视节目除了推敲意义表述外，最主要的就是检查节目的各项技术指标。以下是比较常见的问题，应重点检查把关。

（一）图像检查

图像质量不好的画面坚决不能用。

图像质量不好有很多种情况，常见的有明显杂乱信号，闪烁、掉色、偏色、拉道、拉毛、波纹、花屏、马赛克，不同步等。其中有的是无法解决的问题，需要删除或替换图像；有的是可以调整修复的，利用色度特技可以对画面的饱和度进行调整，利用亮度特技可以对画面的亮度进行调整等，合理地运用这些画面特技一般都可以把有问题的画面调整到正常的标准。

质量好的图像标准是画面清晰度高、亮度正常、层次感强、彩色还原好、杂波和干扰少。

（二）声音检查

检查播出节目中声音是否清晰，是否忽大忽小，有无失真现象和噪声干扰等。检查所有的声音是否都合成到了一个声道上。

检查声音时特别要注意声音的音量是否均匀。实际上，音频信号的“满度电平”与声音的“响度”是不均衡的，有些电视节目在声音制作过程中，只注重音频信号的“满度电平”值控制，不考虑不同声音类别动态范围和能量分布的不同，而造成节目声音“响度“不均衡，影响到节目声音的主观感受。如出现这种情况，必须调整过来，达到整个节目音量的均衡。

（三）字幕检查

整体检查字幕的内容、颜色、背景、排列方式和位置、出入方式和速度等情况。如有不当及时调整。

特别要检查是否有错别字、漏字、不规范字体的存在。一个完整的电视节目中字幕量是很大的，难免出错，成片检查是最后一道关卡，一定要认真细致地进行检查。

（四）剪辑点检查

检查所有的剪辑点，看是否有夹帧现象。

对一些令人不适的剪辑点进行调整。编辑时有时没有注意到编辑点前后出现明暗或色彩的跳变，跳变虽然不算是技术问题，但会影响主观视觉感受，让人看起来不舒服，所以也要加以调整。

检查所有的淡出淡入、叠化、划变等技巧性组接的剪辑点，特别要检查这些特技过程的时长是否与节目内容协调。

（五）节目时长检查

电视节目对时长的要求是很严格的，特别是栏目，对时长的规范精确到秒，编导决不能任意地延长或缩减节目时长。

节目时长指从1分钟彩条30秒黑场之后出现的第一帧画开始到最后一帧画面为止的时间，定为节目实际时间长度，简称“时长”，误差需控制在±15秒内。编导必须认真检查节目时长是否符合这个标准。

（六）磁带检查

检查播出的节目带中引带彩条信号开始点是否置零、时间码是否连续、有无磁迹中断和偏磁现象；确保磁带无机械拉伤、无卷边、无皱褶、无受潮霉变。

节目结束时是否设置30秒黑场与无声。

正式节目完成片磁带及磁带盒须标注节目名称、编号、节目时长（不包括彩条和黑场）、声道内容、制作完成日期。

到这里，一部完整的电视作品就完成了，编导的工作也结束了。接下来要做的，就是好好休息，准备开始下一部作品的创作。

单元学习小结

包装与合成是电视节目创作与制作的最后程序，编导需要精心设计、制作、把关。电视节目包装是节目的外在形式，包括声音（语言、音响、音乐、音效等）、图像（固定画面、活动画面、动画）、颜色等要素，包装质量的优劣直接影响节目的收视效果。

本单元阐述了电视节目包装元素，重点介绍了文字的设计和色彩的调配，并针对节目宣传片、片花、角标的设计提出了一般性指导原则。

声音合成与成片检查是本程序中最容易忽视的问题，本单元最后强调了这两项工作的重要性。

☞ 实训项目

实训项目：电视节目包装合成

实训方法：案例法、头脑风暴法、实操法

实训条件：非线性编辑系统、监视器、笔记本电脑（自备）等

实训要求：1. 特效运用合理，视觉效果流畅；

2. 片头、片花、片尾风格与节目主题吻合，相关音乐音效富有冲击力；

3. 字幕设计简洁清晰，底色搭配富有美感；

4. 画面、声音等各项技术指标符合要求。

实训步骤：1. 制订包装设计方案；

2. 字幕的设计与制作；

3. 片头的设计与制作；

4. 片花的设计与制作；

5. 片尾的设计与制作；

6. 检查成片并调整；

7. 合成输出。

实训成果：

一部完整的电视节目（下载到录像带或生成视频文件）。

成果评价：

小组互评，教师团队共同评价，评价等次（分数）作为作品最终考核成绩。

案例简介

1. 文献纪录片《脊梁》

2006年6月23日，为向党的85岁生日献礼，由中共中央党史研究室、中央电视台、中共江苏省委宣传部、江苏省广播电视总台、中央新闻纪录电影制片厂联合摄制的大型文献纪录电影《脊梁》正式公映。

中国共产党由最初成立时的数十人发展到2006年的6000余万人，前后85年的风雨历程，无数共产党人在中华民族生死存亡的危急关头、在中华民族生存发展的关键时刻默默奉献乃至献出生命。一部90分钟的电影要贯穿85年的时间，展示这样一些人、这样一段历史，有相当大的难度。因此，《脊梁》摄制组认为本片必须有恰当的结构方式：选择中国共产党发展历史上的重大历史事件，以点带面，勾勒整个中国共产党的发展进程；在电影所表现的历史事件中，选择有典型意义的普通共产党人的先进事迹，揭示历史细节，以普通共产党人为中华民族奉献牺牲为线索，展示中国共产党建党85年的壮丽历程。从而，更进一步展示在中华民族的崛起和发展中，中国共产党所起到的先锋队、领路人作用。

导演：邹德昌

视频网址：http://v.youku.com/v_show/id_cc00XMjAyNDk5MDA=.html

2. 纪录片《故宫》

故宫，是一座皇家宫殿，也是一座博物馆。凝聚着近600年的宫廷变迁和人世沧桑，积淀了几千年的文化。2002年，故宫博物院和中央电视台决定联合制作电视纪录片《故宫》，第一次全面反映故宫的建筑、文物和历史。

《故宫》一共12集，每集50分钟，为高质量地完成这部纪录片的拍摄，中央电视台和故宫博物院双方都投入了很大的力量。中央电视台为《故宫》组织了强大的创作阵容，在内容创作方面，摄制组遵循了权威性、客观性与可视性、故事性完美结合的原则，力求最大限度地兼顾普通观众与专业人士的观赏需求。为了达到完美的艺术效果，本片使用高清晰度摄录设备拍摄，各种高级摄影辅助器材和电影级灯光设备，以及先进的后期设备的使用，保证了本片一流的制作水准。《故宫》中大量的动画制作也创造了纪录片中动画创作的新纪录，比如故宫的修建过程、康乾盛世时的故宫、场面浩大的典礼仪式的再现等，为本片增加了真实的视觉效果，一些新的动画技巧的使用也给人留下深刻印象。

《故宫》从故宫的建筑、使用、馆藏文物等方面，全方位地展现故宫，既有文物的展示，又有历史的梳理，既有严谨的科学论断，又不乏生动的故事与人物命运的讲述。全面、系统、客观地展示了故宫的历史。那美轮美奂、神秘沧桑的宫廷建筑和馆藏文物，那很多不为人知、生动鲜活的人物命运和历史事件，以及其中蕴含的丰厚的艺术文化和思想内涵给观众带来了前所未有的崭新感受。

导演：周兵

视频网址：http://v.sogou.com/series/gugong.html

3. 纪录片《华尔街》

十集大型纪录片《华尔街》，是中央电视台首次采用高清格式倾力制作的金融类特别节目；是中央电视台继《大国崛起》(中国政府一等奖)、《水问》(亚广联纪录片大奖)之后的又一重大选题；是中央电视台首次全面深入世界各大金融中心，采用以大量纪实为主的拍摄手法，充分体现电视本体语言的全新创作；是在中国金融市场开放过程中，寻找他山之石的重要作品。

影片以华尔街金融危机为契机，以证券市场为中心，梳理两百多年来，现代金融来龙去脉，探寻、发现资本市场兴衰与经济起伏的规律，为决策者提供依据，为资本市场的实践者提供镜鉴，为大众提供关于资本市场的启示。同时，也为中国人全面理解华尔街，全面理解美国，甚至全面理解现代金融与一个国家崛起的关系，提供最有益的帮助。这是中央电视台深入华尔街，在历史坐标中，对资本市场的一次庄重表达。

影片云集了国内外金融界知名学者、专家、政府官员及企业精英，并特别邀请吴敬琏先生作为本片的学术总顾问，邀请美国耶鲁大学管理学院金融学终身教授陈志武先生作为本片的学术总指导。

《华尔街》剧组汇集了中央电视台及国际知名导演、拍摄制作人员，诚邀Brown University等国际知名大学人士担任国际制片工作，建立了良好的国际制片保障体系，确保了该片在央视2010年经济开篇之作中的卓越水准。外景摄制组前往纽约、华盛顿、洛杉矶、底特律、费城、芝加哥、达拉斯、斯托克顿，阿姆斯特丹、鹿特丹、伦敦等国际重要金融城市，分别拍摄代表性的金融家、学者、企业家、政治家等。

导演：李成才

视频网址：http://jingji.cntv.cn/special/hej/01/

4. 纪录片《再说长江》

作为20年前《话说长江》的续篇，由中央电视台摄制的大型纪录片《再说长江》从2006年7月16日起在央视一套播出，一共33集。

20年前的《话说长江》，是中国电视史上载入史册的收视奇迹，《再说长江》则是中国电视史上规模最大的一次记录长江的行动，并且用高清摄像机记录了当年《话说长江》限于技术问题而没能拍摄到的镜头。

《再说长江》中有很多《话说长江》的镜头重现，当年片中的很多人物也重又走进新片中。作品以长江沿岸风光地貌、风土人情的变化来反映中国20 年的经济建设所带来的巨变。20年前的《话说长江》是部风光片，散文化的解说让没走出过家门的老百姓看到了祖国各地人们的生活状态，20年后长江沿途很多地方都已成了旅游胜地，早已不再神秘，所以本片用“以人为本、以纯纪实”的手法讲故事，用对比来展现长江的变化以及中国的变化。更重要的是，《再说长江》让观众看到了变化的背后其实是不变，20年巨变的根源在于中华文化血脉相承的不变。

《再说长江》第一次利用多种飞行器对长江全流域进行了大规模的航拍，第一次运用高清晰数字电视技术进行拍摄与制作，第一次使用杜比立体声录音技术。

导演：李近朱、刘文

视频网址：http://jilu.cntv.cn/humhis/zaishuochangjiang/videopage/index.shtml

5. 纪录片《沙与海》

1990年，辽宁电视台和宁夏电视台联合摄制的电视纪录片《沙与海》率先用电视纪录片的体裁反映时代变革中的寻常百姓：刘泽远是内蒙与宁夏交界处沙漠边缘的农民，他在沙化的土地上种植粮食，饲养骆驼，全家的水源来自一口井，每年的收入是5000元。刘丕成是辽东半岛上一个孤岛的渔民，当地人传说他已经赚了40万的家产，他很不愿意引人注目，甚至对摄像机产生了敌意。虽然两个家庭的生活环境和条件不一样，但是编导试图在表现各自独有的生活方式的同时，寻找某种共同点。事实上，他们的生活都牢牢被大自然所左右，沙暴可以摧毁一切，正如海暴可以摧毁一切一样，而对两位主人公来说，对于未来和子女的难以把握，给他们带来了同样的孤独感。

《沙与海》冷静地将两个完全不相识的家庭放在一起进行考察，描绘了改革开放以后沙漠地区和渤海地区两个不同环境下人的生存境况，反映了中国人思想生活观念的变化。创作一改传统模式，吸收了国外纪录片的创作方法。作者善于抓取人物瞬间丰富的音容笑貌、内心活动并使其构成情节。通过对人物及其环境的描绘，构成原生态的故事，从而产生强大的艺术感染力。此片荣获第28届亚洲广播电视联盟奖，重编更名为《生活》，入展1995年日本山形国际纪录片电影节。

导演：康健宁、高国栋

视频网址：http://v.youku.com/v_show/id_XODE5OTYzMg==.html

6. 纪录片《最后的山神》

本片忠实记录了鄂伦春人最原始的生存方式，尤其是他们制作桦皮船的工艺，但是随着老鄂伦春人的逝去，古老的传统就渐渐遗失了。《最后的山神》表层记录了大兴安岭鄂伦春人孟金福夫妇在山林中的生活，内在却“自始至终形象地表现了一个游牧民族的内心世界——以自然万物为神灵，日月水火，山林草木，都可以成为他们膜拜的对象”。

这部创作于1992年的作品，既表现了老一辈鄂伦春人对传统山林生活的眷恋，也表现了新一代鄂伦春人对现代文明的追求，反映了鄂伦春人由游猎生活到定居生活的心理变化过程以及由此产生的思想、文化碰撞，揭示了人与自然和谐相处的深刻主题。

此片1993年荣获第30届亚洲广播电视联盟奖，1995年荣获第九届“帕尔努”影视人类学电视节特别纪录片奖。

导演：孙增田

视频网址：http://jishi.cntv.cn/C20434/videopage/

7. 纪录片《龙脊》

这部作品以在广西壮族自治区龙胜山区一个叫龙脊的地方生活的人为创作原型，用写实主义的表现手法描绘一个中国村落里的百姓形象。由于作品集中关注人的生存状态、人的命运以及厚重的历史沧桑感，因而产生了丰富多义的社会意蕴。作品站在人性的高度，观照淳朴、本色、生生不已的龙脊山人。

该片主题立意建构在对龙脊山区急剧变革的社会生活和龙脊人不变的精神品格这种变与不变的关注和思考上，力图通过对龙脊人生产、生活及情感活动的细腻展现，阐释对普通人的关切，阐释对中国社会最基本的细胞组织的思索，阐释人与家园之间的血肉联系。同时，艺术与生活也在片中形象地产生联系，由此激发人们思想火花的碰撞与情感的升华。

导演：陈晓卿

视频网址：http://v.youku.com/v_show/id_XMzkzMDAxNjAw.html

8. 纪录片《舟舟的世界》

舟舟是一个患先天愚型症的孩子，人们通常叫他“傻子”，这是一个极大的误解。他是武汉交警乐团乐手的孩子，特殊的环境使他对音乐有着超常的敏感，在某种意义上本片讲述的是一个弱智儿童和音乐的故事。

本片历时10个月跟踪记录了舟舟的生活轨迹，这个被展现的世界是全新的、有趣的、使人惊讶的和令人感动的。

尊重一切生命，强调生命的质量，推崇人文关怀，思考人与环境的关系，这是本片在理性层面上的立意。

导演：张以庆

视频网址：http://tv.sohu.com/20120509/n342765395.shtml

9. 纪录片《远在北京的家》

这是一部关于北京这座特殊城市的纪录片，讲述的是几位来自安徽的农村姑娘到北京打工、在北京生活的故事。到处都是高楼大厦的北京对这些小姐妹来说是完全陌生的。做保姆一类的工作，这恐怕也是她们唯一的选择了。因为她们基本上没有多少文化知识，只能做一些简单的家务活。从踏上北京土地的那一瞬间，她们的闯荡也就艰难地开始了。

全片通过四个段落，记录了姑娘们在北京的经历，以及她们的生活遭遇，这是贯穿全片的核心。片中，导演巧妙地把主人公在春、夏、秋、冬四季中的生活经历作为段落，把她们从到保姆介绍所找工作到遭遇生活的艰辛与甘苦等过程，放在这四季中加以描写。把一部纪录片的主题或者中心，也就是创作者试图在片中所说的“核”作为“圆心”，而“半径”则是片中主人公或被摄主体所要登场的主要活动区域，是一部采用绘圆法进行结构的纪录片力作。

导演：陈晓卿

视频网址：http://jishi.cntv.cn/C20238/classpage/video/20100701/100049.shtml

10. 纪录片《平衡》

可可西里是国家一类保护动物藏羚羊的主要栖息地。因能够带来高额的经济利润，藏羚羊受到一批批盗猎分子的疯狂捕杀，在短短的十年中，藏羚羊的总数竟减少了三分之二。

1994年1月18日，青海治多县县委副书记索南达杰在抓捕18名盗猎分子的行动中被枪杀身亡。一年后，他的妹夫、县委副书记扎巴多杰成立了以保护野生动物为主要目的的武装反盗猎组织“西部野牦牛队”，其工作成效受到国内外环保组织以及中央有关部委领导的高度肯定。然而，正当扎巴多杰准备“好好干一番大事业”的时候，他却突然在家中被一颗子弹击穿头部身亡。

《平衡》是摄制组历时三年，冒着生命危险在“生命禁区”艰苦创作而成。该片运用了“真实电影”的创作手法，全片没有一句解说词，利用真实、朴素的镜头语言，记录下巡逻队可歌可泣的人物命运，试图从中寻找到人与自然，人与人之间的“平衡”。

导演：彭辉

视频网址：http://v.youku.com/v_show/id_XOTkzODA3MTI=.html

11. 纪录片《幼儿园》

湖北武汉一家全托制寄宿幼儿园，一群天真无邪的可爱孩子在镜头前展现他们最真实的一面。他们会为了对父母的依恋而大声哭闹，会为了和小朋友偶然的争执大打出手，会为了穿不上衣服以及摆不好椅子而脾气大发，也会为了星期四和星期五的先后顺序讨论不休。孩子的心中没有对错，就如同一张等待书写的白纸，但又不可避免地被强加了许多来自大人的既定价值观。

本片2001年5月开始筹拍，经过近4个月观察和准备于当年9月正式拍摄，历时14个月前期拍摄工作结束，于2004年3月完成后期制作，影片荣获第十届上海国际电视节最佳人文纪录片创意奖、2004年广州国际纪录片大会纪录片大奖。

导演：张以庆

视频网址：http://v.youku.com/v_show/id_XMTA5MjYwODA=.html

12. 纪录片《庐山：人文圣山》

十集大型高清人文纪录片《庐山：人文圣山》由中央电视台新影中心和江西省庐山管理局联合制作，以通史结构娓娓道来，以小见大，具有强烈的视觉冲击力。国学大师季羡林在病榻上为该片题名：“庐山，人文圣山”。

该片运用史料之多、跨越时空之广、拍摄难度之大、采访专家学者之众、设计策划之精心，在电视纪录片中独树一帜，洋溢着浓郁的赣鄱情韵、庐岳特色，首次全景式、大纵深、多角度、宽领域地展示了世界文化景观庐山深厚的文化底蕴、神奇的山川风物、神秘的千峰万壑。

导演：于鹏

视频网址：http://www.iqiyi.com/jilupian/lushan.html

13. 纪录片《黄河》

本片展示了整个黄河流域的地理风貌、民情风俗、文化古迹，从而使观众领略黄河的古今变迁和黄河奔流的神韵风采。

导演：韩军

视频网址：http://www.youku.com/playlist_show/id_3519597.html

14. 纪录片《苏园六纪》

长江岸边的璀璨明珠苏州园林是中国古典园林的典型代表。她典雅古朴、精致秀气，享誉海内外。1997年12月，以拙政园、留园、网师园和环秀山庄为典型的苏州古典园林被联合国教科文组织列为世界文化遗产。

纪录片《苏园六纪》由苏州市广播电视局和苏州市园林管理局联合拍摄，是第一次大规模、系统化地从人文艺术角度反映苏州园林的电视艺术片。影片一共6集，《吴门烟水》对苏州园林产生的文化背景进行了表述；《分水裁山》讲园林中的理水和掇山；《深院幽庭》介绍园林里的建筑即住宅和庭院；《蕉窗听雨》谈园林中的花木经营和园林意境；《岁月章回》是谈园林的兴衰及与人的关系；《风扣门环》则表现园林的养护。

导演：刘郎

视频网址：http://www.56.com/w73/album-aid-9943854.html

15. 纪录片《敦煌》

10集纪录片《敦煌》是中央电视台继《故宫》之后推出的又一部力作，旨在记录敦煌地区历史文化的发展脉络，深入揭示敦煌两千多年来的文化内涵。摄像机对准敦煌和在这块土地上曾经生活过的人们，拨开历史的层层迷雾，将那些被遗忘了的文明一一重新呈现在观众的视野中。全面记录敦煌地区1600年波澜壮阔的历史进程和散落其中的故事，全方位展现100年来敦煌学的学者对这个沙漠宝库孜孜不倦的探索成果。

导演：周兵

视频网址：http://jilu.cctv.com/special/dunhuang/1/

16. 纪录片《三节草》

纪录片《三节草》讲述的是肖淑明老人一生的传奇故事，还是在少女时代，肖淑明被摩梭人土司喇宝成看中，带回泸沽湖成为他的压寨夫人，这一去就是54年。1996年她有机会终于又回到了阔别已久的故乡，当她看到繁华的城市的时候，肖淑明百感交集，她已经不可能重新融入这个城市中来，但是她却萌生了一个强烈的念头，那就是一定要把自己的孙女拉珠送回成都去。全片分为两条线，一条是肖淑明讲述自己早年的经历以及自己的生活感受，一条是肖淑明为了能将孙女拉珠送往成都而做的努力的全过程。本片曾获得1997年第20届法国“真实电影节”特别奖，入围1998年阿姆斯特丹国际纪录片电影节，入围1998年爱沙尼亚国际电影节，入围第40届意大利佛罗伦萨波波里电影节，获得第四届中国纪录片学术奖、第7届中国电视骏马奖。

导演：梁碧波

视频网址：http://v.youku.com/v_show/id_XMzkzMDAyOTg4.html

17. 电影纪录片《小平您好》

大型文献电影纪录片《小平您好》由中央文献研究室、中央电视台、中央新闻纪录电影制片厂、江苏广播电视总台联合制作，是为邓小平同志100周年诞辰特别摄制的。

影片用精彩浓缩的笔墨回顾了小平同志一生中极富传奇色彩的“三落三起”经历，讲述了他在关键的历史转折时刻敢冒风险、力挽狂澜的动人故事。影片撷取了大量珍贵历史资料镜头，真实地展现了小平同志的生平事迹、思想韬略、丰功伟绩和人格魅力。影片创作者没有重复以往同类影片创作中惯用的编年史体例，而是以崭新的当代意识、独到的审美发现和情感化、平民化、日常化的创作视角，将小平同志的光辉形象近距离地呈现在观众面前。尤为可贵的是，创作者在历史资料镜头的寻找、挖掘与整理上下足苦功，其中，部分鲜为人知的历史镜头是第一次在影片中披露，体现出了珍贵的文献价值和独特的审美趣味，给观众带来了耳目一新的感受。

导演：丁荫楠

视频网址：http://v.youku.com/v_show/id_XOTYxNDY2MDQ=.html

18. 文献纪录片《周恩来》

这部由中央文献研究室和中央电视台共同摄制完成的12集电视文献纪录片，深情地诉说着周恩来同志最具风采的生命历程和一个开国总理平凡而伟大的真实故事。该片在总体结构上采取编年和叙事相结合的方法布局谋篇，全片节奏有张有弛，情节有虚有实，纵横交错，起伏跌宕，从而形成了独到的美学风格。此外，该片在运用电视语言方面也给人以全新的感受。在真实揭示历史的前提下，注意影视特殊表现技法的运用，采取时空交错、景物对比、岁月更迭、纪实写真等多种手法来展示时代氛围，表现思想内涵，使历史与现实有机地结合起来，增加了纪录片的感染力。

导演：时间

视频网址：http://news.xinhuanet.com/video/2008-03/03/content_7703676.htm

19. 文献纪录片《毛泽东》

1993年12月，为纪念毛泽东同志100周年诞辰，中央电视台播放了12集大型文献电视纪录片《毛泽东》。这是中国第一部伟人文献纪录片，作品从真实、珍贵的文献资料入手展开历史，具有历史的真实性与厚重感。大量采访与毛泽东相识或与他共过事的革命同志、身边工作人员、亲属以及国际友人，用十分朴实的语言和见证人的身份娓娓讲述，揭开了伟人创造历史、创建新中国的深层原因和精神品格。作品让人们看到了一个真实可信、走下神坛的毛泽东。观众评价“你们做了一件功德无量的大好事”，“是关于毛泽东这位中华民族伟人的最好的形象教材，可称为传世之作”。

导演：刘效礼

视频网址：http://www.tudou.com/playlist/id/7721050/

20. 纪录片《话说运河》

《话说运河》是中央电视台和日本佐田雅志企划社合拍的一部介绍运河历史文化、风土人情的纪录片。开拍于1984年，1986年3月开始在中央电视台播出，播出后的轰动效应大大超过《话说长江》，被称为“激动人心的爱国画卷”和“知识的百科全书”，成为中国纪录片发展史上最早的高潮。

导演：戴维宇

视频网址：http://jilu.cntv.cn/humhis/huashuoyunhe/videopage/index.shtml

21. 纪录片《西藏的诱惑》

该片创作于1988年，是以摄影家孙振华、画家韩书力、作家龚巧明、日本画家平山郁夫4位艺术家在西藏潜心探寻为主线，用散文诗式的结构，表现了一种因环境而形成的特殊境界，讴歌了一种由朝圣而升华的崇高精神。

该片较多地用自然风光的空镜，间插少数人物画面，解说词奔放考究，并且运用了6支插曲，注重审美价值，强调意境营造。在创作中较早地运用了大写意的手法，并大胆地进行了主观情感的抒发，因此曾一度在中国电影界被视为写意派的代表，获全国首届录像大赛一等奖，全国第三届电视文艺星光奖及优秀撰稿奖。

导演：刘郎

视频网址：http://v.youku.com/v_show/id_XMzkzMDAzOTAw.html

22. 纪录片《颍州的孩子》

该片主要讲述了一个感染了艾滋病的小男孩高俊真实的生活状态，父母因艾滋病去世，唯一与他相依为命的奶奶也“离开”了，叔叔因怕别人的歧视而不愿收养他，最后在阜阳市艾滋病贫困儿童救助协会的帮助下高俊走入艾滋家庭，在那里开始了他短暂而快乐的儿童生活，而随着艾滋病毒的恶化，又不得不让他再一次离开……中间不时穿插任楠楠、黄家三姐妹等因受艾滋病影响的孩子的生活，家庭的贫穷与无力，亲情的冷漠与无奈，周围人的歧视与无知，自己的恐惧与无助……最终在社会各界的大力帮助下，他们渐渐走出艾滋病魔的阴影，快乐、自信而坚强地生活。

该片在故事的架构中设置了两条叙事线索：一条是纪实的，记录故事中的两个主人公高俊与任楠楠的生命历程，以及伴随这个过程的周围人的心理、性情的表现。另一条线索是访谈，简短的访谈穿插在纪实的影像片段中，既形成了一种结构，又凸显了创作者的意图。本片荣获第79届奥斯卡“最佳纪录短片奖”。

导演：杨紫烨

视频网址：http://app.ent.ifeng.com/movie/detail/3661

23. 纪录片《大国崛起》

这是中央电视台第一部以世界性大国的强国历史为题材并跨国摄制的大型电视纪录片。展示了9个国家通过不同方式、在不同时期内完成的强国历程，既体现出各自鲜明的不可重复的时代特征和民族个性，同时也探讨了某些相通的规律。

该片第一次用电视纪录片方式将五百年来世界大国的历史立体地、直观地呈现给了观众。它并不是以全面呈现一国历史为目的的教科书的电视版，也不是一部以挖掘历史细节或揭秘历史真相为目的的考古式纪录片；它不拘泥于历史的支脉，不进行文明的比较，而更注重历史带给现实的思考。以此为宗旨完成一部影像化的五百年大国兴起史，这在国内尚属首次。

导演：任学安

视频网址：http://www.iqiyi.com/jilupian/dgjq.html

24. 纪录片《美丽中国》

这是第一部表现中国野生动植物和自然人文景观的大型电视纪录片，也是中央电视台和英国广播公司（BBC）第一次联合摄制的作品。

《美丽中国》按区域划分共6集，每集60分钟。从中国的标志长城开始，经过中华文化发源地黄河流域，走过极寒的珠穆朗玛峰，穿过酷热的西双版纳雨林，沿着中国第一大内陆河长江以及蜿蜒曲折的1.8万公里海岸线，展现出当地的珍稀野生动物、奇异植物、自然风景以及民风民俗。

该片历时4年拍摄，使用当今世界最先进的航拍、红外、高速、延时和水下摄影技术，记录了大量珍贵、精彩的画面，呈现出前所未有的立体角度，向世人展示了中国“天人合一”思想的独特魅力。

导演：Phil Chapman，Gavin Maxwell

视频网址：http://tv.sohu.com/s2012/wildchina/

25. 纪录片《敬大爷和他的老主顾》

敬大爷是一位87岁的高龄老人，也是一位从旧社会走来的老剃头匠。这位家住北京什刹海景山西街附近的老人耳不聋，眼不花，新中国成立前在地安门开理发馆，接待过不计其数的主顾。新中国成立后随着时代的发展，花样繁多的发廊相继兴起，而像敬大爷这样凭着传统手艺吃饭的却越来越少，古老的剃头匠们已被时尚人类抛弃在穷街陋巷之中。敬大爷每天穿梭于各个胡同之间，登门为那些相识几十年的老主顾理发刮脸。这群老人有的健谈、有的沉默、有的达观、有的已是弥留……20

多年时间里，400多位孤独、无名的老人离开。而敬大爷则怀着一颗平实达观的心，以仪式般的郑重送走每一个相伴多年的老主顾。本片荣获2002年中国电视纪录片学术奖、长片类大奖、长片类编导奖和录音奖。

导演：施润玖

视频网址：http://www.tudou.com/programs/view/sMClH2fs0ig

26. 纪录片《撼天记》

虽然中国的航天事业已经有40多年的历史，但它一直是个极其封闭和保密的领域，大多数中国人只能在电视新闻中看到一颗颗卫星和火箭升空，而发射过程背后的东西和几十万航天人的生活却鲜为人知。2003年，伴随中国第一艘载人宇宙飞船“神舟五号”升空的壮举，央视10套播出了20集大型全景式史诗性纪录片《撼天记》。因为首次真实再现了中国乃至世界航天领域长达半个世纪的秘密，播出后观众反响热烈。

纪录片《撼天记》最大的特点就是揭秘性，它第一次走进了航天人的生活，真实地记录、表现、找寻着航天人的欢笑和痛苦。该片不是简单地歌功颂德，而是客观公正，用事实说话。比如首次公开了中国火箭发射中的多次事故灾难，同样也是第一次详细描述了中国第一艘载人飞船“神舟号”研制和发射的来龙去脉。

导演：李鹰

视频网址：http://news.cctv.com/china/20080924/107018.shtml

27. 纪录片《同一个梦想》

纪录片《同一个梦想》用影像的方式，以中国人的视点，对奥林匹克运动的历史进行了一次全面完整的叙述，节目中许多珍贵的历史影像第一次在中国电视媒体上公开。这部纪录片从震撼心灵的人文、历史角度带给观众一个真实的奥林匹克。

《同一个梦想》由中央电视台《探索·发现》栏目历时8个月筹备和制作完成的，从头梳理奥运会的起源和波澜起伏的历史进程，沿着自古至今奥运会的时间线索从和平、文化、友谊、科技、经济、体育等不同的角度，讲述奥林匹克运动史上生动鲜活的人物和令人难以忘怀的历史瞬间。

导演：中央电视台《探索·发现》栏目

视频网址：http://news.xinhuanet.com/video/2008-07/09/content_8516081.htm

28. 文献纪录片《旗帜》

文献纪录片《旗帜》由中共中央宣传部、中央文献研究室、中央党史研究室、国家发展和改革委员会、国家广电总局、中央电视台共同摄制的纪念建党90周年献礼片，《开天辟地》、《浴血奋斗》、《建国创业》、《艰辛探索》、《历史转折》、《滚滚春潮》、《扬帆沧海》、《世纪跨越》、《发展新篇》和《阔步前行》等10个篇章全面回顾总结了中国共产党人带领全国各族人民进行革命、建设和改革的伟大历程、光辉成就和宝贵经验，生动展现了我们党90年来的革命史、创业史、奋斗史，播出后好评如潮。

导演：闫东

视频网址：http://kejiao.cntv.cn/program/qizhi/shouye/

29. 电视专题片《雕塑家刘焕章》

电视专题片《雕塑家刘焕章》是用16毫米彩色胶片制作的一部电视纪录片，时长30分钟，它记录、展示了一个雕塑家精彩人生的精彩片段。面对十年“文革”流失的年华，哀叹、埋怨于事无补，要紧的是争分夺秒、聚精会神地把握住现在。正是靠这种务实精神，刘焕章在不长的时间里，为中华民族的雕塑园增添了数以百计令人感佩的作品。

导演：李绍武

视频网址：http://www.exa.so/jlp/diaoshujialhz/pttnobmnpa.html

30. 纪录片《望长城》

《望长城》是中国第一部纪实性电视纪录片，1991年11月在中央电视台播出后引起了强烈反响。全片12集，每集50分钟，分为《万里长城万里长》、《长城两边是故乡》、《千年干戈化玉帛》、《烽烟散尽说沧桑》四个部分。全片以厚重质朴的历史氛围，朴实无华的纪实风格，令人耳目一新的声画效果，展示了古今千年万里长城的景观，汇集长城内外的历史、文化、军事、宗教、商旅、山川、民俗、风情，使观众从饱经历史风霜的古老长城中获取富有新意的感受和启迪。

《望长城》开创了中国纪实性电视纪录片的先河。它开创的大面积纪实拍摄风格，忠实地践行了“三贴近”的创作原则，第一次让节目主持人走出演播室，走进生活的现场；第一次让纪录片有了故事的情节。它是一部具有民族精神和中国气派的鸿篇巨制，在中国电视纪录片创作中具有里程碑意义。

导演：刘效礼

视频网址：http://jishi.cntv.cn/wangchangcheng/videopage/

31. 纪录片《老镜子》

1920年，9岁的池煜华被父亲背到李家当了童养媳。1928年大年三十，一挂鞭炮声中，池煜华与比她小3岁的李才莲正式做了夫妻。新婚第3天，李才莲就离家参加了“兴国暴动”，临别时他买了一面镶有木框的小镜子送给妻子：“看见了它，就如同看见了我。”此一别，李才莲再也没有回来。池煜华每天拿着丈夫留给她的唯一信物——老镜子，在百年老屋前倚门守望丈夫回来，一等就是70年。

纪录片《老镜子》就是记录和讲述了池煜华一生苦苦守望丈夫回来的真实故事。作品采用复线结构讲述故事，一条线索是主人公现在的生活，另一条线索是县剧团排练山歌剧《老镜子》的过程。用“老镜子”这一象征性符号贯穿全片，串联起两条线索，使结构完整统一。

导演：渠陆军

视频网址：http://video.sina.com.cn/v/b/4607718-1277969185.html

32. 文献纪录片《邓小平》

该片是继电视文献纪录片《毛泽东》之后，由中共中央文献研究室和中央电视台再度合作拍摄的一部反映当代伟人的大型电视文献纪录片。

片中采访了上百位当事人，挖掘了大量珍贵的影视资料和文献档案，以邓小平富有传奇色彩的生平活动为线索，第一次形象而又全面地反映了他的奋斗和探索足迹，特别是他作为改革开放的总设计师和中国特色社会主义理论创立者的重大历史贡献，以及他平凡而伟大的品格及特殊的个性气质。

导演：刘效礼

视频网址：http://jilu.cntv.cn/people/dengxiaoping/videopage/index.shtml

33. 纪录片《我爱你，中国》

该片由中央电视台和北京电视台联合制作，以诉诸情感和心灵的方式，以个人化的视角，还原了新中国成立60年来不同代际的国民记忆，呈现了一代代中国人与共和国水血交融的燃情岁月和心路历程，在跌宕起伏的人生命运中去追寻中国人不灭的“现代化”变革梦想和民族复兴情怀。

《我爱你，中国》是一部让所有经历过、经历着青春的人都能产生强烈共鸣的怀旧青春大片，同时也是一部书写国家变迁史、社会进步史和国民心灵史的影像史诗。

导演：袁子勇

视频网址：http://www.iqiyi.com/jilupian/wanzg.html

图书在版编目(CIP)数据

电视编导实务/李林,刘万年主编.--北京:中国传媒大学出版社,2013.4(2020.8 重印)
ISBN 978-7-5657-0692-9

Ⅰ.①电… Ⅱ.①李… ②刘… Ⅲ.①电视节目—制作—教材 ②电视节目—导演艺术—教材
Ⅳ.①G222.3

中国版本图书馆 CIP 数据核字(2013)第 073764 号

电视编导实务
DIANSHI BIANDAO SHIWU

著　　者	李　林　刘万年
责任编辑	赵丽华
装帧设计	张　芬
责任印制	李志鹏
出版发行	中国传媒大学出版社
社　　址	北京市朝阳区定福庄东街 1 号　　邮编:100024
电　　话	86-10-65450528　65450532　　传真:65779405
网　　址	http://cucp.cuc.edu.cn
经　　销	全国新华书店
印　　刷	三河市东方印刷有限公司
开　　本	787mm×1092mm　1/16
印　　张	14.25
字　　数	275 千字
版　　次	2013 年 10 月第 1 版
印　　次	2020 年 8 月第 4 次印刷
书　　号	ISBN 978-7-5657-0692-9/G·0692　　定　价　35.00 元(附光盘一张)